THE PROMISED LAND

WITHDRAWN

THE PROMISED LAND

Italian Poetry After 1975

*

A BILINGUAL EDITION

Edited by Luigi Ballerini,
Beppe Cavatorta, Elena Coda
& Paul Vangelisti

SUN &
MOON

CLASSICS

98

SUN & MOON PRESS
LOS ANGELES · 1999

Sun & Moon Press
A Program of The Contemporary Arts Educational Project, Inc.
a nonprofit corporation
6026 Wilshire Boulevard, Los Angeles, California 90036

This edition first published in 1999 by Sun & Moon Press
10 9 8 7 6 5 4 3 2 1
FIRST EDITION
©1999 by Luigi Ballerini and Paul Vangelisti
See the Credits and Acknowlegements pages (565–567)
for all other permissions and copyrights.
Biographical material ©1999 by Sun & Moon Press
All rights reserved

Many of the poems in this volume were previously published in
Shearsmen of Sorts: Italian Poetry 1975–1993, edited by Luigi Ballerini
(A *Journal of Italian Studies* Italian Poetry Supplement 1992).

This book was made possible, in part, through contributions to
The Contemporary Arts Educational Project
and through grants from the Italian government
and Istituto Italiano di Cultura
(The Italian Cultural Institute), Los Angeles

Cover: Ubaldo Bartolini, *Path by the Woods*
Termoraggi, Milan, Italy
Design: Katie Messborn
Typography: Guy Bennett

LIBRARY OF CONGRESS CATALOGING IN PUBLICATION DATA
Ballerini, Luigi; Beppe Cavatorta;
Elena Coda; Paul Vangelisti
The Promised Land: Italian Poetry After 1975
p. cm _ (Sun & Moon Classics: 98)
ISBN: 1-55713-316-6
I. Title. II. Series. III. Editors
811'.54_dc20

Printed in the United States of America on acid-free paper.

Contents

From the Promised Land to the Land of the Promised

> *Grammata sola carent fato, mortemque repellunt,*
> *Praterita renovant grammata sola biblis.*
> *Grammata nempe dei digitus sulcabat in apta*
> *Rupe, suo lege cum dederat populo,*
> *Sunt, fuerant, mundo venient quae forte futura,*
> *Grammata haec monstrant famine cuncta suo.*
> —HRABANUS MAURUS

> *Dans ce que nous avons cru dire se dissimulait ce que*
> *nous cherchions, peut-être, à exprimer et que nous*
> *n'avons pas révélé.*
> —EDMOND JABÈS

Nearing the year 2000, we must note that for over a century few bodies of writing have been more relentlessly innovative than Italian poetry. Focusing on work published since the late 1950s, and more specifically on what may be called "contemporary" poetics, five anthologies have attempted to probe, for an American audience, this turbulent and often controversial arena: *The Waters of Casablanca* (ed. Luigi Ballerini, 1979), *Italian Poetry Today: Currents and Trends* (eds. Ruth Feldman & Brian Swann, 1980), *The New Italian Poetry* (ed. Lawrence R. Smith), *Italian Poetry, 1960–1980: from Neo to Post Avant-garde* (eds. Adriano Spatola & Paul Vangelisti), *The New Italian Poets* (ed. Dana Goia, 1991).[1] All, we think, have served a purpose, with their ultimate value resting on the peculiarity and critical resilience of the editors' visions, poetical no less than ideological.

In *The Promised Land*, the editors (two of whom were responsible for some of the anthologies mentioned above) revisit the territory of earlier expeditions, to provide a more comprehensive and less provisional geography. Naturally, less provisional and more comprehensive do not translate into a merely ecumenical project. This volume seeks to keep alive certain tensions and even contradictions, not as antagonistic elements, but rather as energetic features that are linguistically motivated and oscillate between the extremes of verbal autonomy and expressive reportage.

ETIOLOGY

Our own particular itinerary began at New York University, in the fall of 1991, with the "Disappearing Pheasant,"[2] a conference dedicated to contemporary Italian poetry and an exchange between Italian and American poets and critics. At the time of the conference, we edited a special issue of *Forum Italicum* titled "Shearsmen of Sorts,"[3] featuring some thirty poets and critics, many of whom participated in this first gathering.[4] Among them were: Luciano Anceschi, Charles Bernstein, Remo Bodei, Fillippo Bettini, Alfredo Giuliani, Thomas J. Harrison, Lyn Hejinian, Jackson MacLow, Elio Pagliarani, Marjorie Perloff, Amelia Rosselli and Paolo Volponi. In November 1994, our game bird reappeared in Los Angeles at a festival hosted by UCLA, Otis College of Art and Design, Beyond Baroque, *Ribot* and Sun & Moon Press. This time the focus was on both American and Italian poetry, with more than twenty poets exchanging their experiences and reading from their works in bilingual performances. In locations varying from bookstore to art gallery, from sculpture garden to community center to industrial site, the participants included Luigi Ballerini, Amiri Baraka, Biagio Cepollaro, Michelle Clinton, Robert Crosson, Maurizio Cucchi, Milo De Angelis, Biancamaria Frabotta, Milli Graffi, Barbara Guest, Romano Luperini, Giancarlo Majorino, Douglas Messerli, Giulia Niccolai, Dennis Phillips, Martha Ronk, Jerome Rothenberg, Giovanna Sandri, Leslie Scalapino, Nathaniel Tarn, Paul Vangelisti and Diane Ward.

PHYSIOGNOMY

The aim of *The Promised Land* is twofold: to offer a selection of poetic texts published (or republished) after 1975, whose variety of stylistic experiences does not exclude their compatibility; and to encourage the search for a framework to house the contiguity of these texts.

Accordingly, little consideration was given to established groups or tendencies, and least of all to the ever-present trap of inclusions and/or exclusions based on dates of birth. The year 1975 is a critical point of departure: when the publishing of poetry resumes in Italy with enthusiasm and purpose, after almost a decade of seemingly ideological disgrace.

With this anthology we look to stir the poetic cauldron of the last twenty years, mixing the freshest components with certain mature, and by now classic ingredients going back to the forties. The latter curiously anticipate the reawakening of poetry that occurred with the neo-avantgardes of the sixties, as well as its revival in the mid-seventies, when an ever greater number of verse writers had access, if not to poetry itself, certainly to some of its devices.

The oldest voices, Villa and Cacciatore, were in the sixties either ignored or admitted only to confirm their clandestine status. Just in the last twenty years their legacy has clearly been shown as the substratum of a good portion of the poetry presented in these pages. Thus their presence here may be easily accepted under the aegis of contemporaneity.

Similarly, as we recognized their compatibility, we were prompted to include poets who developed their innovations outside the canonical fields of experimentalism (Zanzotto), and those whose recent work departs from the realistic song of their earlier writing (Volponi, Majorino) or from the private mythologies typical of hermetic and elegiac writing (Luzi). These poets have not hesitated to translate their expressive maturity into a restless theoretical and linguistic ferment.

Also, we have welcomed writers whose stylistic trajectories, often independent of one another, have assiduously and almost exclusively resided in the language of voluntary exile: a discourse where poetry signifies beyond perceptual distortion and disguised personas (Balestrini, Costa, Niccolai and Graffi), or the determination to seek linguistic otherness at all costs (Giuliani, Sandri, Cagnone, Lumelli and Spatola).

Equally, we pay homage to the referential acrobats whose meteoric feats (Rosselli, Ombres and De Angelis) and mortifying mortifications (Viviani and Frabotta) prompt us to enlarge the range of this poetic exploration into the realm of elegy. Here, disconnected and exposed but never captured, experience contends with the dreamlike presumptions and self-justifying delirium of writing.

In some instances, the formulas of realism have been so thoroughly manipulated by rhythmical innovation (Pagliarani) or the scrutiny of the twists and turns of ordinary speech (Cucchi) that their statement verges on the transcendental. This result we have found not incompatible with Sanguineti's subtle combination of ideological assertion and semantic pyrotechnics. In at least one case (Porta), we have succumbed to a fascination for invective and meaning *tout-court*. His inclusion reflects the necessity of engaging the issues of historical significance and nostalgia.

We could not neglect the shards and fragments of a rhetoric that absorbs the ordinary lymph of incantation (Comand) and the multi-voiced impetuousness of contemporary speech and sub-speech (Cepollaro). Continuing on this elusive path, we have found it necessary to open our collection to the work of contemporary dialect poets (Baldini, Loi and Marè). It must be noted that in contemporary Italy the use of the vernacular (both philologically and imaginatively) is a vital opportunity to revitalize the relevance of signifiers.

POETICS

As the Pheasant prepares for a third appearance, a long-anticipated project has finally reached completion. *The Promised Land* is, in fact, a shuffling of the deck, to produce unforeseen combinations and dynamic results. It comes at a time when poetry senses the urge to confront other forms of knowledge, such as linguistics, philosophy and psychoanalysis, that have shown themselves sensitive to and appreciative of the poetic. Nietzsche, Freud and Heidegger, for instance, have time and again in their own work returned to the poetic dimensions of language to give substance to their investigations.

This is not to say that poetry ought to be approached and valued through the disciplines pursued by these thinkers, or the degraded critical apparatus engendered by their all too naive or willful and self-serving misapplications. While, in fact, Freud or Heidegger found a place in their practice for the inexhaustible production of meaning inherent in the formal and material aspects of the poetic, their less capable disciples have reversed this understanding by reducing the complex languages of poetry to a simple manifestation of their theories.

We must confess that our assumptions imply a certain frustration with the entropic vision of literature that academics and their fellow travelers have propagated throughout our universities. The social relevance of poetry must be demonstrated practically, that is poetically, and not by resorting to social agendas or causes with which, in any case, many of us have no quarrel.

Among our basic assumptions is that poetry has no fear of contradiction, indeed depends on it.[5] Contradiction, of course, is not to be taken here as an ethical, logical or political issue, but accepted in its full etymological implications. It is not a question of contrariness; instead an articulation of meaning that language can produce when free to choose the forms of its transformation. Contradiction is the domain one inhabits once the notion of original sin is disbanded: poetry can never be obliged to respect any paradigm of original sin. Thus it cannot be subjected to the corollary of purification. Although, without a doubt, perversion and corruption continue to occur, purification, at its best, is an heroic illusion and destined to tragic failure.

Ezra Pound's by now historically "modernist" invective against the common devastations inflicted by the atrophied language of politicians and their journalistic mouthpieces, as well as the incessant broadcast chatter

of entertainers and other self-elected public servants, continues to strike
us as most apt:

> And the betrayers of language
> .....n and the press gang
> And those who had lied for hire;
>   the perverts, the perverters of language,
>   the perverts, who have set money-lust
> Before the pleasure of the senses;
> *(Canto 14)*

Certainly, by the 1970s, this ideal of purification proved to be unattainable. The contemporary poet has found himself or herself in a situation in which the only operable purity is that of pathos: the sacrificial act of poetic consciousness does not obtain. Rather than achieve the wanted purification, the poet is left with extolling a sublime awareness of its impossibility. Far from being discouraged, the poet's determination to work for an unachievable result seems to us the only "practical" course.

With all forms of purification doomed to the romantic and the flood of debased and utterly utilitarian language more and more pervasive, the conscious engaging of language remains to poets. Inevitably this leads to contradiction, not in a polemical sense, but as linguistic behavior as well as ontological knowledge.

Linguistically, contradiction creates the essential exchange between seemingly opposing forms of predication. It is the process through which this opposition may be resolved and made fertile: All rivers are of water, yet Mary Magdalene's hair is a river that dries the feet of Christ.[6] Or, as Breton would put it, "My woman with her shoulders of champagne... With her seafoam and floodgate arms/ Arms that mingle the wheat and the mill."[7]

Why, then, does the act of contradiction make poetry relevant and, in fact, essential to human discourse? Poetry resides in contradiction, in forms of predication that link seemingly implausible opposites as a matter of course. This means finding difference among the analogous and analogy among the different. In poetry, contradiction does not contradict. As Paul Ricoeur has stated, "When language is itself in the process of becoming once more potential, it is attuned to this dimension of reality which itself is unfinished and in the making. Language in the making celebrates reality in the making."[8]

Ontologically, this implies a search for the dawn of meaning, the recourse of the word to its phonetic origins. This motion is counterbalanced by the vital urge of sound to exceed itself and become word and ultimately meaning. In the poetic text, then, meaning results from the activation of language and not from its ideological or confessional usurpation.

In the tradition of the avant-gardes many forms of contradiction have been promoted. Poetic schools or groups have dominated certain decades, all too often leaving behind legacies that have become sclerotic, easily imitated mannerisms. *The Promised Land* is an invitation to abandon the comfort of these patterns and renew the ever-generous act of anchoring sense in its tragic origins. We join Ungaretti in his quest to "cross the fleeting walls of Ithaca."[9]

We would like to thank Paolo Barlera, who contributed his editoral skills to earlier versions of the volume. The Sun & Moon Press staff, moreover, contributed immensely through the keen-eyed editorial suggestions of Diana Daves and Thérèse Bachand and the brilliant typographical solutions of Guy Bennett. Such large projects as this volume always involve a number of individuals, and we wish to thank the many others who have also contributed.

LUIGI BALLERINI & PAUL VANGELISTI

Owens River Ranch, 1996

NOTES

1 In 1993, the University of Toronto Press published *20th-Century Italian Poetry*, a textbook edited by John Picchione and Lawrence R. Smith, with notes and apparatus in English, and poems only in the original Italian.

2 After one of Wallace Stevens' aphorisms in "Adagia" (*Opus Posthumous*, 1990): "Poetry is a pheasant disappearing in the bush."

3 *Forum Italicum*, Italian Poetry Supplement, 1992, ed. Ballerini, guest eds. Paolo Barlera and Paul Vangelisti.

4 In fact, antecedent to this event was *The Favorite Malice: Ontology and Reference in Contemporary Italian Poetry* (ed. Thomas J. Harrison, 1983), a book based on a 1979 conference of the same title held at NYU.

5 We would like to acknowledge Franco Cavallo's and Mario Lunetta's contribution to the debate on poetry and contradiction. See their *La poesia della contraddizione* (Rome, 1988).

6 See Giuseppe Artale's sonnet, *"Gradir Cristo ben dèe di pianto un rio"* in *Marino e i Marinisti*, Ricciardi, 1954, p. 1031.

7 See "My Woman with the Forest Fire Hair" in *Earthlight*, trans. Bill Zavatsky & Zack Rogow, Sun & Moon Press, 1993, p.83.

8 *Manhattan Review*, 1982 (vol.2, no.2), p.21.

9 "D'Itaca varco le fuggenti mura". See Giuseppe Ungaretti's "Canzone" in *La terra promessa*, *1935–1953*.

THE PROMISED LAND

Raffaello Baldini

Translated by Hermann Haller

Cognac

"Ballo argentino, tango, quèst a l so.
Il padre degli dei", " Giove", "U n'i sta,
l'è quàtar lèttri…", al mòschi agli è rabièdi,
la Martina la dà una bòta ad straz,
la mètt a pòst al stècchi de biglièrd,
e la i rimpéss e' biciaréin 'd cognac.
L'avuchèd Grilli e' scatàra, pu e' bai.
Vsina la bóssla i zuga a no ciapè,
i réid, i ragna, i ciapa sémpra tròp.
"U n s'è vést Paiarèn?", éun e' vén dréinta,
e' dà un'ucèda in zéir e pu e' va véa.

La Martina la pasa un'èlta vólta.
Bertino e' rógg: "L'era un gol fat, cumè!
l'è ch'a n'i sémm, l'è tótt l'atàch ch'u n va".
Nino, cmè gnént, u s'inféila t'na pórta,
dri e' tacapàn, ad sòura i zuga a poker.
Admèn l'à d'andè a Vrócc,
quéi che la i zcòrr ch'i vó vintún migliéun,
u i n'avnirà si sèt, e pu a dí bén.
L'aréiva Muzio, u s magna dú boeri,
e' va me spèc, u s pètna.

La Martina la vén sla bòcia alzèda,
u i n'è un èlt biciaréin?
ènch' tròp, la l fa vuntè, mo sè, alegria,
i la cèma da dlà: "Una limunèda!",
la s fa vént s'un cartòun, ecco, la tòurna,
"Quèst l'è stapèd adès", "No, lasl'aquè".

L'è tèrd, ad fura i méur dla Posta i scòta,
te travarsè una machina, dú val?
mo dú val sté sgraziéd?
e aquè, ch'u i végna un còulp, quant'èll ch'i sbéusa?
e' sguélla, e' sta un minéut

Cognac

"Argentinian dance, tango, this I know.
Father of the gods," "Jupiter," "Doesn't fit,
it's four letters,..." The flies are vicious,
Martina gives a whack with the rag,
she puts the pool cues back in place,
and fills his glass with cognac.
Grilli, the lawyer, coughs up a lunger, then drinks.
Next to the compass they play no-pickup,
they laugh, fight, always pick up too much.
"You seen Paglierani?" One looks in,
sizes the place up and goes away.

Martina comes around again.
Bertino screams: "The goal was made, you bet!
We don't have it, our whole offense stinks."
Nino cool as can be slips in a door
by the coat rack, there's poker upstairs.
Tomorrow he has to go Verucchio,
those guys say they want 8,000,
at most they're out four or five.
Muzio walks in, inhales two chocolates,
goes to the mirror, combs his hair.

Martina comes over with the bottle raised,
there's another glass left?
maybe more, she spills it, why not, three cheers,
they call her over: "Lemonade!"
she fans herself with some cardboard, there, she comes back,
"Now the cork's out," "No, leave it here."

It's late, outside the post office walls are scorching,
Crossing, a car goes by, where's it going?
Where's this idiot going?
And right here, I'll be damned, how long have they been digging?
He slips, he stops a minute

puzèd m'una culònna, e' pasa Renzi,
e' fa féinta 'd no vdàil, i pèl, la pòumpa,
l'éintra, u s bótta d'indrí se canapè,
quéi che là i spèra sémpra, l'è Glenn Ford?
sla tèvla u i è mèza tvàia, l'aqua, e' pèn,
un piàt cvért,
stal Nazionèli a n s pò fumé, agli è zèppi,
porca putèna, l'éva d'avdài Quinto,
e' pasarà 'dmatéina,
dopmezdè Gnóla, ch'e' va 'ncòura zòp,
e cl'èlt ch'u n'era sicuréd, pu l'Ada,
che alè u n dí gnénca mèl i su fradéll,
e' tòurna còunt a vènd, 's'ut questionè,
l'è ch'i è tótt mat, l'era mèi si canèri,
da burdlàz, ch'l'arivéva la matéina
te camaròun, al fèsti, un rugiadézz,
e' gev'ès trenta ghèbi, pu u s'è stóff,
l'à vandú tótt.

        Ma la televisiòun
u s vàid déu a cavàl e sòura "Fine".
Li la sta sò, la smórta, la va a lèt.
L'è mat ènca st'arlózz, e' fa al dò e mèz.
E alè cal chèrti, cs'èll? una schedéina,
'na bulètta dla luce, un bigliètt dl'Atam,
méll frènch, la gli avrà tróvi t'na bascòza,
sti chéunt, boh, una rizèta, Trifanil,
che pu u n l'à tólt, dò mèrchi, Buon Natale,
vè quèll ch'l'à tnú dacòunt, mo u i è e' rimédi,
acsé, fè tótt curiàndal.
E sté butòun e' va a finéi ch'u l pérd,
e' sta spandléun, e' bala,
u l ciapa tra dò dàidi, e' téira, pièn,
e' sint ch'e' zéd, l'è vnéu, l'éirva la mèna,
l'è lè, férum, te mèz, e' pèr un mórt.

E adès? magnè, u n'à fèma, durméi gnénca,
e' scapa, e andè zò a Rémin? però préima
una bèla piséda sòtta al stèli,
e via pò, dài de gas, che e' mònd l'è grand,

leaning on a column, Renzi goes by,
he pretends not to see him, the poles, the fountain,
he comes in, he falls back on the sofa,
those guys are still shooting, is that Glenn Ford?
there's half a tablecloth, water, bread,
a covered plate,
these Nazionalis are not worth smoking, they're twigs,
sonofabitch, supposed to see Quinto,
he'll come by tomorrow morning,
in the afternoon Gnioli, who's still limping,
and that other guy who had no insurance, then Ada,
whose brothers are not totally wrong,
it's better to sell, there's no arguing,
they're all nuts, was better with the finches,
as a kid he'd come in the morning
in the warehouse, the welcome, the fracass,
there must have been thirty cages, then he got tired of it,
he sold everything.

               On television
two people on horseback and over them, "The End."
She gets up, turns it off, goes to bed.
This watch is crazy too, it says two-thirty.
And those scraps, what are they? A lottery ticket,
the light bill, a bus ticket,
a buck, he must have found it in his pocket,
these receipts, who knows, a prescription, Trifinil,
which he never took, a couple stamps, Merry Christmas,
strange, the things he kept, but there's a solution,
like this, make them confetti.
And this button, he's going to end up losing it,
it's dangling, loose,
she takes it between her fingers and pulls, slow,
feels it letting go, it's off, opens her hand,
there it is, still, in the middle, like a corpse.

And now? Eating, he's not hungry, sleeping, not yet,
he goes out, how about Rimini? but first
a great piss under the stars,
and off we go, squeezing the throttle, the world's endless,

e tal curvi se scrécch, e' pòunt, a i sémm,
u s fa e' dè 'dès aquè,
i sòuna dimpartót, al luci, al dòni,
èlt che i canèri, e léu ch'u n'i vén mai,
patàca, quést i à fat tènt' ad cla strèda
pr'andè sò e zò davènti e' Grand Hotel,
e magari, piò tèrd, ènca dú bal,
sté giurnèl, ch'i ch' l'à las aquè? ch'a vègga,
cs'èll ch'l'è, tedèsch? svedàis?
e' caméina, u l tén vért, cmè ch'e' lizéss,
Mocambo, u s mètt disdài, "Gelato?", "Nix",
"Coca Cola?", "Nix", "Birra?", "Nix. Cognac".

Capè

Dài, capa tè, che par mè l'è l'istèss.
Enca lòu, a n'e' faz par cumplimént,
capè, mè u m va bén tótt.
U t pis quèll? e tól sò.
O st'èlt? ta n si sichéur? i t pis tutt déu?
pórti véa, u i n'è tint.
Éun sno? cmè t vu, pénsi, u n gn'è préssia, quèst?
mè, 's'ut ch'a t dégga, u t'à da pis ma tè,
par mè l'è sol che bèl, ènca par tè?
e alòura tól.
E vuílt, nu sté lè cmè di candléun,
préima a ridévi, adès aví paéura?
tulí sò quèll ch'a vléi, a n gn'ò gnénch' chéunt,
i è tótt cumpàgn par mè, cm'a v l'òi da déi?
Mo tè, a n'i sémm ancòura, a t vèggh tla faza,
ta i é 'rpéns? t vu cambiè?
dò che t guèrd? fam avdài, t vu quèll che lè?
tò, mètt zò cl'èlt, però ta l sé ch' t'é òc?
Alòura, iv capè tótt?
E mu mè u m'è 'rvènz quèst, mo guèrda dréinta,
a n gn'éva méggh' badè,
ciò, a savéi quèll ch'a v déggh?
s'avéss capè par préim avrébb tólt quèst.
Mo pu, zò, i è béll tótt.

and screeching on the curves, the bridge, we're here,
the day's breaking now,
they're playing everywhere, the lights, women,
sure beats the finches, and him who never wants to come here,
dumb prick, all these people who've come thousands of miles
to walk up and down in front of the Grand Hotel,
and maybe, later, a dance or two,
this paper, who left it here, let's have a look,
what is it, German, Swedish?
He walks, holds it open, as if he's reading,
Mocambo, he sits down, "Ice cream?" "Nix,"
"Coke?" "Nix," "Beer?" "Nix. Cognac."

Choosing

Go ahead, you choose, for me it's all the same.
You guys too, I'm not being polite,
choose, it's all the same to me.
You like that one? take it.
Or that one? you're not sure? like them both?
take them with you, there's a lot.
Just one? Suit yourself, there's no hurry, this one?
me, what am I supposed to see, you have to like it,
I like it a lot, you too?
then take it.
And you guys, don't stand there like suckers,
before you were laughing, now you're afraid?
Take what you want, I didn't even count them,
for me they're all the same, how do you want me to say it?
But you, you're not there yet, I see it on your face,
you've got second thoughts? you want to change?
What are you looking at? Show me, want that one?
here, put the other one back, you know you got a sharp eye?
And so, you've all made your choice?
Me, I'm left with this, look, inside,
I never noticed,
well, you know what I'm telling you?
if I'd chosen first, I'd have taken this.
Then again, you know, they're all beautiful.

Insomma, adès a sémm a pòst, éun pr'ón,
senza ragnè, ta m guèrd, ta n si cunténd?
t vu quèst che què?

E' permèss

Parchè ènca tótt' cla frònda,
t' n'avdévi lómm gnénca a mezdè, e la sàira
u n s campéva, i gazótt, l'apularèda,
e la matéina pézz,
zà ch'a iò e' campanòun sòura la testa,
ció, mo un anéus, e' géve 'vài zént'an,
ta n l'abrazévi,
dal rèmi ch'l'arivéva guèsi a cruv
al finestri dla Tilla,
e sòtta l'órt, tótt' 'na muràia, céus,
ch'u n t'avdirà niséun,
mo ènca tè pu ta n vàid un azidént,
sno d'in èlt, dal gran stèli, quant lè nòta,
un'imparsòun, che la mi mòi la i tén
zéinch si vès ad gerèni, un pó 'd basélgh,
e pu piò gnént, vsina l'anéus e' pòzz,
che l'aqua la n'è bóna,
e dréinta l'à fiuréi, l'è tótta malva,
te cantòun alazò un melingarnèd,
un bisèr, e piò in là un maciòun 'd siréni,
dòp, sa st'èlt méur, un'edera,
mo's'un vigòur, la è pasa 'dlà, spandléun,
te mèz u i è che sas, gròs, cmè una mèsna,
ch' ta t'i pò mètt disdài,
mo 's'ut, l'è pin 'd furméighi,
'd lusérti, al chèsi vèci, e' sarébb mèi
buté zò e arfè tótt nóv,
mè alè a i so sémpra dri, ò mand Cardamòun
si cópp tre quàtar vólti, quant e' pióv,
s' la vén ad vént, tla cambra di burdéll
u i vó la caldarètta, la cuséina
sémpra cal maci, ch'a n li pòs dumè,
pu u i è d'arfè la schèla, ch'andrò a spènd,

After all, we're set, one by one,
without fussing, why you looking at me, you're not happy?
Want this one?

The Permit

Besides with all those leaves
you couldn't get any sun even at noon, and at night
you couldn't stand it, the birds, all that perching,
and it was worse in the morning, already the bell tower's overhead,
well, a walnut, must have been a hundred years old,
couldn't get your arms around it,
some branches were almost covering
Otilla's windows,
and under the orchard
it was all a wall, closed in,
so no one will see you,
and you don't see a damn thing either,
only above, all those stars, at night,
a prison, where my wife keeps
five or six pots of geraniums, a little basil,
and nothing else, next to the walnut the well,
but the water's no good
and inside it's all hollyhock,
down in the the corner a pomegranate,
a snake nest, and farther off a big clump of lilacs,
then, on this other wall, ivy,
but so strong, went over the other side, hanging,
in the middle there's that rock, big, like a millstone,
you can sit down on it, except that it's full of ants,
lizards, with old houses it would be better
to knock everything down and start over,
there's always something to take care of, I had Cardomoni come
three or four times to fix the roof when it was raining,
if the wind's blowing too, in the kids' room
you have to put out buckets, the kitchen
with all those stains, I can't get the better of,
and then there's the stairs to redo, and that's going to cost,
with what masons make nowadays,

sa quèll ch'e' gòsta adès i muradéur,
e zà ch'i i è,
s'a putéss ènca arvéi còuntra la Zèla,
ch'u i è una pórta ziga, bastarébb,
u s fa cmè ch'l'era préima,
passo carraio, t mètt la su seranda,
sicómm che tanimódi
e' pòzz, se rimpidéur, dòp u n gn'è piò,
l'anéus a l'ò taiè, cs'èll ch'e' sarébb?
mo ragiunémma, zò, parchè i baócch
mè a i ò da buté véa, che la mi Ritmo,
amo l'è sóld, a la ò tólta dl'utènta,
e' pèr ch'la apa dis an,
a sémm dl'utentatrè, l'è che una machina,
a tnàila sémpra fura, instèda e invéran,
invíci, s'a putéss, mè, l'avnirébb
una roba bén fata, ènca pr'e' pòst,
mo sno l'igiene, cs'ut, a no fèi gnént,
mè a n'ò témp, e' vén sò tótt arbazéun,
urtéighi, una schivèra, l'è un órt quèll?
par tè a n'e' so, par mè l'è una mundèzza,
ch'u i è di dè, l'è mèi stè zétt, va là,
da 'd sòura quèll ch'i bótta zò, 'ta bón,
mè a n n'ò vòia ad ragnè,
ch'i faza quèll ch'i vó, ch' pu par l'igiene
u i sarébb ènch' da fè tótt un èlt zcòurs,
parchè un bagn sno, a sémm zéinch, e la burdèla,
a durméi sa du mas-ci, quant la avrà
ségg disèt an, e' va bén? arspònd tè,
e e' rimédi u i sarébb, senza dè dan
ma niséun, vérs via Dolci, tiré sò,
gnént, sòtta un bagn, sòura una cambarètta,
intendéssum, zért' ròbi, l'è fadéiga,
t vu ch'a n'e' sapa, u n'i vó préssia, e' bagn,
avémm fat fina adès, andrémm avènti
un èlt pò, par la cambra,
i vó stè 'ncòura tótt insén, no, mè,
quèll ch' déggh mè, una Ritmo, fóss un camion,
la i sta t'un fazulètt, l'è un lavòur, quèll,
t'un màis u s fa iniquèl, sno che què ormai

and while I'm at it, if I could go through to the cellar,
there's already a blind door, it'd be enough,
it would be just like before,
driveway, put a gate there,
since, anyhow
the well, with the debris,
won't be there anymore,
the walnut I've cut down, what would it take?
listen, let's be reasonable, I have to throw
money away, my Ford,
and that's real money, I bought it in '80,
looks ten years old,
and it's only '83, fact is a car,
keeping it always outside, winter and summer,
instead, maybe, if I could, it'd turn out
done right, never mind the place
just think of sanitation you know, not doing a thing,
I don't have time, it all comes up weeds,
nettles, an ugly mess, you call that an orchard?
don't know about you, I think it's a dump,
there are some days, better to keep quiet, I'm telling you,
what they throw down from upstairs, don't get me started,
I don't want to pick a fight,
let them do as they please, and as for sanitation
there would be a whole lot more to talk about,
because with only one bath and five of us, and the little girl,
sleeping with the two boys, when we she's
sixteen or seventeen, understand, who's going to be responsible,
and the answer is so easy, without bothering
anybody, toward Via Dolci, putting in,
not much, downstairs a bath, upstairs a little room,
don't get me wrong, certain things, take work,
you think I don't know, it takes time, the bath,
we've made it this far, we'll go on
a little longer, as for the room,
they still want to be all together, you know, me,
what I'm saying, a Ford, if it was a truck,
you can put it in your pocket, no sweat at all,
can be done in a month, but the problem here
it's one big bureaucracy, but you,

l'è tótt' una burocrazéa, mo tè
cs'èll ta i éintar? tè t'é da fè e' tu dvàir,
io dico solo, u i è un pèz 'd tèra, un zcvért,
e' putrébb ès e' tóvv, io qui ti parlo
in generale, che a lasèl acsè
u n vo dí gnént, u n sarvéss ma niséun,
sno ma i imbréisal,
nel mezzo del paese, fam finéi,
ch'u n s vàid, l'è cm'u n'i fóss, s'a n cruv tri quàtar
métar, zéinch, tò, si cópp, in stile rustico,
cs'èll ch'e' va pérs? e mè invíci ò un ripèr,
agli ò spieghè tla dmanda,
si su diségn, precéis, tótt e' progèt,
che un dè s'a m stóff dabón
a i mètt i muradéur e dòp ch' im faza
buté zò s'i à e' curàg, ch'a s sémm ardótt,
tótt sti perméss, cumè, l'è roba méa,
ò mòi e fiùl, u m l'à d'avní a dí ch'ilt
quèll ch'ò da fè te méi?
ch'a faséss un caséin, avémm dal lèzi,
l'è tèrd? t'é d'andè chèsa? schéusa ad chè?
a so mè ch'a t dmand schéusa, quant a tach,
basta, a s'avdémm, a vagh
ènca mè, ch'i m'aspétta, tanimódi
l'è tótt zchéurs, da fè chè, ta t guast e' sangh,
però Gino ad Magnózz, quèst a l ví déi,
parchè mè i impustéur, che quant u m vàid
u m fa bòcca da réid, ènca ir in piaza,
e pu tla Comisiòun l'è e' piò 'canéid,
e Delmo, ch'l'à paéura 'd compromèttsi,
sicómm ch'a sémm parént,
che mè da léu, mo a n vrébb gnénca un luvéin,
t si mat, ès asesòur, e' pais ch'u s dà,
e la su mòi precéis, la mi cuséina,
però l'e ròbi, andémma, t'un paàis
ch'a s cnunsémm tótt, mo la n'è méggh' finéida,
ò scrétt, ma qualcadéun, d'in èlt, cumè,
ò sno da paghè al tasi, mè, e stè zétt?
e lòu fè quèll ch'i vó? l'è ch'a n m'aférum,
la sàira, chèrta e pènna, a m mètt alè,

what's it to you? you have to do what you have to do,
I'm just saying, you got a piece of land, nothing on it,
could be yours, here I'm talking
in general, leaving it like this
means nothing, it's no good to anybody,
just the worms,
right in the middle of town, let me finish,
you don't even see it, like it wasn't there, taking up three four
yards, five tops, with rustic tiles on the roof,
what've you lost, and I have a shelter,
I spelled it all out in the application,
with good drawings, the whole plan,
and one of these days if I run out of patience
I'll hire bricklayers and then let them try to make me
tear it down if they dare, we've come to this,
all these permits, how come, it's my land,
I have a wife and kids, others are going to come and tell me
what to do with what's mine?
if I raised a stink, but we've got laws,
is it late? do you have to go home? sorry about what?
it's me who's sorry, when I get going,
enough, I'll be seeing you, I'm off
too, they're waiting, after all
it's nothing but talk, for what, to make yourself sick,
and then there's Big Gino, this much I've got to say,
because for me liars, when he sees me
he gives me a fat smile, just like yesterday in the piazza,
and then at city hall he won't budge an inch,
and then Delmo, afraid of getting dirty,
since we're family,
and from him I wouldn't take a bean,
imagine that, being a commissioner,
so full of himself,
and his wife's the same, my cousin,
come on, it's stuff that in a little town
we all know each other, but it's not over yet,
I wrote, to somebody, important, why,
I'm just here to pay taxes, and shut up?
and they doing what they want? I'm not stopping here,
at night, pen in hand, I sit there,

e la matéina a impòst, mo u i n'è dla zénta,
a Rémin, a Furlè, a Bulògna, a Roma,
e i m'à d'arspònd, mè a n zéd,
e i cnirà dí qual quèl ènca ma lòu,
mo pu tótt' stal pugnètti pr'un permèss,
un pèz 'd chèrta, ch'u n gn'arimpórta gnént
ma niséun, a n'i sint, mè, tla butàiga?
e i l sa ènca lòu, e alòura? l'è un dispèt,
sisignori, i l fa pòsta, i la à sa mè,
ta m guèrd? a n zcòrr purséa,
a so sgnèd, t'é capéi? e a so e' parchè,
ta l sé ènca tè, cla vólta da Fasúl
ch'u m'è scap détt, l'è stè l'altr'an, d'instèda,
ta n t'arcórd piò? a m'arcórd bén mè, al paròli
precéisi, a n'e' so adès, cm'òi détt? ad sòura
u i vrébb una garnèda a fè pulire,
ecco, una roba acsè, ch'avrò sbaiè,
mo senza cativéria, una batéuda,
u n s nu n dí tènti, te cafè, par réid,
cumè? i n l'avrà gnénca savéu? parchè
t fé sti dizchéurs, ch'u i è tènt' ad cal spéi,
i l'à savú e' dè dòp, mo i n'è cmè tè,
t la vu capéi? lòu i è d'un'èlta raza,
i n pardòuna, quèst', mè, l'è una cambièla
ch'a i ò firmé, e la è vnú bóna adès,
e a chin paghè, mo però le n'è giósta,
e tè, a l so, t'é d'andè, mo l'è un minéut,
a t vléva déi, parchè mè, l'è di méis
sa sté pensír, dal vólti ò ènca paéura,
a m sint cmè pérs, ta m cràid?
ch'a s cnunsémm da burdéll, néun, t si un améigh,
s't putéss spènd'na paróla, mo u n vó déi
se t si t'un èlt uféizi, a l so, però
ma tè i t sta da sintéi,
no, spétta, no, t n'é da ciapè al mi pèrti,
sno fèi savài, nu réid, a n so dvént mat,
s'i m'e' dà sté permèss, basta, a n faz gnént,
a déggh dabón, mo i m l'à da dè, ò dirétt,
témbar, firmi, pu a n tòcch gnénca un madòun,
ch'a n vègga piò i mi fiúl,

and in the morning it's mailed, so many of them,
in Rimini, Forlì, Bologna, Rome,
and they've got to answer, I'm not giving up,
they've got to tell these guys something too,
all this screwing around for a permit,
a piece of paper, no one gives a damn
about, don't I hear them in my shop?
and they know it too, what then? to annoy me,
yes sir, they do it on purpose, they've got it in for me,
are you looking at me? I'm not talking nonsense,
I've been picked out, do you understand? and I know why,
you know too, that time at Fasùl's
that I let it out, it was last year, in the summer,
you forgotten already? I remember well myself, the exact
words, I'm not sure now, how did I say it? at the top
what you really need is to clean house,
there, something like that, I might've been wrong,
without meaning harm, just a joke,
everybody says things, at the bar, for a few laughs,
what? they didn't even know, why
are you saying these things, with all the spies around,
they knew it the next day, they're not like you,
why don't you get it? they're a different breed,
they never forgive, this thing, me, like signing
an IOU., and it's due now,
and I've got to pay, but it's not right,
and you, I know, have to be going, just another minute,
I wanted to tell you, because I, it's been months
I've had it on my mind, sometimes I'm even afraid,
I feel lost, can you believe it,
you've known me since we were kids, you're a friend,
if you could put in a good word, it doesn't matter
that you're in another office, I know that, and yet
they'd listen to you,
no, hold it, no, you don't have to take my side,
just let them know, don't laugh, I'm not going crazy,
if they give me this permit, it's over, I won't do a thing,
I'm not kidding, but they've got to give it to me, it's my right,
stamped, signed, and I won't touch a brick,
may I never see my children again,

l'è sno par mè, t capéss? a l'ò d'avài,
e s'i n s'aféida a i e' mètt par iscrétt,
andémm ènch' da un nutèri, i n pò dí 'd no,
a faz tótt quèll ch'i vó, bast' ch'i m'e' daga,
e a n'e' déggh ma niséun, gnénca mi méi,
a l téngh te portafòi, ch'ò tènt' 'd cal chèrti,
pighéd alè, cmè gnént,
e dal vólti, quant a so da par mè,
tirél fura, guardèl, cs'èll ch'l'è par lòu?

La patenta

"Chi ch'l'è ch'i pórta véa
se stendèrd de Cuméun? Gianín 'd Padòia?",
"L'è mort Gianín? ch'a l'ò vést, quant l'è stè?",
"Cs'èll ch'l'éva?", "Gnént, l'era dri a fès la bèrba,
mircal matéina, e in dú minéut", "Però
ènca acsè", "Mo u n'è mèi? senza patéi".
"Pori Gianín, léu fura 'd che gabiòt".
"Zénta póca, fiéur gnént, che adès i è in tréi
e i n fa mènca ch'nè léu".
"L'éva ènca al su scapèdi, d'ogni tènt".
"Sgònd la léuna". "Ta t'arcórd quant l'à fat
la chéura dl'óva, dis ch'u gli éva détt
un frè 'd Casèl,
mo u n n'à magnè, dòp dal gran limunèdi,
t si mat, l'óva, e pu tl'éultum la su mòi
la à cnú ciamè e' dutòur".
"L'era bón, mo u la à fata dvantè mata".
"L'è che quant u n gn'è i fiúl".
"Andémm zò un pó ènca néun?", "Fina i muléin",
"Mo e cla vólta ch'u s'era mèss tla testa
da ciapè la patenta?
a zinquènt'an sunèd, pu sa cla gamba
ch'u n'éva fat gnénca e' suldè, mè a déggh che".
"E tótt da zétt". "Amo un pó u s vargugnéva".
"Però sa me, chi sa, a n gn'ò mai dmand gnént,
e una sàira da Giòti
l'è stè léu ch'l'è vnú in zcòurs: a ví viazè,

it's just something for me, understand? I've got to have it,
and if they don't trust me, I'll put it in writing,
we'll even get it notarized, they can't say no,
I'll do everything they say, as long as they give it to me,
I won't tell anybody, not even the family,
I'll keep it in my wallet, I've got so many papers,
folded right there, like nothing,
and sometimes, when I'm all alone,
take it out, look at it, it's no big deal for them?

The License

"Who are they taking away
under the city flag? Little John of Padoia?"
"Little John's dead? but I saw him, when was it?"
"What was wrong?" "Nothing, he was shaving,
Wednesday morning, and two minutes later" "Yet
even so," "Isn't it better that way? without suffering."
"Poor Little John, in front of that guard house."
"Hardly anybody, no flowers, now there are three left
and they'll do without him."
"He'd come up with something funny once in a while."
"Depending on the moon." "Remember when he took
the grape cure, he said he was told
by a monk from Casale,
how much of it he ate, and then all that lemonade,
can you imagine, grapes, and then finally his wife
had to call the doctor."
"He was good but drove her insane."
"It's when you have no kids."
"Shall we take a walk?" "Down to the mills?"
"And that time he got it into his head
to get a license?
Way past fifty, and that leg of his,
they couldn't even draft him, I'm telling you."
"And all on the sly." "Must have been a little embarrassed."
"Yet with me, who knows, never asked him a thing,
and one night at Giotti's,
it was he that brought it up: I want to travel,

e' ridéva, a vú 'ndè truvè Marsiglio,
e' mi cugnèd, a i faz 'n'improvisèda".
"Ció, e' pióv?", "Mo gnént, dù gózzal".
"Zért che quèll l'è stè un smach".
"Enca lè, quant t'é dè l'esèm tre vólti,
a la quèrta la zénta dòp i réid".
"Mo gnénca mèttsi, dài, sa tótt chi cmand,
s' ta n si un burdlàz, u n l'éva da savài?"
"Mo u n'à mai savù gnént, léu, zò, purètt".
"Ch'u s va piò bén a pi, 's'ut bazilé".
"E adès e' sa iniquèl"
                              "Turnémma indrí?"

he was laughing, I want to go see Marsilio,
my brother-in-law, I'll give him a surprise."
"Hey, it's raining?" "Nothing, a couple of drops."
"Certainly that was a blow."
"Even that, when you take the test three times,
the fourth time people start laughing."
"Come on, you shouldn't even try, with all those buttons,
if you're not a kid, shouldn't he know better?"
"The poor guy didn't know much."
"So easy to walk, why take the trouble."
"Now he knows it all."
                                   "Shall we head back?"

Nanni Balestrini

Translated by Jill Bennett

Primo tempo

lei è qui in piedi di fianco a me
ha un vestito bianco o nero
ha un'aria sorridente e distesa
guarda davanti a sé

guarda il pubblico della poesia
il pubblico della poesia la guarda
il pubblico della poesia si chiede
che cosa farà

lei non fa niente
guarda il pubblico della poesia
che è là seduto davanti a lei
con vestiti bianchi o neri

sono qui tutti
salvo quelli che non sono venuti
per motivi diversi
quelli che avevano altro da fare

quelli che non amano la poesia
quelli che si sono dimenticati di venire
quelli che si sono ammalati
quelli che hanno dovuto partire improvvisamente

quelli che all'ultimo momento hanno deciso di non venire
per motivi diversi
alcuni accettabili altri inaccettabili come
la paura del fuoco

la mancanza di fiducia
il cuore spezzato
e altre storie del genere che lei non verrà mai a sapere
e noi nemmeno grazie al cielo

Part One

she's standing here beside me
she's wearing black or white
she's smiling and relaxed
she's looking straight ahead

she's looking at the poetry audience
the poetry audience is looking at her
the poetry audience wonders
what she's going to do

she does nothing
she looks at the poetry audience
sitting there in front of her
wearing black or white

everybody's here
except the people who didn't come
for various reasons
people who had other things to do

people who don't like poetry
people who forgot to come
people who fell ill
people who had to go away suddenly

people who decided not to come at the last minute
for various reasons
sometimes reasonable sometimes unreasonable like
fear of fire

lack of self-confidence
a broken heart
and other similar problems which she'll never know
and nor do we thank God

adesso lei forse alzerà la mano sinistra
no non alza la mano sinistra
sì adesso alza la mano sinistra
tutti possono vedere che ha alzato la mano sinistra

adesso potrebbe alzare anche la mano destra
invece solleva un poco il piede sinistro
ma non solleva contemporaneamente anche il piede destro
e nemmeno la veste e nemmeno i suoi occhi al cielo

potrebbe adesso volare cantare o rotolarsi per terra
pensa il pubblico della poesia ingenuo e ignaro
la vede invece riabbassare il piede e anche la mano
e poi chiudere i suoi grandi occhi sognanti

adesso lei non vede più il pubblico della poesia
ma il pubblico della poesia non chiude i suoi piccoli occhi
e continua a guardarla
e a chiedersi che cosa farà

lei non fa niente
ascolta la mia voce
potrebbe anche ascoltare la voce del pubblico della poesia
ma il pubblico della poesia non è qui per parlare

è qui soltanto per ascoltare la mia voce
altrimenti può anche andarsene
scomparire per sempre nella notte
nera e profonda come un labirinto

lei sente la parola labirinto
con gli occhi chiusi avvolti dalle tenebre
e ha la sensazione di essersi perduta
in un labirinto oscuro inestricabile

un labirinto fatto di parole
in cui è entrata senza saperlo
e da cui non sa se uscirà
quando uscirà come uscirà né dove

now perhaps she will raise her left hand
no she doesn't raise her left hand
yes now she raises her left hand
everybody can see that she raised her left hand

now she could raise her right hand too
instead she raises her left foot a little
she doesn't raise her right foot simultaneously
or her skirt or her eyes to the sky

now she could fly sing or roll on the ground
thinks the naive and unwitting poetry audience
instead they see her lower her foot and even her hand
and then shut her big dreamy eyes

now she doesn't see the poetry audience any more
but the poetry audience doesn't shut its little eyes
and goes on looking at her
and wondering what she will do

she does nothing
she listens to my voice
she could listen to the voices of the poetry audience too
but the poetry audience hasn't come here to speak

they are here only to listen to my voice
otherwise they could go away
disappear forever into the night
dark and deep as a labyrinth

she hears the word labyrinth
in the darkness of her closed eyes
and she feels as if she is lost
in a dark and inextricable labyrinth

a labyrinth made of words
into which she stumbled unknowingly
and out of which she doesn't know
if when how and where she will find her way

ora il suo corpo diventa un labirinto
qualcosa che ha un'entrata e un'uscita
come una ciambella con due buchi
e tra questi due buchi una serie di percorsi

il numero dei percorsi è infinito
infiniti percorsi di parole
in cui siamo entrati senza saperlo
e da cui non sappiamo se usciremo quando come dove

spaventata lei adesso riapre gli occhi
rivede il pubblico della poesia
che si stende davanti a lei come un grande foglio bianco
su cui può scrivere quello che vuole

si chiede perché è là invece che essere altrove
ma forse lei non pensa a questo
anche se può pensare a tutto quello che vuole
anche se potrebbe benissimo essere altrove

potrebbe essere là al posto del pubblico della poesia
e il pubblico della poesia essere qui al suo posto
o anche al mio posto perché no
ma forse è meglio che la poesia non sia fatta da tutti

improvvisamente lei solleva il piede sinistro
lo porta avanti lo abbassa
solleva il piede destro
lo porta avanti lo abbassa

comincia a camminare
dirigendosi verso il pubblico della poesia
un passo dopo l'altro
avanza camminando attraversando la sala

il pubblico della poesia la segue con lo sguardo
animato da sentimenti contrastanti
mentre lei lo attraversa
come una linea nera su un grande foglio bianco

now her body becomes a labyrinth
something with a way in and a way out
shaped like a doughnut with two holes
between which is a series of paths

the number of paths is infinite
infinite paths made of words
into which we stumbled unknowingly
out of which we don't know if when how where we'll go

frightened now she opens her eyes
she sees the poetry audience again
stretched out in front of her like a huge white sheet of paper
on which she can write whatever she likes

she wonders why they are there instead of being elsewhere
but perhaps she's not thinking about that
even if she can think about anything she likes
even if she could very well be elsewhere herself

she could be there in place of the poetry audience
and the poetry audience could be here in her place
it could be in my place too why not
but perhaps poetry should not be written by everyone

suddenly she raises her left foot
moves it forward puts it down
raises her right foot
moves it forward puts it down

she starts walking
moving towards the poetry audience
one step after another
she moves forward across the room

the poetry audience follows her with its eyes
enlivened by mixed feelings
while she goes across
like a black line on a huge white sheet of paper

la scena è perfettamente silenziosa
salvo il suono della mia voce che descrive
imparzialmente tutto quello che avviene in questo
momento sotto gli occhi del pubblico della poesia

potrei parlare invece di un sacco di altre cose
che lo farebbero restare a bocca aperta
ma per questa volta ho deciso
di attenermi alla pura realtà dei fatti

come tutti vedono lei sta camminando lentamente
attraverso la sala in una direzione precisa
che ancora noi non conosciamo
ma che è inutile cercare di indovinare

spesso viene qua gente col solo scopo di indovinare
o che magari crede di sapere già tutto
ma è gente con cui io preferisco non avere a che fare
gente da cui non comprerei un'automobile usata

con cui non vorrei trovarmi non dico su un'isola deserta
o in un ascensore durante un blackout
ma nemmeno seduto accanto in questa sala
vi consiglio perciò di diffidare del vostro vicino

lei intanto avanza verso il fondo della sala
sempre camminando lentamente e silenziosa
e adesso senza voltarsi imperturbabile
raggiunge l'uscita della sala

adesso lei varca l'uscita
adesso lei è uscita dalla sala
adesso lei sta attraversando l'atrio
adesso lei sta uscendo dall'edificio

adesso lei sta salendo su un taxi
adesso lei sta scendendo alla stazione
adesso lei sta salendo su un treno
adesso il treno parte

the stage is completely silent
except for the sound of my voice describing
dispassionately everything that is happening
at this moment in front of the poetry audience

instead of this I could be speaking of lots of other things
which would leave them gaping
but this time I decided
to keep to the facts and nothing but the facts...

as everyone sees she's moving slowly
across the room in a particular direction
which we do not yet know
but it is useless to try to guess

people often come here just to try to guess
or maybe think they already know everything
but I prefer to have nothing to do with them
I would not buy a second hand car from them

I wouldn't like to be marooned on a desert island
or stuck in a lift with them during a blackout
or even be sitting beside them in this room
so beware of the person sitting next to you

meanwhile she's reaching the back of the room
still moving slowly and silently
and now without turning round unruffled
she reaches the exit

now she's going through the door
now she's out of the room
now she's crossing the lobby
now she's leaving the building

now she's getting into a taxi
now she's getting out at the station
now she's getting into a train
now the train is leaving

adesso il treno è partito
viaggia nella notte nera profonda e silenziosa
rotta soltanto dal rumore del treno
che si allontana sempre più sempre più

Secondo tempo

io non l'ho seguita
sono rimasto qui seduto sulla mia sedia
a leggere questi fogli di carta a alta voce
per farmi sentire bene dal pubblico della poesia

forse il pubblico della poesia vorrebbe chiedermi
perché sono rimasto qui solo
perché non l'ho seguita ma il pubblico della poesia
come sappiamo non è qui per parlare

e a me non va di parlargli dei miei affari
di dargli troppa confidenza
non vorrei che si facesse troppe illusioni
che cominciasse a pretendere chissà cosa

è già troppo tutto quello che faccio per lui
qualche volta mi chiedo se ne vale la pena
se veramente si merita tutto questo qualche volta
arrivo perfino a chiedermi perché mai sono qui

probabilmente anche il pubblico della poesia
è rimasto lì seduto al suo posto a ascoltarmi
nemmeno lui dovrebbe averla seguita dovrebbe essere
sempre lì seduto davanti a me che mi ascolta

ma io questo non posso saperlo perché se il pubblico
della poesia può guardare me mentre mi ascolta
io non posso guardare lui mentre gli parlo
e questo non per indifferenza malevolenza disprezzo

now the train is gone
it travels through the deep dark silent night
broken only by the noise of the train
which is going farther and farther away

Part Two

I didn't follow her
I stayed here sitting on my chair
reading these sheets of paper aloud
so that the poetry audience can hear me properly

maybe the poetry audience would like to ask me
why I'm still here by myself
why I didn't follow her but the poetry audience
as we know is not here to speak

and I don't want to tell them my private life
or give too much away
I wouldn't like to disappoint them
or let them expect the impossible

I'm already doing more than enough for them
I often wonder if it's worth it
if they really deserve all this
sometimes I even wonder why I am here

probably the poetry audience itself
has remained seated to listen to me
even they could not have followed her
they should always be there sitting in front of me listening

but I have no way of knowing that because although
the poetry audience can look at me while listening to me
I can't look at them while speaking to them
not through indifference malevolence or scorn

ma perché i miei occhi devono leggere su questi fogli
quello che dico a alta voce al pubblico della poesia
che l'ascolta lì seduto davanti a me
o almeno così dovrebbe essere

e dovrebbe anche essere evidente che aperta parentesi
dato che mi trovo in presenza di un pubblico della poesia
a cui leggo e che m'ascolta chiusa parentesi
che tutto ciò che leggo è vera e autentica poesia

potrei certamente smettere ogni tanto di leggere
e lanciare occhiate furtive verso il pubblico della
poesia per vedere se è scarso o numeroso
se tutti mi guardano e mi ascoltano veramente

ma soprattutto per essere sicuro che davanti a me
c'è veramente un pubblico della poesia
forse invece non c'è nessuno
o forse c'è qualcos'altro

chissà una mandria di cammelli
un volo di cavallette
una colata di lava
un bellissimo film muto

che mi sto irrimediabilmente perdendo
ostinandomi a leggere inutilmente questa roba
che se poi davanti a me non c'è più un pubblico della
poesia questa roba non è nemmeno più poesia

ma io non ho il coraggio di guardare davanti a me perché
ammettendo pure che il pubblico della poesia sia sempre lì
potrebbe succedere che l'interruzione della mia lettura
provochi la sua immediata scomparsa

il che sarebbe una cosa imbarazzante
non tanto per la scomparsa del pubblico della poesia
cosa che mi lascia per la verità piuttosto indifferente
potrebbe anzi farmi piacere

but because my eyes must read what I am reading out aloud
on this sheet of paper to the poetry audience
who listens to it sitting there in front of me
at least that's what should be happening

and it should be obvious that open brackets
given that I am among the poetry audience
to whom I am reading and which is listening close brackets
that everything I am reading is real authentic poetry

of course I could stop reading from time to time
and glance at the poetry audience
to see how many people there are
if eveyone really is looking and listening to me

but above all to be sure that
there really is a poetry audience in front of me
perhaps there is nobody
or perhaps there is something else

a herd of camels for example
a swarm of locusts
flowing lava
an excellent silent film

that I'll never again have the chance to see
because I insist on reading this thing in vain
and if in front of me there is no poetry audience
anymore this thing is not even poetry

but I don't dare look in front of me because
let's say that the poetry audience is still there
if I interrupt my reading
it might immediately vanish into thin air

that would be a bit embarrassing
not because of the disappearance of the poetry audience
which frankly leaves me completely indifferent
I could even be glad about it

non abbiamo mai avuto rapporti troppo cordiali
non lo conosco nemmeno e non m'interessa nemmeno
poi tanto conoscerlo per quello che mi riguarda
potreste anche sparire per sempre

ma il problema è che cosa succederà di me in questo caso
quale sarà il mio destino dopo la vostra scomparsa
potrei diventare un cammello una cavalletta una colata
di lava recitare una parte in un orribile film muto

o ritrovarmi insieme a lei in quel treno
di cui ignoro la destinazione
e anche il motivo del viaggio
perché quella è una storia che non ho ancora scritto

potrei perdermi in lei come in una ciambella
che come tutti i labirinti è un inganno
qui l'inganno consiste nell'illusione
di penetrarla sempre più profondamente

mentre invece penetrandola si percorre
una spirale inversa verso l'esterno
ma non divaghiamo tutto quello che posso dire adesso
è che la situazione è incerta e il rischio è grande

non dico questo per paura ma vorrei vedere
qualcuno di voi al mio posto accettare
così tranquillamente di diventare una salamandra
bruciare in un vulcano o perdersi in una ciambella

oppure di non rivederla mai più
e di perdere per sempre il pubblico della poesia
che per quello che vale è pur sempre il mio pubblico
rischiare tutto per una stupida curiosità

come quella di sapere se siete sempre lì
e che cosa state facendo
fate quel cazzo che volete
io non voglio vedervi

we never got on very well
I don't know them nor want to
and to know them as far as I am concerned
you could disappear for ever

but the real problem is what would happen to me then
what would be my fate after your disappearance
I could become a camel a locust flowing lava
or an actor in a horrible silent film

or I could find myself with her in that train
whose destination is unknown to me
and even the reason for traveling
because I haven't yet written that particular story

I could lose myself inside her like a doughnut
which like all labyrinths is a fraud
here the fraud is the illusion
of penetrating her deeper and deeper

while in fact penetrating her you trace
a reverse spiral turning towards the outside
but let's not get lost all I can say now
is that the situation's uncertain the risk is great

I'm not saying this because I'm scared
but I'd really like to see one of you in my place
calmly agreeing to turn into a salamander
to burn in a volcano or lose your way inside a doughnut

or never to see her again
and to lose the poetry audience forever
for what it's worth it's still my poetry audience
to risk all that just through foolish curiosity

like wanting to know if you are really there
and what you are doing
do what the fuck you like
I don't want to see you

e perciò non smetterò di parlare
non alzerò mai gli occhi da questi fogli di carta
anche quando saranno diventati tutti bianchi
senza più poesia sopra

non vedrò mai più altro
sacrificherò per voi i più bei voli di rondini
i più bei profili i più bei tramonti
e tutti i film a colori che non ho ancora visto

sacrificherò il mio vitello grasso
per voi vitelli d'oro e ipocriti vampiri
che non mi assomigliate nemmeno
e non mi siete nemmeno cugini

non smetterò di parlare un solo istante
senza mai più guardarvi
per potere essere sempre sicuro
che voi siete lì

e che io sono qui
seduto di fronte al pubblico della poesia
mentre su questi fogli di carta leggo
che

adesso il treno entra nella stazione
adesso lei scende dal treno
adesso lei sale su un taxi
adesso lei scende davanti a questo edificio

adesso lei entra nell'edificio
adesso lei attraversa l'atrio
adesso lei varca l'entrata di questa sala
adesso lei entra in questa sala

il pubblico della poesia la segue con lo sguardo
animato da sentimenti contrastanti
mentre lei attraversa la sala
e si ferma qui di fianco a me

so I won't stop speaking
I'll never lift my eyes from these sheets of paper
even when they'll all be completely white
with no more poetry on them

I'll never see anything else
I'll sacrifice to you the most exquisite flights of the swallows the most
beautiful profiles and the most beautiful sunsets
and all the films in color I haven't seen

I will sacrifice my fatted calf
to you golden calves and hypocritical vampires
you're not at all like me
and you're not even my cousins

I won't stop speaking a single moment
I'll never look at you
just to convince myself
that you're there

and that I'm here
sitting in front of the poetry audience
while on these sheets of paper I read
that

now the train is arriving in the station
now she's getting out of the train
now she's getting into a taxi
now she's getting out in front of this building

now she's entering the building
now she's crossing the lobby
now she's coming through the door
now she's coming into this room

the poetry audience follows her with its eyes
eyes lit by mixed feelings
while she crosses the room
and stops here beside me

ha un'aria sorridente e distesa
ha un vestito bianco e nero
guarda davanti a sé
guarda il pubblico della poesia

il pubblico della poesia la guarda
là seduto davanti a lei
con vestiti bianchi e neri
e si chiede che cosa farà

Finale

ma lei non fa più niente
perché adesso qualsiasi cosa succeda
io smetto di parlare
e me ne vado al cinema con lei

Istruzioni per l'uso pratico della signorina Richmond

nettatela squamatela infilatele nel ventre
le erbe odorose fissatela allo spiedo
con un sottile filo metallico o con uno spago
umido grigliatela alla carbonella accesa

cospargetela con rosmarino e alloro
lasciatela riposare per un'ora così che
tutti gli aromi la penetrino poi scuoiatela
e pulitela tagliatela in grossi pezzi

infilzatela ben unta d'olio sullo spiedo
e praticatele qualche taglio nella pelle
perché non abbia a screpolarsi fatela cuocere
a fuoco moderato spruzzandola di sale

tagliatela a dadini portatela a bollore
mescolando senza interruzione cuocetela
a fuoco scoperto molto dolce per 20 minuti
colatela attraverso un setaccio sottile

she is smiling and relaxed
she's wearing black and white
she's looking straight ahead
she's looking at the poetry audience

the poetry audience is looking at her
sitting there in front of her
wearing black and white
and wonders what she's going to do

Finale

but she doesn't do anything else
because now whatever happens
I'm stopping reading at last
and I'm going to the movies with her

Directions for the Practical Use of Miss Richmond

Empty her, scale her, stuff her stomach with
aromatic herbs put her on a spit truss her up
with very thin wire or with some damp
string grill her over live coals

sprinkle her with rosemary and bay leaves
put her aside for an hour so the aromas
can penetrate her then skin her and
clean her cut her up into large pieces

coat her generously with oil put her on a
spit and make a few slits in her skin
so she won't crackle cook her
on a low flame and sprinkle her with salt

dice her up bring her to the boil
stirring constantly simmer her
on an open fire for 20 minutes
pass her through a fine sieve

ponetela in una casseruola che la contenga
appena copritela con acqua fredda e portatela
lentamente a bollore toglietela dal fuoco
e lasciatela immersa nel liquido per 10 minuti

pulitela conditela con sale e pepe
immergetela nel latte passatela nella farina
fatela saltare nel burro e in olio
finché sia ben dorata da ambo le parti

ammollatela nel latte per 24 ore
immergetela infarinata nella padella
con l'olio che fuma friggetela
e sgocciolatela dorata e croccante

fondete il burro in una padella pesante
e fatevela saltare finché sia tenera fatela
dorare senza che prenda troppo colore se diventa
troppo asciutta aggiungete un po' di vino

spennellatela con burro sciolto e ponetela
sulla griglia riscaldata e unta
cuocetela per 7 minuti rivoltatela
spennellatela con altro burro e grigliatela

tagliatela a fette di un centimetro
abbondante di spessore pepatela e battetela
con un pestacarne di legno fatela rosolare
finché prenda colore sopra e sotto

allargatela sul tagliere e battetela
sino a ridurla dello spessore di 1 centimetro
arrotolatela e legatela con un filo grosso
fatela rosolare a fuoco vivo coprendola

cuocetela a fuoco dolce da 45 a 60 minuti
è pronta quando la carne si sfalda facilmente
con una forchetta aiutandovi con la garza
sollevatela con delicatezza slegatela e affettatela

put her in a large enough saucepan
cover her with cold water and bring her
slowly to the boil remove her from the flame
and leave her in the stock for 10 minutes

clean her season her with salt and pepper
dip her in milk roll her in flour
brown her in butter and oil
till she's golden on both sides

soften her in milk for 24 hours
place her coated in flour in the pan
fry her in smoking oil
drain her when golden and crispy

melt the butter in a heavy pan
sauté her till she's tender then
brown her without burning her if she
gets too dry moisten her with wine

baste her with melted butter and
put her on a hot oiled grill
cook her for seven minutes turn her
baste her with butter again and grill her

cut her in slices a centimeter thick
sprinkle her with pepper pound her
with a wooden pestle brown her
till she's golden on both sides

spread her on a board and beat her to
reduce her to a thickness of one centimeter
roll her up and tie her with string
cover and brown her on a high flame

cook her on a low flame for 45 to 60 minutes
she's ready when you can prod her flesh off
easily with a fork wrap her in muslin
lift her delicately untie her and cut her up

con un grosso ago da calza o con le punte
di una forchetta punzecchiatela qua e là
poi portatela lentamente a bollore deve
rimanere morbida e avere la pelle intatta

pestatela con una mazza di legno
pulita spellata e privata della vescichetta
e degli occhi ponetela in una pentola capace
e fatela bollire per due ore coperta

strofinatela con un tovagliolo bagnato
legatela ponetela in una pentola capace
portatela a ebollizione scolatela sciacquatela
ripetete più volte l'ebollizione con cura

disossatela dalla testa alle spalle salatela
all'interno e ricucitela con cura dandole
ancora la sua forma legatele insieme
le gambe anteriori e quelle posteriori

sventratela spellatela rimuovendo con un
coltellino la pelle sul dorso cominciando
dalla coda e tirandola indietro di colpo
sul ventre la pelle non si toglie ma si raschia

tenetela a bagno per 12 ore in acqua
fredda spesso rinnovata poi fatela bollire
scolandola non appena è tenera poi
toglietele delicatamente la pelle

immergetela in acqua non troppo calda
dopo averle chiuso l'ano con un pezzetto
di sughero o altro fatela bollire 15 minuti
sgocciolatela spaccatela per il lungo

appoggiatela voltata sul dorso sopra un
tagliere e tagliatela nel senso della lunghezza
con un pesante coltello spruzzatela
con un poco di burro fuso e servitela calda

with a knitting needle or the point
of a fork pierce her here and there
then bring her slowly to the boil she must
remain moist and her skin intact

pound her with a wooden mallet
when cleaned skinned bladderless and
without her eyes put in a large enough saucepan
cover and boil her for 2 hours

wrap her in a damp cloth tie her up
put her in a suitable saucepan bring her
to the boil drain her rinse her
boil her carefully several more times

bone her from head to shoulders salt her
inside and sew her up carefully
to restore her original shape and
tie her front and back legs together

disembowel her peel with a small
knife the skin on her back and starting
from her tail pulling backwards sharply at the belly
don't skin her but scrape her

soak her in cold water for 12 hours
change the water often then boil her
when she's tender drain her then
take her skin off gently

plunge her into lukewarm water
after closing her anus with a cork
or other object boil her for 15 minutes
drain her and slit her open lengthwise

place her flat on her back on a
board cut her lengthwise with
a sharp knife baste her
with melted butter serve her hot

ponetela sul tagliere fatele un'incisione
fra le gambe posteriori e l'ano
rovesciate la pelle e tiratela verso l'alto
liberate le gambe davanti fino alla testa

toglietele la testa e le interiora
squamatela apritela lungo il ventre
mettete da parte le uova dall'aspetto corallino
e togliete la lisca lavatela asciugatela

passatela alla fiamma e raschiatela
bene con la lama di un coltello
per togliere i peli praticatele un taglio
nel ventre e toglietele le interiora

pulitela molto bene svuotatela anche
dei polmoni e ghiandole passatela alla fiamma
lavatela asciugatela infilatele nell'apertura
naturale le erbe aromatiche sale e pepe

cospargete le cavità interne con un poco
di sale e pepe fiammeggiatela con cognac
ponetela in forno dolce e fatela arrostire
per circa un'ora innaffiandola frequentemente

pulitela all'interno e all'esterno spalmatela
internamente con burro ammorbidito cucitela
avvolgetela in una sottile fetta di lardo
e arrostitela in forno dolce per circa 1 ora

pulitela e riempitela con la farcia
legatele le gambe cucitele l'apertura
ponetela nel forno con un poco di vino bianco
e burro servitela nel tegamino caldissimo

lasciatela marinare per 2 giorni
copritela con vino rosé e chiudete il recipiente
con carta oleata cuocete a forno basso finché
la carne sarà cotta ma consistente

place her on a board slit her
from her back legs to her anus
turn her skin inside out and pull it up
flay her front legs up to the head

remove her head and innards
scale her slit her stomach open lengthwise
reserve the coral-colored eggs
take out her backbone wash and dry her

singe her and scrape her well
with the blade of a knife to
remove her bristles make a slit
in her belly to remove her innards

clean her very well take out
her lungs and glands singe her
wash her dry her put aromatic herbs
salt and pepper in her natural orifice

sprinkle a little salt and pepper into her
internal cavities flambé her with cognac
put her in a low oven and roast her
for about an hour baste her often

clean her inside and out smear her
insides with softened butter sew her up
wrap her in a thin slice of lard
roast her for about an hour in a low oven

clean her and stuff her tie her legs
sew up her orifice put her
in the oven with a little white wine
and butter serve in a hot casserole

marinate her for 2 days cover her
with rosé wine in a pan topped with
greaseproof paper put her in a low oven
till her meat is cooked but firm

adagiatela su un foglio di carta oleata
a forma di cuore praticatele tre tagli trasversali
cospargetela con brandy chiudete il cartoccio
mettetela in un tegame e infornate per circa 1 ora

sfornatela cospargetela di succo di limone
ponetele una piccola mela rossa in bocca
guarnitele le orecchie con rametti di prezzemolo
e adagiatela sopra un letto di crescione

put her on a piece of heart-shaped
greaseproof paper make three slits across her
sprinkle her with cognac seal the paper
place her in an oven dish and cook for an hour

take her out of the oven and add lemon juice
put a small red apple in her mouth
garnish her ears with parsley
and lay her on a bed of watercress

Luigi Ballerini

Translated by Jeremy Parzen

Corse in pista e su strada

per Fausto Coppi

BOTTOM: Let me play the lion too: I will
roar, that I will do any man's heart
good to hear me; I will roar, that I
will make the duke say, 'Let him roar
again, let him roar again.'
Midsummer Night's Dream, I, 2

I

a sorsi a spifferi a comandi
e seguitando (e scongiurando),
con mani relative, sderenate,
a omelie, con indugio del verbo,
dell'ipoteca, è questa l'ultima
lettera rubata, il tramestio
dell'alveare unico e la mappa
del mondo alla rovescia. Più
inerme, più imitabile vergine
non scalcia, non ridona soffi
agli accordi, né da più intonsa
pellicola emerge la fumigante
bùccina dell'anagramma, del buco
che rientra nella cera. Altri
midolli, altre cuccagne omologa
il sussiego della mezza cottura,
della voce insabbiata, altri
inventari la giraffa infrollita
del giro, il tapiro del tandem,
della cronometro a squadre

II

siano senza disdetta i reclamati
punti di partenza, i due volte
induriti, le azalee, le trame

The Cadence of a Neighboring Clan

for Fausto Coppi

BOTTOM: Let me play the lion too: I will
roar, that I will do any man's heart
good to hear me; I will roar, that I
will make the duke say, 'Let him roar
again, let him roar again.'
Midsummer Night's Dream, I, 2

I

sipping squealing switching on
and off as I was saying (as I was
beseeching) with relative, down
and out hands, preaching, hesitant
in the use of verbs and mortgage,
this is the latest purloined letter,
the profligate bustle of a singular
beehive and the map of the contrary
world. No maiden, no free-wheeling
mountain cat could ever lick such
storms or breathe new essence
into chords of fear, nor could
the smoking trumpet of anagrams,
of holes sinking in their own wax,
emerge from such unsullied films.
Other marrows, other milk-and-honeys
will be ratified by the haughtiness
of undercooked food and voices
run aground, other inventories by
the drooping giraffe of the *Giro,**
by the tapir of the team's time trial

II

may they never expire: the contested
starting points, the twice-hardened,
the azaleas, the deferred plot,

---

* The *Giro d'Italia*, a bicycle race akin to the *Tour de France*. This and the following nine poems are marked by
faint references to the sport of bicycling: sprint, motor-pacing etc.

differite, gli àrbitri per cui
germogliano i comizi, le assidue
prolessi, le comiche a doppia
mandata; siano per lucidare,
per dirsi a mandorla e per farsi
residuo (dietro front e scoppio),
i labbri verdi del punto, di una
lontananza che rimbalza come
un aquilone, che celebra, immune,
il noviziato. Da cui l'agguato
che spiove disarmonico e questo
filo da torcere che inceppa, che
si espande in asola, in mercato,
che si assottiglia in tremito, in
timore. Da cui l'ipotesi di una
congiura innocua ("sono gli uccelli
naturalmente le più liete creature
del mondo"), di una mimesi arcuata,
concessa ai disinvolti, di un mito
arcuato e disinvolto, dietro motori

III

anfìdromo ha di bello che anche
i sassi lo frugano e una legge
inodore lo strofina nelle pieghe
del corpo luminoso, negli angoli
afflitti di un'arte che delibera
la sete, la densità irascibile
dell'inseguire, del farsi guanto
e breccia, e, per lusinga, protesi
nuda che a fissarla si arricciola
nel palmo e ripartisce il ciclo
dei travestimenti. Legge impura,
ma legge che nuota, infine, che
tocca terra, spugna che brilla,
che irrompe non indegna, non priva
di occulta e risarcibile salita.
Segni precari, usati per lo sbando
di chi resta in sella o gongola
per la nettezza del taglio, del

the referees who make the rallies
bloom, the assiduous prolepsis
and the double-locked funnies;
may they live to shine: the green
lips of the break, of the distance
that streaks like a kite and celebrates
a spotless novitiate; may they
be called almond-shaped and become
residue (about-face and blast).
Whence the dissonant drooping
of the ambush and this hard-nut-
to-crack that jams and swells,
a buttonhole, a market thinning out
like a quality tremor, or a fright.
Whence the hypothesis of a harmless
conspiracy ("birds are, of course,
the happiest creatures on earth"),
an arched mimesis, granted
to the uninhibited, an arched,
effortless myth, motor-pacing

III

a good thing about amphidromes
is that even a stone can rummage
through them; a scentless law can
rub the folds of their luminous
bodies, the downcast crannies
of an art disparaged by thirst
and the irascible thickness of pursuit:
metamorphosis of glove and breach,
and, by way of coaxing, a naked
prosthesis, curling up in the palm
of the hand, passing out its cycle
of conspicuous counterfeits. An unchaste
law, yet a law that swims, a sponge
setting foot on the beach, basking
in its own dignity, busting out
of a cryptic and modular compensation.
Precarious signs employed to disband
riders who cannot be unseated, who
chuckle at the neatness of the incision

fischio, per il riposo legato
all'idea ruminante del distacco.
Vaga in nebbia di sdegni un porto
disperato, autodafé che prende
alle tempie, ma per stanarle, per
divulgarne il costo, l'impronta,
la cadenza di una stirpe attigua

IV

una che frusta l'aria contumace,
che insapora lo spirù, la farsa
dell'obliquo in vena di cathexis,
una che storpia, che, succube o
succulenta, ne distoglie, ne spia:
questa pelle si allunga, s'inerpica
questa radura di fughe, di piatti
maison, di scalmane che a dirle
una per volta si perde il flusso,
la lucentezza del segno, la smania
che inviperisce. Una che spinta
da oroscopo rimesta la sua muffa,
l'ornato biascicante, recalcitrante,
che abusa del percorso in leggera
evoluzione. Da quale parte, da parte
di quale *missus dominicus*? Una che
ascolta i numeri, che innervosisce
i volti dell'immersione, le vicende
sfasate dello scambio, una che stinge,
che albeggia in volata, in lugubre
volaille. Una che spezza il salmo,
che tira il mestolo dell'andatura

V

con ami dentro e fuori, e *loop to loop,*
con l'amido e la gabbia, con la foglia
(che ama vendicarsi), e se non secchi
la mano (che ama ritrovarsi) e senza
che il trucco sconfini, che il furto
avvizzisca e germogli, senza voglia
di tandem, di resa dei conti, ma col
profilo che succhia, che danneggia

and whistle as the day-off mingles
with the ruminant thought of a lead.
A desperate port wandering in a fog
of disdain, an *auto-da-fé* that throbs
in your temples, only to rout them
and reveal their price, their imprint,
the cadence of a neighboring tribe

IV

this one whips the contumacious air,
seasons the hokey-pokey, the farce
of a deceit craving for cathexis;
succulent or subdued, this one cripples
and deters us and spies on us, on
our stretching hides and clearings
and house-specials steeped in the
break-away, hot-flashes that, listed
one by one, disrupt the flow, the
luster of the sign, the madding
fever. Driven by horoscopes, this
one stirs her mildew, the recalcitrant
lace that mumbles and indulges
in gently evolving routes. From which
parts, on the part of which *missus
dominicus*? This one pays heed to
numbers, flusters the countenance
of plunge, the out-of-synch delusion
of barter, this one discolors and
dawns in the sprint, in her gloomy
volaille. This one shatters the psalm
and launches the ladle of pace

V

with hooks inside and out, looping the
loop, starched and caged, with leaves
that love to hide; and should the hand
(that loves to meet again) not wither,
the trick not flood, the theft not wilt
and spout; with no profile to court and
harm, no tandem, no reckoning upright,
without the side effects of hazard

ha un'emulsione di base: quell'antico
spremersi (o girare alla larga), quel
riaffacciarsi dell'inedia (che ama
suggellarsi); ha plausibile il velo,
il contropiede che indora, il freno
che, ripudiato, accalora il placebo,
la perfezione del consenso: su alcuni
collaudi discende un alito pentecostale
scandito in paravento, in rima di nessuno
che ti voglia morto, e ti ospiti solo
come sfida, come parènesi strisciante.
Né resta voce di regno, di premonizione
(una specie di *pietas* dei nostri tempi)
di fianco a barene riluttanti, a templi
oltraggiosi. Anche di qui passa il giro
balordo dei rimorsi, degli equilibri

VI

chilometro lanciato, da lanciare, che, lancia
in resta, lanceremo, che lanceranno in cielo
in terra in mare, che slanceranno, questa
parola in disordine, imbeccata, e che sarà
bramosa e sugosa e brulicante, un rigoglio
di adeguate sussistenze, coi cani al guinzaglio
con vene terse, una pioggia d'estate, barocca,
un'amnistia che viene di traverso, che aprirà,
col violino, la prigione dei fuochi produttivi,
degli amori incalliti, contagiosi, una sabbia
prudente, difettiva, ma in vena di scherzi,
di origini, di defezioni omologhe, o quatto
quatto e sganciato, che sgancia e presta, che
sganceranno, sopra li quattro maltirati stracci

VII

mio sogno famelico e mio (sottovoce)
bersaglio, mia colonna e mio gabbo,
mia pelle in tilt, sia che di squadre
sia carica la pista, sia che perverso
lo sguardo accolga lingua e costrutto

a basic thickness in that ancient
trying-harder (or staying-away-from),
that reappearance of tedium (that
loves to seal again): a plausible veil,
a gilding counter-attack, a rejected
brake that highlights the placebo,
the perfection of consent: at times
the pentecostal breath of trial-runs
a screen spelled out, a rhyme by no one
striking your death knell and hosting
you alone, for the sake of a challenge,
a crawling exhortation. Nor does any
voice of kingdom or foreboding (a kind
of *pietas* for our day and age) linger
along reluctant sandbars and offensive
temples. Even from here you can watch
and curse the sprinting of mere remorse

VI

kilometer to launch, for launching, with
lance in rest we will launch and be launched
in air land and sea, we will launch out this
spoon-fed, disordered word that will also be
yearnful, juicy and teeming, a lushness of
adequate victuals, a dog on a leash with sour
and fiendish veins, a baroque summer rain,
an amnesty gone down the wrong way, opening
with violins, a jailhouse of productive fires,
hardened, contagious loves, a disruptive,
cautious but playful sand in the mood for
dancing, for defections, hushed and unhooked,
unhooking and landing and twirling to be unhooked
from spinning upon some four ill-timed rags

VII

whether the track is laden with teams
or tongue and construct are met by wayward
stares... my ravenous dream and my target
(whispered), my pillar, my trick, my grid-
locked skin, my warm cogitant doe, my long

mia cogitatio tiepida, di cerva, mia
(con manubrio e sella) lepida e lunga
sete, o quadrifoglio al centro e glabro
sospetto di stella (mio riccio alfine,
tra lembi di tunica) e ricciolo di mare

avvenga che un battito al breve possesso
s'adopri, o dia voce al relitto senza
scadenza, senza spoglia mentita che vagisca
o ferita che ingurgiti artifici: prodezza
dell'amaro, del coniugare alito e parziale

corri dunque mio garrulo cuoio, mio miele
occhiuto, discinto, mia, per abuso, bianca
e cicatrice, impiglia nei rami nolenti
la tua lungimiranza; dei derivati accogli,
pretestuosa, il cappio. Ma recita, recita

i vituperi, le anagogie decidue, le fumanti
eclissi del desiderio, argina gli astanti
gl'inseguiti, gli appena disgiunti: esige
da questa cesura l'invito, la comica finale,
blindata, esitante, l'odore di uno specchio

ripercorso, è questo il vaglio, la disanima
dell'esperire o missiva o luce contro luce

VIII

in fitta schiera, in falsetto, ma con acquatici
tentennamenti, con antefatti e morsi, mutismi
che lustrano la fibra, la peluria clandestina
dell'avverbio, dell'iperbole apocrifa, carica
di pietanze, ma con stesure a portata di mano,
di pennello (io ti pennello), con capriole miste
di ghiaccio e scalp: da questa fenditura l'*habitus*
viziato, la rasatura, il labirinto unanime dell'uso,
del flagello che, iridato, sbanda, che abbandona
il pane sull'onda. Supponiamoci anche dilatati,
ridotti a defezione, mettiamoci anche di traverso

and flippant thirst (in handlebar and saddle),
or four-leaf clover in centerfield, a touch
of glabrous star (my urchin, at last, in the
folds of the purest tunic) and my urgent sea

were a throb to entice a brief possession
or give voice to a wreckage deprived of
expiration, weeping ruse or fake wound
that gobbles its deceit: prowess of unripe
turmoil mixing breath and hindering part

so run, my chirping hide, my sharp-eyed,
panty-sporting honey, my misused white
and scar, tangle your foresight in reluctant
branches of pretext, welcome the noose
of the derived. But play the part for me,

play the insults, the yearly revelations,
the smoking eclipse of desire, damn up
the bystanders, the fugitives and the newly
fractured: the Laurel-and-Hardies smelling
like mirrors twice traveled. They all
make demands of this caesura: herein lies
the sifting ordeal of *envoy*, the rule of
thumb, the resolve of light against light

VIII

in thick rank, in falsetto, and not without liquid
indecisions, with bites and antefacts and obstinate
silences glowing in the fiber, in the clandestine
fuzz of the adverb or the apocryphal hypertext
laden with pious victuals and redactions at
hand's reach, at broom's reach: you bet I would
spick-and-span you over, with ice, and the scalps
of somersaults, with songs of spoiled strategies
and masks, and the thinly scratched labyrinths
of usage. Or with a skidding, an olympic scourge
of bread loaves adrift in the waves. Let us think
of ourselves as dilated mutants forced to defect
faintly, let us also lie across the access road

IX

fomento, indenne imbandimento, alcune
diagnosi di bosco, fomiti spaiati
di quintessenza. Chi sfregia è padre
in articulo mortis, coda del giuramento.
Per lesinare, per andarsi a genio

germoglio che spunta da suolo arido
e sfugge al primato: fino al collo
(può urlare), fino ai denti. Né ira,
né, del suo farsi, minaccia meditata
o calibro che sa di assoluzione

per scorribanda o greppia, preso nel
sacco, con schizzi di *perlage*, di
sabotaggio: quei gattici diffusi,
quella maniera inerte di condensare,
di tenersi in cima. O, per incanto,

avversario che domina le tracce
dell'infuso. Indovino è chi sfregia
coi sintomi la sbollitura, la gobba
del disamore: passi da taglialegna
di latta, da leone, da uomo di paglia

X

per improvviso che sia questo traguardo
questa *mise en abîme* onde non tace
l'alterato registro di chi attende
a diverso puntiglio, onde non pare
verace intendimento, puro interno con
fughe, con appendici; per allarmante
che sia questa parabasi, questo dissesto
sweet and sour che funge da regalo, da
sogno incrociato, incontinente; per delusa
che sia la piegatura o, che fa testo,
questa felpa frugale non dipinta, un
testa e coda col garbo di un ammanco,
di un limite invogliato che s'impenna
in onda zuccherina, in primo impiego,

IX

abetting, unscathed table setting, some
sylvan diagnoses, unmatched, quintessential
abetment. Anyone who scars is a father
on his deathbed, the tailpiece of an oath.
Counting pennies, counting pats on the back

leaf-bud sprouting in the arid soil, fleeing
the world's record: up to the neck (able
to yell), up to the teeth. Neither wrath,
nor meditated menace in its making, but
a wine-dark caliber tasting of *ego te absolvo*

in a surprise raid, in a manger, caught
red-handed, stained with *perlage*, with
sifting sabotage: those scattered poplars,
that inert way of condensing, of staying
on top. Or, by coincidence, a former

anchorite charged with the task of governing,
with brew and asphalt, with the paradox
of agonizing. Clairvoyant is one who seals
at random, who prods the hump of dislike:
foot-steps of tin-men, lions and scarecrows

X

however sudden this checkered flag,
this *mise-en-abîme* whence speaks
the ubiquitous register of spite,
whence understanding coils in pure
constraint, a draining mirror with
an after-word; however alarming
this parabasis, this bankrupt *tian
shuan* or makeshift dream and this
licentious gift; however disheartening
the fold, the standard-setting tailspin
of sugary waves and first-time jobs,
nothing but dubious sketches of abuse
for you, my baleful vineyard of ingenuous
nerves, my coaxing hyperbaton of walls

tu non altro che increduli disegni avrai
del vituperio, sera di nervi ammessi,
affastellati, iperbato di foiba e muro
che dispone al varco lo sciame disperso
delle glosse, degli aventi causa. E tu
riposa, implicita furbizia, filo rosso
di nessun contagio che può dire sono
da eludere il colpo di reni, la salita
egemone, allusiva, la falsariga dell'aria

and sink-holes, my breaching swarm
of glosses and receptive plaintiffs. You
ought to drown in purple, threadbare
cunning, in horizons of wrinkle and
climb, you ought to prick and claim
the final lunge, the torn and sparse
hegemony, the filigree of the air

Edoardo Cacciatore

Translated by David Jacobson

Carme momentaneo

(Quel 25 luglio 1943...)

Piazze vie uffici officine edifici
Non secolare anzi momentaneo carme
Né sregolatezze né insueti artifici
Non suona nemmeno la sirena d'allarme
La città non bada a spese è solo dispendio
Ubriachi e sobri in un solo compendio
Atteso attimo di cessato pericolo
È appena un tremolare di pinne nasali
Un transito effettivo di bene nei mali
I sensi il pensiero in uno stesso veicolo.

Febo e Diana il colore delle tue meningi
Né giorno né notte decisamente vale
Il tempio e tempo sacro che per loro fingi
In questo momento è realtà temporale
La gente che si affaccia attraversa o svicola
Quella che guarda i giornali all'edicola
Investono interamente tutti i miracoli
Gli odori funebri cari allo scirocco
Le sonorità mnemoniche del barocco
Giungono al desiderio ne sono tentacoli.

Com'è chiaro il suggerimento sibillino
I tribolati ridono al davanzale
Il poliziotto sottobraccio al cascherino
Cessa la sua funzione è uomo tal e quale
La precipitazione dove se n'è andata
Riposa in un fossile fiorito in giornata
Tra l'animazione più felice che gli ozi
Colmi i portoni di evidente dileguare
Hanno il suono di grotte amate dal mare
Di carri le cui ruote sciacquano ai mozzi.

Song of the Moment

(That day July 25, 1943…)

Squares streets offices buildings garages
Song of the moment not of the ages
Neither wanton excess nor unwonted devices
Not even a siren sounds off in alarm
The city is lavish a total spree
The sober the drunk fit the same summary
The awaited instant of abated harm
Is barely a flutter a flare of nostrils
A regular transit of goods to evils
The senses thought in a single vehicle.

Phoebus and Diana are as pale as your pate
Neither day nor night carries special weight
The sacred time and temple you fashion for them
At this very moment is temporally real
People who pass by or cross or sneak off
Or the ones looking over newspapers at kiosks
The funeral smells the scirocco adores
Go straight to the core of all miracles
The Baroque's mnemonic sonorities
Grasp onto desire are its tentacles.

How clear the oracular suggestion
The afflicted are laughing at windowsills
The cop arm in arm with his comrade the fop
Sheds his role, becomes a person per se
Wherever precipitation has strayed
It rests in a fossil sprung up in a day
In a bustle far gayer than indolence
The entranceways brim with sheer disappearance
They sound like the grottoes the ocean loves
Like wagons whose wheels squeal loose at their hubs.

Le immagini separate senza distacco
La città si spollina lenta in notizie
Non c'è postino che le metta nel suo sacco
È un arlecchino il carro delle immondizie
Chi scende le scale sale ciò che getta
Alla paura il fuggiasco non dà più retta
Il piede sinistro denuda dalla scarpa
Ingenuamente è mistero è danza magica
Al nuovo passo ha tolto l'andatura tragica
Momento pantomima su chitarra o arpa.

In lievità si scandisce quel pizzicato
Nel frapposto silenzio odi aprirsi una primula
Non sai più ciò ch'è diviso o moltiplicato
La verità per gioco ora se stessa simula
Anche la meridiana all'apparenza eterna
S'incanta all'indugio di quell'autocisterna
Rossa e immobile sul sagrato gratuito
La storia naturale allegra in quel cucciolo
La rovina a pendìo pei ragazzi sdrucciolo
Leva ad ebbra salvezza il momento fortuito.

Il sole e le ombre aderenti al muro
Compagni all'attaccabrighe senza più beghe
Smontano l'ingranaggio incerto del futuro
Entrano al pari degli altri nelle botteghe
La perdita e il guadagno prima che nasca
L'identità da ognuno custodita in tasca
Si versano nello sguardo che si fa polla
Quale innocenza è nell'imboscata ferma
La velocità è vinta in corsa da un'erma
Operosità con gli strumenti a tracolla.

Da qui a un secolo ancora contemporanei
Gli scoppi di voce dei garzoni a diporto
Oltrepassano gli assassinii momentanei
Che gli storici interpreteranno a torto
Partita di calcio o riunione politica
L'intensità che all'istante li unifica
Immediatamente radice e già frutto

Bereft of detachment the images split
Slow pollen of news the city has spilt
No postman will drop it into the bin
The garbage van is a Harlequin
Assailants take you with grain of a salt
Fear no longer makes the runaway halt
Naively his left foot performs its shoe strip
A mystery this a magical dance
It frees the new step from the tragic advance
A pantomimed moment for guitar or harp.

Lightly the pizzicato's released
Brusque silence you hear a primrose blow
You can no longer tell what's divided increased
For sport truth puts on itself for a show
Even the sun-dial eternal to appearance
Is charmed by the water truck's hesitation
Red and immobile by the church-side clearance
The glad natural history told in that pup
The sloping ruin the kids slip up
Exalts the chance moment to giddy salvation.

The sun and the shadows cling to the wall
The unruffled ruffians' bosom pals
Dismount the future's uncertain springs
To enter the shops on equal footing
Loss and gain before any conceive
The identity all have up their sleeves
Pour into a gaze still as a pool
What innocence lurks in snares so well laid
A hermit's diligence outruns speed
Over its shoulder it slings its tools.

Contemporaries even a century hence
The shop-boys' shouts in their hullabaloo
Outlast the killers' impermanence
Historians doubtless will misconstrue
Soccer match or political forum
The intensity which at once unites them
Spontaneous root and burgeoning yield

Sulla sua buccia guancia ancora senza grinze
Con lavorìo di cesoie e di pinze
La Luna bicorne e il Sole vi scrive tutto.

In riva al sole i muratori sono cigni
Sonnecchiano e possiedono donne negli occhi
Quello che coprì Leda è tra i più benigni
Lo senti appena la loro mente imbocchi
Ilithyia o Lucina tutta generazioni
Segna il tempo non determina quelle azioni
Dove il mondo è solo minuziosa innocenza
L'allegria che vien fuori dalle osterie
I trucioli in terra nelle macellerie
Memore oblio loquace reticenza.

Ecco—tutto è prodigiosamente donato
Di momento in momento sempre fuori segno
Il paziente che è stato or ora operato
Scopre veglia e narcosi in un unico regno
La sazietà e l'inedia di questo presente
La meticolosità che intarsia la gente
Si congeda dai reparti lascia gli archivi
Questo momento già adulto nella placenta
È già ruggine tra ottonami e ferramenta
Ingordigia autofaga tra gli altri già retrivi.

Sulla chitarra sull'arpa allegro con brio
Va sperperando aliena il suo predominio
Ascolta è ritmo di danza non scalpiccìo
Equilibrio in bìlico senza tirocinio
Si sposta adagio adagio nemmeno saltella
È memoria pura quanto vi si scancella
E l'esperienza ti propone la scaltrezza
Passato il momento ecco il momento giusto
La vita sul momento scaccia ogni disgusto
E l'ingenuità è ancora in questa tenerezza.

On the unwrinkled cheek that forms its peel
All's written in labor to shear and prune
Script of the sun and the bicuspid moon.

On the shores of the sun the bricklayers are swans
They laze taking women with only their eyes
The one atop Leda's especially nice
You can scarcely sense it their minds you come in on
Ilythia or Lucina all generations
Marking the time without shaping these actions
Where the world's but a meticulous innocence
Mirth stepping out from the tavern doors
Shavings dropped onto the butcher shop floors
Mindful oblivion garrulous reticence.

Note then—all is prodigious donation
From moment to moment beyond our aim
For the patient come out of a new operation
Care and narcosis inhabit one plane
The here and now with its famine and feast
The scruple that sculpts out human lives
Retires from the wings abandons the archives
This moment already adult though a fetus
Amid iron and brass is already rust
Amid costive others autophagous lust.

Allegro con brio for harp for guitar
It's off on a binge to dispense with its power
Now hear the dance rhythm not dragging of feet
A balance no novitiate keeps
It's so slowly shifted not even a skip
It's but pure memory what's being outruled
Experience counseling you to be shrewd
At the end of momentum the right moment arrives
For the moment disgust's driven out of our lives
And simplicity lingers in this tender mood.

L'autunno si commuove

L'autunno romano dolcezza e fastigio
Alle pietre restituisce all'aria il grigio

Un silenzio interviene denso di altri gridi
Nel tuo corpo ritrova radici amorose
La felicità che è all'apice delle cose.
Nell'immaginazione il nero mortifero
S'imperla di grigio si fa cielo signifero.

Non il crepuscolo non l'alba che rivedo
Non è il sole smorto entro un bosco ceduo.
Questi oggetti all'istante con tanta minuzia
Svelati all'alterazione senza più astuzia
Nel chiarore senz'ombre innaturali nidi.

Torneranno naturalmente a ripetersi
Amorosamente assentiranno a concedersi
Con simile viso con somigliante impronta.
Ma a chi varrebbe riconoscere in un'onda
Quella che mortalmente trattenne un respiro.

Il solito eccidio sanno nel lento giro
Tramonti e aurore insanguinati alle dita.
Né morte squallida né arroganza di vita
Sullo sciame inarrestabile subito emersa
Novità inaudita natività diversa.

Restituzione in cui il passato non è pegno
La natura perentoria vi ha impresso un segno
Riconoscenza più che riconoscimento.
Lastra tombale o pietra di basamento
Per gli amanti banco dove ogni bacio è addìo.

Nelle parole che dileguano in brusìo
Irresistibile ammasso di desideri.
Coagulo di sangue che suggella i veri
Mutamenti non resterà solo residuo
Immobile tra le serpi del sole occiduo.

Autumn Is Moved

The Roman autumn mildness and to stone a peak
restores the greyness to the air.

A silence enters in rife with other cries
In your body it finds amorous roots
Happiness which is at the height of things.
In the imagination the death-dealing blackness
Is beaded with grey makes itself a sign-bearing heaven.

Not twilight not dawn that I see
It is not the wan sun in a copse.
These objects in an instant with so much trifling detail
Unveiled to change with no further cunning
In the brightness shadowless unnatural nests.

Naturally they will end up repeating themselves
Amorously they will agree to bestow themselves
With similar face with reminiscent imprint.
But to whom would it signify recognizing in a wave
One which fatally held in a breath.

They know the usual slaughter in the slow round
Sunsets and dawns their fingertips bloodied.
Neither squalid death nor arrogance of life
Over the uncheckable swarm suddenly emerging
Unheard-of novelty varied nativity.

Restitution in which the past is not forfeit
Peremptory nature has imprinted a sign upon you
Thankfulness more than recognition.
Tomb slab or plinth stone
The lovers' bench where every kiss is farewell.

In the words that vanish into a roar
Irresistible hoard of desires.
Bloodclot which seals the true
Changes will not remain only immobile
Residue amid the serpents of the setting sun.

Ecco si àltera è altro già si commuove
Quanto lo animò un tempo non più altrove
Qui è il fervore di nuovo medesimezza.
Di fine in fine sconfina una certezza
Nessuna tenerezza ci fu così amica.

Paura di rovina non più affatica
Quest'argine delle cose che è il presente.
Un delirio d'amore sempre imminente
Non sa della morte entra nella voragine
Vede inesauribile l'esaurita immagine.

Mondo identico e certamente mutato
Senza cenere brucia ogni significato.
Colui sembra nell'immobilità più ignara
Muore risorge nell'invisibile gara
Effigie sopra effigie libertà è chi inventa.

Una carta da gioco quando scorre lenta
A scoprire i segni di quella successiva
L'interesse le è sopra—è persona viva.
Ora in tutto si rincorre altra invenzione
Fante regina re non sono tre persone.

La conoscenza tuttavia diseguaglianza
L'uno all'altro congiunge cessa ogni distanza.
Egualmente la forza che li fa altrimenti
Rompe dalla clausura sposa i movimenti
Di viso in viso dà avviso con insistenza.

Non sommossa precaria anzi incipienza
Realtà che s'invoglia d'integrazione vera
Autunno donativo non già primavera.
La morte intervenuta—come si fa chiara
L'invulnerabilità della strana gara.

Sciame eguale minuziosamente e diverso
Esame curiosamente ingenuo e perverso.
Se piange alle bare se alle nozze è in letizia
La conoscenza non instaura ingiustizia
Di luogo in luogo rimuove il traguardo.

Behold the change it is other already it's moved
Just as a time animated it no longer elsewhere
Here fervor is once more self-sameness.
From end to end it exceeds a certainty
No tenderness was ever so friendly to us.

Fear of ruin no longer wearies
This shore of things that is the present.
An ever-imminent love frenzy
Savors not of death Enters the abyss
Inexhaustibly sees the exhausted image.

A world identical and certainly altered
Ashlessly burns every meaning.
That one seems more unaware in the immobility
Dies revives in the invisible contest
Image on image freedom is who invents.

A playing card as it slowly passes
To discover the signs of the one after it
Has interest on it—is a flesh and blood person.
Now in everything one rushes after other invention
Jack queen king are not three people.

Knowledge however Inequality
One joins with the other All distance ends.
Likewise the force that makes them otherwise
Breaks from its seclusion Espouses movements
From one face to another it delivers advice insistently.

Not some temporary rebellion but rather incipience
Reality taken by true integration
Autumn a gift and by no means spring.
Intervening death—how it brightens
The invulnerability of the strange contest.

Meticulously even swarm and different
Examination curiously naive and perverse.
If it weeps at the biers If joys comes of its nuptials
Knowledge does not establish injustice
From place to place it removes the finishing line.

Con desiderio di diversità è azzardo
Felicità slanciata sul punto di agire
Ti espone ti esibisce ti fa morire.
Morte ormai come apertura oggettiva
Mare infinitamente che riprenda riva.

Pietra uomo animale ogni detenzione
Lascia il suo riserbo viene a restituzione.
In quel riserbo per cui tutto è memorabile
È perduto amore ciò che fu detestabile
Natura in lineamenti e ormai già innaturale.

L'episodio con gli anni sordido e bestiale
Ha incredibile svolta transito inatteso
La cecità del sesso il cibo conteso
L'invidia a vicenda la crudeltà in atto
In un grigio d'autunno svelano ogni patto.

L'albero dell'infanzia appare nuda forca
Ma che il mondo non sia solo una storia sporca
Un possesso per il possesso sottrazione
Smercio di vezzi lodi poi denigrazione
Chi ci assicura è proprio chi di noi fa getto.

Lascia ora il riserbo—i sogni del tuo letto
Vogliono altro che lo stagno dei riflessi.
L'azione—lo vedi—che approfittò dei nessi
Ed è Cesare con le guance ancora lisce
Quanto ha presso di sé ora restituisce.

Chi parla di spoliazione e di iattura
Morte a meraviglia che si fa cultura.
È grido acuto sasso scagliato è uccello
È d'autunno stridìo lento di cancello
Elargizione infine di tutto te stesso.

Parole che durano in linguaggio connesso
Nuove perché non più al soldo della vita
Felicemente morfologia inaudita.
Non è qui non è lì non è in palma di mano
È dolcezza d'autunno con abbraccio umano.

With desire for difference it is hazard
Bounding happiness about to act
Exposes you exhibits you makes you die.
Death henceforth like objective opening
Sea infinitely that reclaims the shore.

Stone human animal every detention
Drops its reserve Arrives at restitution.
In that reserve by which everything is memorable
Is lost love that which was detestable
Already now Nature in its main outline is unnatural.

Over the years the sordid bestial episode
Takes an incredible turn an unexpected passing on.
The blindness of sex the food fought over
Mutual envy Cruelty in deed
In an autumn's grey unveil every pact.

The tree of childhood appears a bare fork
Not that the world is not just a filthy story
A possession for possession Subtraction
Sell-off of habits charms and then denigration
Whoever assures us being precisely the one who squanders us.

Drop reserve—The dreams of your bed
Want something other than the foil of reflections.
Action—you see it—which profited by linkage
And is Caesar with still-smooth cheeks
All he has by him he now renders.

Who's talking about pillage and misfortune
Wondrous death that turns into culture.
It's a piercing scream a hurled stone It's a bird
It is autumnal slow creaking of the gate
Finally a broadening of your entire self.

Words that endure in connected language
New because they're no longer in life's pay
Happily unheard-of morphology.
It isn't here it isn't there it isn't in the palm of the hand
It's autumn mildness with a human embrace.

Uno a Regina Coeli

Alla fine un braccio è eguale all'altro braccio
La rotonda solenne è l'unità del mondo
La vista è vischiosa l'udito è un laccio
La memoria è la vedova di un vagabondo
Il passato è un parassita della morte
La follìa pia ed oscena nei suoi veli
Il presente è in questa infinità di porte
La purezza è il silenzio di Regina Coeli.

Campo di Fiori

Il Nolano a mezz'aria

Campo di Fiori è un mercato particolare
Vi senti più il bruciato che il pesce di mare

Tra un volo d'insulti atterrano una partita
Il filosofo ha preso quota sulla vita

Si allinea tra la paglia uovo accanto ad uovo
La folla è diversa in realtà nulla di nuovo

Testine d'abbacchio con occhi miti e ceruli
L'evidenza storica s'abbatte sui creduli

Garzoni acerbi e principali sbagasciati
I discendenti rincorrono gli antenati

Chi sta urlando laggiù qualcuno che vaneggia
Libertà gratis è gente che rumoreggia

La libertà sempre ha un prezzo incredibile
A buon mercato è la merce deperibile

Gli spazzini al solito azionano gli idranti
Il sangue si lava affermano i benpensanti

One at Regina Coeli Prison

In the end one arm is the same as the other arm
The solemn rotunda is the world's unity
Sight is viscous hearing is a noose
Memory is the widow of a tramp
The past is death's parasite
Madness pious and obscene in its veils
The present is in this infinity of doors
Purity is the silence of Regina Coeli.

Campo di Fiori

Bruno, midair

Campo di Fiori's a strange market square
Less fish smell than martyrdom hangs in its air

They break up a match Their gibes are rude
Over life the thinker's gained altitude

Egg after egg is lined up in the straw
The crowd has changed All's as well as before

Lamb's heads with mild cerulean glance
The naive crowned with historical evidence

Greenhorn apprentices whorish masters
Descendants in hot pursuit of ancestors

Who's shouting now People yell past us
Someone's raving Freedom gratis

Freedom still goes for an incredible price
What's cheap is perishable merchandise

As ever the hydrants are run by the sweepers
Blood washes off the right-minded aver

Il sangue si cancella chi se ne rammenta
La sensualità stessa si fa sonnolenta

La mente fa corpo con le cose d'accatto
Un po' per giorno è incapace di riscatto

Tra muri civili ognuno è selvaggina
La paura mondana è mutua calcina

Il cacciatore anche lui diviene caccia
L'uno e l'altra insieme lasciano vera traccia.

Nella luna di luglio

Questa luna che dice ad ogni cosa svèstiti
La realtà svela ai sepolcri dell'Appia
Nella luna di luglio due volte superstiti
Al morto prima ed ai vivi poi ch'io sappia
Sopravvivenza mostra un logoro costume
Da un lato all'altro strappato dal collo all'anca
Di ogni sospetto la vita ormai è immune
La nullità consiste si fa pietra bianca
Gli occhi dentro ai quali è un viaggio di laghi
Dimenticano mentre sanno l'accaduto
Non hanno nemmeno l'accortezza dei maghi
Che tengono per dato quanto è risaputo
    Questa luna in cui ora andiamo smarriti
    È la morte di cui ci siamo rivestiti.

La riflessione al suo traguardo

Corre corre il sangue ma in noi un'altra gara
L'intimità già esterna in storia si stanzia
Controluce la tua mano innocente impara
A macchiare di sangue adulto anche l'infanzia
Mostri e portenti appartengono al fittizio
La sete di sangue soltanto il corpo può berla
Ma tra mano e fronte poggiata un interstizio

Blood's removed and who remembers
Carnality too drags weary members

Mind takes the form of the stuff of charity
A little each day unredeemably

Within the city walls everyone's quarry
The world is mortared with fear's joint worry

Even the hunter turns into the chased
The two together leave a genuine trace.

In July Moonlight

This moon that orders all things to strip
Reality bares to Appia's necropolis
Tombs twice widowed in July moonlight
First by the dead man and if I am right
The living ones too. Survival sports
A frayed costume torn sheer across
Past all suspicion life's now annealed
Nullity stands up white and marmoreal.
There's a tour of lakes going on in eyes
That forget yet continue to know events
Lacking even the sense of certain magi
Who take all common knowledge for given.
    This moon in which we drift perplexed
    Is the very death in which we're dressed.

Reflection at Its Finishing Line

Blood's coursing but in us another race is on
Intimacy turned outward is stationed in history
With light against it your innocent hand learns
To stain even childhood with adult blood
Monsters and portents belong to the fictitious
The body alone can drink up the thirst for blood
But between hand and supported forehead an interstice

S'illumina realmente e concreta in madreperla
Dico a te non credere a chissà quale inganno
L'urto del sangue alla mente al sesso ristagna
L'altra gara che sciama di danno in danno
La terra e il mare che brucia all'aria guadagna
    E la cagna che ora ad incitarsi si è morsa
    Di sangue non bagna il traguardo della corsa.

Dorma il terrore

L'oltretomba le grinte arcivive di spasimo
È qui equa non coltre per lombi ma indagini
Mirto a propaggini attive lo sfruttamento
Di un entusiasmo i rombi tutto meccanico
Qui le avrà tutte vinte la casta dei vivi.

Basta anche quando supplicherà lo strazio
Voce di piacere si udirà di rimando
Freddamente con occhi rotondi di pesce
L'onniscienza fuoresce ha un manico adatto
Veloce entra in pugno irto gelo vi mette.

Sagome di tiro sono addette al conforto
Scopo iniettano uno scatto ha lo sfacelo
Con maschera di morto è in giro il volto pubblico
Una accanto all'altra pavimento ad esagoni
Si va avanti il futuro è plenilunio solido.

A distanza udito e vista ravvicinata
Palpato annusato tu filantropo anonimo
Ingegno e libidine hanno infine una stanza
Loro accolito sei il benessere è in progetto
Mostra la corda il volto che in effetto è un cuneo.

Nello slancio supersonico appena un gancio
L'utile in cui cadi pista non è per sosta
Non si prostra la morte un soccorso ha unico
Si muove e il successo ove evadi scatto è a macchina
Furia bacchica e il suo accesso un torso mutilo.

Is really lit and shaped into mother-of-pearl
I tell you don't believe in any deceit whatever
The blood's rush to mind bogs down at sex
The other contest that teems from harm to harm
The earth and the burning sea adds to the air
   And the bitch who now to spur herself on has herself bitten
   Doesn't bathe the race's finishing line with blood.

May Terror Sleep

The hereafter grim super-alive spasmodic countenances
Here it is rightful not a blanket for the loins but inquiries
Myrtle with active shoots Exploitation
Of an enthusiasm rumbles wholly mechanical
Here the caste of the living will always win out.

It also suffices when torment will plead
Voice of pleasure will in return hear
Coldly with a fish's round eyes
Omniscience is discharged It has a proper handle
Quickly it enters in hand puts in bristling frost.

Target forms are geared for comfort
Purpose they inject a jolt has collapse
With death mask the public face circulates
One beside another Hexagonal tiling
Life goes on the future is a solid full moon.

Hearing from afar and seeing up close
Touch smell You anonymous philanthropist
Brains and libido at last have a room
You are their acolyte Well-being is planned
Shows wear the face which in fact is a wedge.

In the supersonic dash barely a hook
The useful you fall into is not a track for stopping in
Death doesn't prostrate itself It has a single rescue
It moves and the success you dream of is like a machine click
Bacchic fury and its access a mangled torso.

Non zoppo esci a vampa non sai più il disgusto
Senza etichetta il fusto di vita e mesci
Di te individuo i beni un nido fluido
Spontaneo grido hai fretta troppo è futile
Conferenza-stampa il triduo è a cui più tieni.

Ma l'aula scampa in orizzonte ipotetico
Tende del sospetto vi sfilaccia il vento
Sorridente la faccia in un letto è di bende
Odore terapeutico l'ambiente colma
Dorma il terrore dorma sogni pure il niente.

La trottola

I
Volubilmente nell'equilibrio immerso
Ritto su un suono d'api a vite ritorto
    L'anello agli anni sfili
        Ripido cono perverso

Somigli e non somigli a ciò ch'è morto
E volge il vivo tuttavia le spalle
    All'amore d'un tempo
        Eterno invocato a torto

Grido trattenuto a corimbo a scialle
Scioglie le sue frange con lesta misura
    Prospere sempre assurgono
        Le spire mai più vassalle

Infedeltà giurando anche all'abiura
Ellissi del passato e ruba a mezz'aria
    Nebbia alle fondamenta
        Onere tenue e non mura

Gira e merce che più ha sofferto avaria
Il viso bello roso a colpi di spillo
    Senz'arbitrio fa erba
        S'aggrinza in pietra arenaria

Not wobbly you exit in a flush no longer knowing repugnance
Labelless the shaft of life and you pour out
Of yourself individual the goods A fluid nest
Spontaneous cry You're in a hurry Too much is futile
Press conference is the triduum you cling to most.

But the hall flees into hypothetical horizon
Tents of suspicion the wind frays there
Smiling the face in a bed is bandaged
Therapeutic smell The room fills
May terror sleep sleep may it dream even the Nothing.

The Spinning Top

I

Changeably caught up in balancing
Upright on a cork-screwing sound of bees
    You slip off the years' ring
        Steep perverse cone

You do and don't resemble what is dead
And yet the living turns its back
    To the love of some earlier time
        Eternally, wrongly invoked

Corymb- and shawl-held cry
Loosens its fringes with nimble measure
    Thriving the coils are ever rising
        Vassals no longer

Disloyalty swearing even unto abjuration
Ellipses of the past and steals at midair
    Fog from the fundaments
        Tenuous, unripe burden

Turns and the goods that have suffered damage
The fine pink face at pinpricks
    Is budding without choice
        Wrinkles up in sandstone

Si leva nell'azzurro di grillo
Rotula d'un ginocchio ed in succhio biglia
    Dall'affanno inseguita
        Infantile di uno strillo

Perché una meta amando si meraviglia
Che il turbine a pigna cresciuto dal perno
    Sguiscia e si regge a piombo
        Capo e il resto è una caviglia

All'applauso sottraendosi allo scherno
Paradiso e sta per essere e collima
    Gioia di riprodursi
        Piroetta dall'inferno

Ed ecco soltanto cos'è guglia o cima
Slancio in punta di dita e persa hai la mano
    Rassicura il rimorso
Altro è il delitto e non sei quello di prima.

II

Transita l'ìnsito tumulo e piano
Strofi di refe è patria ai mutamenti
    Narra senza penuria
        A bocca chiusa baccano

Dove accorri così dove ti avventi
Guarda anche quelli ch'erano in procinto
    Di fermarsi un istante
        Eccoli in moto nolenti

Preghiere e ringhiere cadono e il recinto
Tappa trepidamente della tua vita
    Cibo è di tomba ed utero
        A fecondarsi già spinto

Dìccela di nuovo sembra trama trita
Sconsacrazione del nume sul più bello
    Per nome chiami il lucro
        Un tuo omonimo ti addita

Lifts up into the blue sky—blue of fancy
Revolves with a knee and into the bilious sap
    Pursued by the childish
        Woe of a shriek

Because loving a goal one marvels
That the cone-like whirlwind growing from the hinge
    Hatches and stands head down
        And the rest is a wooden peg

Withdrawing itself from the applause the scorn
Paradise is both on its way and fits
    Joy of its self-reproduction
        Pirouettes out of hell

And look there only what is steeple or summit
Hurtle on finger-tip and you have lost the hand
    Reassure remorse
Crime's something else and you not as before.

II
The level inborn grave-mound passes
Strophes of yarn it is the country of changes
    Telltale without penury
        A tight-lipped racket

Where you rush thus where you fling yourself
Look also to those who were on the verge
    Of stopping at an instant
        Behold them in motion harmful

Prayers and banisters fall and the enclosure
Fearfully the stage of your life
    Is food of tomb and womb
        Forced already to be fertilized

Tell us again it seems a stale storyline
Deconsecration of the god at his loveliest
    By name you call the lucre
        Someone with your name points you out

Che ti sorride e fa tanto di cappello
Dietro di lui a cento i suoi compagni
    Genuflessi lo adorano
        Se Dio non sai o zimbello

Prima però che lo stupore ristagni
Pupilla a pelo d'acqua fuori ti aspetta
    Vortice e non ti scuora
        Vespa tra bave di ragni

Distante è da sé e se al gorgo dài retta
Non di morte appetito ma rombo ad arte
    T'empie l'intimo udito
        Ti strappa all'ultima stretta

Luogo d'arrivo dolce perché si parte
Male e celestialmente sa di miele
    Vicenda di Caino
        Illustrata in vecchie carte

Non sanguina più né l'aria mite ha Abele
La losca scena in un cappio è avvolta
    Gli inguini e i cuori unisce
Poi rapida elude ed è cono crudele.

III
Leccio al vento o luccio a caccia neve è sciolta
Sì scialacquato abbiamo ma a mani piene
    Torna tutto a sgorgare
        Fiume cascata ascolta

Doppia il rimpianto il mondo è in piedi avviene
Fuori di noi a vista e ci tempesta
    Interrotti ad ogni attimo
        Non esiste ormai che il bene

Sì colletta è d'obbligo un obolo a testa
Se prezzo d'incarnazione è da pagare
    In moneta d'oblìo
        Ci dà diritto alla festa

Who smiles at you and doffs his hat off to you
Behind him by the hundred his companions
　　On bended knee worship him
　　　　If laughing-stock you don't know, or God

But before amazement slacken
A pupil on the surface of the water awaits you
　　A vortex and don't lose heart
　　　　Wasp amid spiders' droolings

It is far from itself and if you heed the whirlpool
Cunningly not with longed-for death but a boom
　　You're filled with the inmost hearing
　　　　It tears you from the final straits

Sweet arrival place because one leaves
Badly and celestially it savors of honey
　　What happened to Cain
　　　　Mapped out in old illustrations

Abel no longer bleeds nor does he have a mild air
The shady scene's slipped into a noose
　　Joining groins and hearts
Then swiftly eludes them and is a cruel cone.

　　III
Ilex in wind or hunted pike snow has melted
Yes we've squandered but with full hands
　　Everything turns out to spout
　　　　River cascade listen

Regret redoubles the world's on its feet
It happens outside us a spectacle and it rages at
　　Us interrupted at every moment
　　　　Now only the good exists

Yes a collection must be taken up an obolus on one's head
If the price of incarnation is to be paid
　　In the currency of oblivion
　　　　Giving us a right to festival

Vertigine in coro e le tenebre chiare
Sprazzano e il cane che la storia stana
    Ritto avanza ammaestrato
        Offre in giro il suo collare

Chiodato agli altri eretti sulla pedana
Assuefatti al gioco e li assale alla gola
    Non bieco ride l'occhio
        L'ulcera subito è sana

E il guinzaglio roco rigirato a mola
Màcina il maleficio e se stesso affila
    Lama che scema in nulla
        Sangue ch'è ruggine e vola

Potere provvisorio e i propri fucila
L'uno dopo l'altro in cerca d'eresìa
    Crono ma il sacro è lucro
        Sperperato e non più in pila

Elica remìpede di dommi arpìa
S'aggobba a displuvio e s'incava a cesto
    Pigra e poi lenta sta
        Ebbra al suo colmo si avvìa

Svelta e dimmi chi ha tempo d'essere mesto
Lampi a raccolta sopra un cristallo terso
    Ardono il dado indebito
E in luce è l'ombra avvoltoio senz'arresto.

L'imminenza

Stai per venire tu ed io ti riconosco
Fra il tumulto dove calmo mi annullo
L'ira per offrirti del senno
Sorridente viso dallo sguardo losco
Femminilmente in parte trastullo
Nume il resto ed io tentenno
In mille immagini rotto

Giddiness in the chorus and radiant tenebrae
Burst and the dog that drives out history
   Upright advances mastered
      Offers as it moves its collar

Nailed to the others erect on the dais
Used to the game and attacks them on the throat
   Unsullen eye laughing
      The ulcer is instantly well

And the husky leash turned on the wheel
Grinds out the witchery and itself hones
   Blade which dwindles into nothing
      Blood which is rust and flies away

Provisional power and his own he shoots
One after another searching out heresy
   Chronos but the sacred is lucre
      Squandered and no longer in a pile

Oar-footed helix of dogmas harpy
Grows hunchbacked like a slope and curved like a basket
   Is lazy and then slow
      Drunken at her peak she takes off

Smart and tell me who has time to be gloomy
Flashes gathered over a polished crystal
   Blaze the die undeserved
And in light is shadow brakeless vulture.

Imminence

You're about to come and I recognize you
Amid the tumult where calmly I cancel myself
Wrath for offering you good sense
Smiling face with a shady look
Femininely in part a plaything
The rest a god and I waver
Broken into a thousand images

Oggi a distruggere gli opifici
Del passato e se una crociata indìci
Predicata dal suo complotto
Abbatterà la cortina di ferro
Morbido apriranno l'uno e i molti il velluto
Coltrone di nomi tra spreco e spirale
Ma io che intanto in interstizi erro
Tardi sempre per un minuto
L'omertà mia a cavallo del male
Scherzosamente è spinta alle spalle
In principio e poi sul serio
Dal tuo crescente cauterio
Cenere e lucìvaghe farfalle
Stai per venire ed essere il mio plurale

Stai per venire ed essere il mio plurale
Dei miei passi l'arbitrio ribelle
Preso e imposto ad un calvario
Tra il suo sosia ed il contrario
Portato viene via per le ascelle
Esanime eppure al minimo segnale
Di chi se lo dileggia a dito
E al gioco lo scommette della morra
Scatta in piedi e nulla ha di cieco e di letale
Giorno vissuto in realtà e non nel mito
Non c'è bisogno più ch'io ti rincorra
S'anche ristagno nel mio letto
T'avvinchi al mio capezzale e non mi nuoci
Attizzami i tuoi poteri atroci
Del tutto a te mi rimetto
Gli accoliti sì verranno
Sul collo in bìlico un pappagallo
Stridulo nel suo verde e rosso da chiosco
Ma zeppo di riso è il mio affanno
Freme in iride e tu t'immischi—fallo
Stai per venire tu e io ti riconosco.

Today to destroy the factory-works
Of the past and should you declare a crusade
Preached by its conspiracy
It will bring down the iron curtain
Soft the one and the many will open the velvet
Quilting of names between waste and spiral
But I who meanwhile stray into interstices
Late as ever by one minute
My conspiracy of silence astraddle evil
Facetiously is pushed from behind
At the outset and later seriously
By your growing cauterization
Ash and light-seeking butterflies
You're about to come and be my plural

You're about to come and be my plural
Plural of my footsteps the rebel will
Taken and imposed on a calvary
Between its double and the contrary
Carried off it comes and by the armpits goes
Lifeless and yet at the least signal
Of whoever points at it in mockery
And wagers it in the morra game
It jumps up onto its feet and has nothing blind and lethal
Day lived in reality and not in myth
No longer is there any need for me to run after you
Even if I stagnate in my bed
You cling to my bedside and don't hurt me
Rouse in me your atrocious powers
I entrust myself wholly to you
Yes the acolytes will come
On the neck poised a parrot
Shrill in its green and its kiosk red
But crammed with laughter is my woe
It quivers into a rainbow and you plunge in—go ahead, do
You're about to come and I recognize you.

Nanni Cagnone

Translated by Stephen Sartarelli

Della casata

Per il contrario qui considera
l'oscuro e l'accessibile
l'immenso e il minimo
e se lontano sia possibile
confonderli in un atto;
benché cresciuti nella discordia,
se medesime sorti
si contendano.

Come un cielo notturno nasce
da lontano inghiottimento,
più buio nel tempo, come
acqua febbrile in fornace
perde in aria la sua forma,
potrà disfarsi in cenere
la troppa luce, rami più alti
agitandosi per mare.
Non si può scorgere, spinge
verso il fondo, è lentissimo
il fondo, più capace
di non vederti, incessante dove
sembra cadere; egli non tocca
l'esempio del germoglio,
nasconde avanti il suo seme
lo circonda nel tempo.

Osserva quali eredità
le ruote trovano
nelle loro nozze
senza languore, lasciando
l'acqua della fonte nella
forma della mano, temendo
con l'ultima forza del ventre
l'estremità di questa luce.
E smemorato dal risveglio,

The Bloodline

On the contrary behold here
the obscure and the accessible
the vast and the minimal
and if at a distance it's possible
to confuse them in a single act;
though raised in discord,
they fight over
identical fates.

As a night sky is born
of distant engulfment,
darker in time, as
feverish kiln-water
loses its form in air,
the light too great might
wither to ash, higher branches
rustling over the sea.
One cannot notice, pushes
toward the depth, how slow
it is, the depth, more likely
not to see you, ceaseless where
it seems to fall; he doesn't touch
the bud's example,
hides his seed ahead
surrounds it in time.

See here what inheritances
the wheels find
in their unlanguid
marriage, leaving
the water of the source in
the cup of the hand, fearing
the extremity of this light
with the belly's last force.
And oblivious from awakening

nella farina debole del giorno
insinuata alle porte, visitava
un'estensione lucente—
tardi nel presagio si rammenta
che non è prezioso
vaso bene chiuso
in un dominio di polvere.

Quale vuoto ci dà questo paesaggio,
il conservato cielo scuro di penne
se richiude l'acqua salmastra,
lentamente ferito, esortando
i parenti incostanti
dal buio ornamento.
Loro sono impassibili—-
di notte ricevono il mare
ma uniscono i loro movimenti
alla preparazione della sorte,
chiudono la porta
alle agitate primizie
come si ritira il mare,
per colpire.
Oh non parventi
assimilanti sogni
e antenati dissimili
e pretendenti, poiché ricordano
i neonati, fatti sorgere qui
per ripagare—chi esce
dal séguito dispiega
la superiore povertà del sangue.
Diventa sé questa abbondanza
vuota verso il dio,
straniero al di qua delle mura
che stanno di pietra,
la pietra che non possiede
impeto ma scende appena
il suo peso, né si getta contro—
senza più viene gettata.

in the day's faint flour
creeping at the gates, he would visit
a shining expanse
—late in the omen he recalls
that it's no precious
well-shut vase
in a realm of dust.

What a void this landscape presents,
the sky preserved dark with feathers
when closing brackish water,
slowly wounded exhorting
inconstant relatives
from ornamental shadow.
They are impassive—
at night they receive the sea
but unite their movements
in preparation of fate,
close the door
to restless blossoms,
as the sea pulls back,
in order to strike.
Oh unapparent
and assimilating dreams,
and dissimilar, demanding
ancestors that recall
newborns, here brought to light
to repay—whoever steps out
of sequence displays
the higher poverty of his blood.
This abundance becomes oneself,
empty toward the god,
stranger on this side of the walls
that stand in stone,
stone that has no
impetus but barely lowers
its weight, nor throws itself against—
but certainly is thrown.

Loro non cedono agli ospiti
alcuna pena—seduti li lasciano
di fronte, a patire ogni lucore.
Non del tutto divini,
aspettano l'invidioso affanno
che non raggiunge,
né mai si annunciano divisi
al silenzio dei figli.
Divampano più tardi da lontano
come olio odoroso
nella distrazione acre del fumo,
rovinata altura i cui recessi
allora si aprono vuoti,
senza un battito, ombra
sciolta nel buio,
vicino e allontanato
albero cavo.

Lamento notturno disunito
non raggiunge
l'oscura sentenza
delle stanze nuziali
– il re non muore facilmente,
molti sono apparsi
in luoghi diversi –
il fiume ha seguìto il mare
fino alle doglie del mattino.
Sfuggire alla semenza
contendere al rivale nutrimento—
le sue parti che certo
si perdono lontano
in panni bianchi in simulacri,
così salate
dal grande inquieto specchio,
sparse invisibili toccate.

Qui per avere
la fermezza del germoglio
non puoi ignorare
quale vuota veste ti posero.

They grant no penalty
to the guests—they leave them sitting
in front, to suffer every glimmer.
Not entirely divine,
they await the envious anguish
that never arrives,
nor do they ever proclaim themselves divided
to the silence of the children.
Later on they flare up from afar
like odorous oil
in smoke's bitter distraction,
fallen heights whose recesses
then open up empty
without a beat, shadow
loosed in darkness,
near and distanced
hollow tree.

Disunited night lament
does not reach
the obscure sentence
of nuptial rooms
– the king does not die easily,
many have appeared
in different places –
the river has followed the sea
as far as morning's labor.
To escape the seed
to contest a rival's nourishment—
his roles that surely
vanish in the distance
in white clothes in effigies,
so salted
by the great troubled mirror,
scattered, invisible, touched.

To have here
the firmness of a bud
you cannot ignore
the empty dress they handed you.

Di tutti i profitti della terra
– sopportando l'attesa –
dovrà apparirti l'anima,
se ti trovassi vivo.

Anche lui un giorno
risale la corrente,
i lineamenti intatti
sotto la maschera ubbidiente,
mentre il dèmone sorveglia
la disposizione dei parenti,
provvede che tutto sia portato
verso l'odiosa provvidenza.
Oh sùbito sfinge
disseppellita invano
da un vacuo proposito—
loro che passeggiano
insieme riparati,
e frutti maturi sono calmi
nell'ombra dei giardini.

Ardua lacuna
di non poter tacere
né parlare; non si è visto
altro che vagire bruscamente
nel fuoco del battesimo
ma passo stretto
lentissimo abbandono
del rumoroso cuore.
Vinti entrambi dall'assedio,
sparsi dal tempo nel cieco palazzo
creatore di precipizi
di cieli coperti,
ora si mostrano distanti
come giorno e farsi giorno,
spettro e nume
già sospinti al loro confine.

Of all the earth's benefits
– if you can stand the wait –
it's the soul that should appear to you
if you happened to be alive.

He too one day
will swim upstream,
his features intact
beneath a mask of obedience,
while the demon attends to
the relatives' disposition,
takes care that all is carried
toward a hateful providence.
Oh suddenly sphinx
disinterred in vain
by an empty purpose—
as they stroll
together sheltered
and ripe fruits sit calm
in the gardens' shade.

Toilsome lacuna
of being unable to keep silent
or to speak; we've seen nothing
but a sudden whimpering
in the fire of baptism
yet narrow path
the slow abandonment
of the riotous heart.
Both defeated by the siege,
scattered by time inside the blind palace,
creator of precipices
and overcast skies,
they now appear distant
as day and daybreak,
spectre and numen
already pushed to their limit.

Sarà pronto a ritrarsi
nella paura, a muovere prima
per grandemente avuta
rassomiglianza, perché sarebbe
chiamato con nome
e retribuito chiaramente,
sia che dormisse, che fosse
sveglio, che rubasse un profumo.

Taciturna estensione
o inaudita, e cose ferme
nel loro spessore
dovrai riunire, discorso
di uno solo coi molti
che parlano per sé
non danno fiato.
Quanti vengono a te
saranno messaggeri
non recando notizie ma
perdute lettere,
volgendosi a non dire,
insistenti per nostalgia,
che custodiscono lo stesso
lessico vuoto.

Lontani guaritori
senza riposo né iniziativa,
che accordano, possiedono,
ricevono in dono,
nel tempio si mostrano feriti—
per ringraziato inclemente decreto
falchi notturni
nel muschio buio della reggia.

Uguale, l'estremità che tocca
e questa che si lasciò cadere,
eppure il capro che fu svegliato
e non sollevato per tutti
intorno alle mura
andrà offuscato, senza cantilenare

He'll be ready to withdraw
in fear, to move first
from resemblance
greatly had, for he would be
called by name
and clearly rewarded
whether he slept, was
awake or stealing a fragrance.

Taciturn extension
or unheard of, and things unmoving
in their solidity
you will have to reunite, matter
of one alone with the many
that speak for themselves
don't give out their breath.
All those who come to you
will be messengers
not bearing news but
lost letters,
turning not to say,
insisting from nostalgia,
that they preserve the same
empty lexicon.

Distant healers
without rest or initiative,
who grant, possess,
receive as gifts,
in the temple they appear wounded—
by thankful harsh decree
falcons of the night
in the dark moss of the royal palace.

The same, the extremity that touches
and the one that let itself fall,
and yet the goat that was awakened
but not raised up for all
around the walls
will be obscured, without singsong

verso luoghi di radura,
lui che solo qui poteva scorrere.
Arbusto della tradizione,
seme senza sosta
portato in Occidente,
poi cera di donna matura:
colui che sale
– arborescente tutt'uno –
prende altra via,
non si ripara il latte cagliato.
Nei nostri tempi
non si può legare con forza
né indugiare con ripugnanza.
Quello più giovane, quando
scende a terra, ha una spina
nel piede, eppure ha l'incessante
ritmico segreto
di quello che cresce.

Tu che leggi il libro
chiuso nelle viscere,
sei sopraggiunto, i tuoi occhi
non scrutano l'intero;
se non puoi disporre
che l'olio lasci sùbito l'acqua,
hanno più ripida altezza
le cose che conversano presagi.

da *Anima del vuoto*

La città di queste lacrime
sarebbe congiunta
a mormoranti pietre di fiume,
ma avendo casa
in una sola altura.
La città che tiene sveglie
queste lacrime
resterebbe indietro,
con pallidi amici,

toward places of clearing,
he that only here could run about.
Shrub of tradition,
seed without respite
brought to the West,
then a ripe old woman's mien:
the one that rises
– branching all as one –
takes another route,
the curdled milk can't be fiked.
In our times
one cannot bind with force
nor delay with repugnance.
The younger one, when
descending to earth, has a thorn
in his foot, and yet he has the ceaseless
rhythmical secret
of that which grows.

You who read the book
closed inside your entrails,
you've arrived, your eyes
do not scan the whole;
if you cannot arrange
for the oil to leave the water at once,
the things of steepest height
are those that frequent omens.

from *The Soul of Emptiness*

The city of these tears
would join with
whispering river-stones
though making its home
on a single plateau.
The city keeping
these tears awake
would linger behind
with ashen friends

intrecciando
in giorni di clemenza
tutto il tempo.
La città che trascrive
queste lacrime
non potrebbe udirmi,
sebbene spendessi
ogni rimasta voce.
Perché leggero il transito
e in un opaco-dove
l'adunanza.

.

Medesima fune,
scossa con forza,
alla fine; prima
ondeggiante di molti sentieri,
finché per la punta non aspra
viene raccolta,
cinta da un mare senza vigore,
sparsa per tutta la terra.

Addio.
Tutto in pochi fanciulli.
E quel che sempre tace.

.

Ugualmente le cose
che vennero fatte,
o non ebbero sorte,
da luoghi vicendevoli
chiedono
la seconda sembianza.
Risonante e difficile
ognuna, strepito
alto tra mura
e silenzio nel suo giardino—
ombra dentro la frase
e lento mare, senz'ombra.

.

weaving
all the time
in days of clemency.
The city transcribing
these tears
could never hear me
though I were to spend
any voice that remains.
For gentle is the passing
and in a dark-where
the gathering.

                .

One same rope
greatly shaken
in the end; once
undulant with many paths
until picked up
by the smooth end,
ringed by a lifeless sea
scattered all over the earth.

Good-bye.
All in a few children.
And what remains forever silent.

                .

Likewise the things
that were made
or had no fate
call for
a second semblance
from reciprocal places.
Each one difficult and
resonant, an uproar
high among walls
and silence in its garden—
shadow within the phrase
and a slow sea, shadowless.

                .

Ora che hai nominato,
ecco il secondo germoglio.
Son due, le cose:
quella che giace
e l'atto che in sé stesso
la nasconde.
Sofferenza della lingua,
seme concluso
che non corre nel solco
non si sveglia.
E benché profondo
mi spinga nell'erba,
io sono
senza diversità straniero.

Patria offuscata, vuota—
un luogo non basta.

                    .

Polvere—talvolta
in un soffio elevata,
ma errabonda umiltà.
E nascosti da polvere,
servitori delle cose
sono quelli
che non discutono
se obbedienza di luci
vela-disvela
la foglia accanto.
La piangono nel mese
in cui cade, o prima
scossa da vento
se si perde
tra tutte le foglie
della storia, di sua luce
ancora orgogliosa.
E noi, confusi nella terra,
avremo certezza,
non ricompensa.

                    .

Now that you have given names
here's the second blossom.
Two things, there are:
the one that lies there,
and the act itself
that hides it.
Suffering of language,
completed seed
not running in the furrow,
not waking up.
And deep as it may push me
into the grass
I am
foreign with no difference.

Empty, clouded homeland—
place is not enough.

Dust—at times
raised in a breath,
wandering modesty.
Hidden by dust
servants to things
are those
who do not argue
when lights comply
and veil-unveil
the leaf nearby.
They mourn it in the month
in which it falls, or sooner
if, wind-blown,
it gets lost
among all the leaves
of history, still proud
of its light.
While we, mingling with the soil,
we shall have certitude,
not recompense.

Ecco,
dogliose speranze,
e questo che non so—
rovina.
Tieni in tua stanchezza
quest'aria, questa voce,
popolo altro sangue
nominato
per terraferma-sogno.
Alberi cadenti, una distanza
verso la gran penombra,
e nostri smisurati commenti,
e interna più nostra impronta,
acqua gelata
su cose che sollevano parole
come altrimenti mute.
Dio del lungofiume
che raccoglie
lacrime in onde
che onde non sono,
e solamente
fieri impigliati strepiti.
Mancanza.

.

Ora si ascolta,
nel mondo rimasto,
cosa su noi compiuta
in taciturne rovine.

Ma tutto
in sé
comincia qualcuno.
Perché nulla si aggiunga,
io non imparo.

And now,
painful hopes,
and what I do not know—
this wreckage.
In weariness you hold
this air, this voice,
populace another blood
named
for solid ground, dream.
Falling tree, a distance
towards the great
penumbra,
and all our endless commentaries,
a mould inside more deeply ours,
freezing water
on things that call forth words
as voiceless otherwise.
God of the riverside
gathering tears
in waves
that are not waves,
but only
a proud and jumbled roar.
The missing part.

.

And now we listen,
in the world that remains,
to what was made on us
in soundless ruins.

But everything
in itself
is started by someone.
To stop the addition,
I do not learn.

Biagio Cepollaro

Translated by Michael Moore

Toulouse-Lautrec

a G. Majorino

ma tu ca c'hai altro ca sei n'altra e como na camicia meglio te la metti poco
se no presto se consuma così noi e il telefono se consuma non bruciare prest

como l'altre volte e sono anni che uno tenta e ca nun succede niente ca finisc
anco prima de cominciare coi nervi colle roche voci colle noci spaccate in te

ma tu ca sei na festa inta sta mmerda e dici ca c'hai pure li casini tuoi dici
meglio non farsi film ca per tivù è diverso là pare più bello anco l'interrotto

coito che dice è più bello anco se non senti niente dice è sensibile anco se
non te pare de star dentro ma sulla luna sul piatto de bilancia sull'angia

de pectore fa niente fa niente ca si ricomincia stesso stanotte e poi dimani
e domando e non aggio risposta non aggio cesta non aggio ganzo de repartir

e riparto e me trastullo no col profondo d'un Geist sparito e smorto no col
profondo col pro loco qui e ora ora e qui che te chiasmo ancora che te vòco

che te quiero per sta noche per sta noce de collo per sto tirammollo de core
afflitto ca l'è düra l'è düra lo star chi l'è düra como per Smith p'Adamo

e anco per Eva el paraviso se l'era immaginato co lo specchio col drago
ca le faceva le fusache la fissava colla coda interrogativa e deiettiva

anco per te ca uno tenta e sono anni e nun succede niente nun succede
all'ente che ne va dell'essere niente e sono anni ca nun succede niente

arrivano se ne vanno di questi se ne vanno anni di questi anni dieci
se ne vanno di questi rimossi di questi dagli spari dopo dieci anni

arrivano se ne vanno dopo gli spari e dopo dopo dieci anni non se ne parla
neanche arrivarono andarono via se ne fregano dopo dieci anni se ne vanno

Toulouse-Lautrec

to G. Majorino

but hey you whats different ya look different an like a shirt better not wear it too much
or youll wear it out fast like we an the phones wearin down dont burn early

like the other times an for years ones been tryin an nuttin happens that ends
even before it begins with nerves with hoarse voices with nuts smashed on the head

but you yer a treat when the shit hits the fan an ya say you got problems of yer own, you say
better not to make movies cuz on tv its different she even prefers coitus

interruptus she says its nicer even if you dont feel nuttin she says its sensitive even if
it dont even seem like yer in there but on the moon on a dish of the scale on angina

pectoris it dont matter dont matter we'll start over tonite an then tomorrow
and I ask an dont get no answer get no basket get no time to split up

and I split an I fool around not with the profound of a disappearing pale Geist no with
profound with pro loco here an now now an here that I call you again that I invoke you

che te quiero for sta noche for this neck of sta noche for this diseased heart of hesitation
thats hard so hard hangin out is so hard like for Smith for Adam

and even for Eve el paradis she'd imagined with mirror with dragon
that purred for her fixed her with a questioning and dejecting tail

and even for you trying and trying for years and nuthin noway happens noway
happens to being where being nuthin's at stake and for years nuthin noway happens

they come they go some of them go years of them years ten
of them go removed by them from the shooting after ten years

they come they go after the shootin an afterwards after ten years no one talks about it
they didnt even come go away they could care less after ten years they go

127

non fa chic non fa checca abbastanza né abbastanza radical radicalchic
nun fa chic se ne vanno dopo gli spari di questi fanno passare fanno e sfanno

passare lu lupo sulla muntagna è nella piazza è la piazza la puzza
se ne vanno dopo dieci anni nun se ne parla cchiù nun se ne parla

nun se sfalla nun nun nun ca vène accussì como il verno gran silenzio

stampa ca nun frega a nisciuno a notte oiuorno arrivano ca tivù
attitù non fa chic nun fa sord' nun fa nient' pensa tè pensa ca tivù

spariti mariti inficchiti filliti fuggiti fertillanti fusi giti
per altri lidi alludati alloccati se ne vanno sono arrivati spariti

ti volti mi volto come nei dormienti di Lautrec occhi quasi-chiusi
e le mani le sagome che s'indovina la tua curva la mia e la faccia

c'affiora che s'affloscia prima che annotta c'appacia c'addisia ci
volta ci rivolta lenzuola ca non sono vele ma lenzuola e basta

ecco qua uno gira e rigira uno va uno viene e sali e salgo e scendi
e scendo di qui poi di là e l'affanno e il fiato e il riposo sviene

e il giorno la luce la poca la sola poi meriggia pallido-assorto
meriggia meringa ca son stanco m'addormento nessuno al fianco ma

como sebastiano le frecce alle sette io scendo fumo io scendo
manco mangio non m'importa una minghia scirocco scivolo strillo

ti volti mi volto come nei dormienti di Lautrec occhi quasi-chiusi
e la luce spenta o la vuoi accesa la luce per vedere per vederti

per vedermi como attrezzo sta lingua como la confronto con la cosa
con la cosa laffuori como l'attrezzo sta lingua per soli per pochi

rimasti a piedi ca non c'hanno minghia de tutta sta roba minghia
ca nun rimane niente per questi qui tu di là io di qua ca spegni

it tisnt chic it isnt queenly enough it isnt radical radical-chic enough
it aint chic they go after the shootin of them let them by let

by the wolf on the mountain is in the square is the square the smell
they go after ten years no one talks about it anymore no one talks about it

no one lets on none none none cuz it happened just so like the winter great silence

press that no one gives a shit about night or day they come with the tv
the tv aint chic aint deaf dont matter who woulda thought that the tv

fugitive husbands infiltrated frazzled fleeing fertilizing fused flights
for other shores alluded allocated they go they come fugitive

you turn I turn like Lautrec's sleepers eyes half-shut
and the hands the outlines that hint at your curve mine an the face

appears to us that goes flat before twilight becalms and awakens our desire it
turns us it turns us over linen that aint a veil just linen

here we go one turns an turns over one goes one comes an I go up an down
and I go down here then there an my huffin my breath an my rest faint

an the day the light the little the only then mid-day pale-pensive
mid-day merengue cuz I'm tired I fall asleep no one beside me but

like sebastian the arrows at seven I go down smoke I go down
dont even eat dont give a fuck scirocco scream slide

you turn I turn like Lautrecs sleepers eyes half-shut
and the light off or you want it on light to see to see you

to see me how I girder this tongue how I shake it at the thing
with the thing outthere how I girder this tongue for only for the few

still standin cuz they dont have a flying fuck of any of this stuff fuck
cuz nuttins left for these here me over here you over there turning off

L'atelier di Cezanne

eccome qua strapizzato ca torno tuttosbiecato co la radio
appena dalla porta accesa e furulenta
                                    e mi risuona
                          —non c'è male, pò stressato—
                                    e t'assuono
                          co sta cosa romantica
mentre confusa/mente me macina Un Coro De Proto-Suono

              (Coro de Protosuono)

          LABE-LEBEN   LABBRA-LIBIMA
          LASCIA-L'ICOLA   LASCIA-L'ICONA
          LABEL-TE   LABEL-ME
          LABE-LEBEN   LABBRA LIBIMA
          DAMMI-LABE   DAMMI-LEBE
              (e lisciami allìnguami allùmami)
                  LABEL-LIBAMI

ca macina ca macina e rimacina mentre me dici me racconti
come se fossi qui dapresso e no compresso da me stesso
                  e la signora che te parla mezzofrancese
                  mezzoitaliano/con la pelliccia
                  col sudaticcio/col chiacchiericcio
                  male si regge/traballa e s'appiglia
                  che te sposti per non averla ad/osso
così dismacino e ne ricomincio un'altra
e macino quel Coro de Protosuono in un Simbolico
più aggraziato (ma me macina virulento / accaverato
sto suono d'empizzoglia sta rabbia de frascaglia)
e provo a cominciar:

                  dove vanno rotosi
                  e maginifici sfre
                  ccianti e vacui
                  sciplinati e schianti
                  lungo porte aprenti
                  che voce parla dal
                  nastro acuto alla de
                  stra scesi a piazze e
                  insegne e mobili

In Cezanne's Studio

here's me crumpled up walkin back sneakinsideways with the radio
right outside the door turned up and unblasting

> for me it replays
> —not bad, bit stressed out—
> I'm agonna play you
> liddle sumthin Romantic

meanwhile I'm muddle-mindedly ground by A Chorus Of Proto-Sounds

(Chorus of Protosounds)

LABE-LEBEN	LABBRA-LIBIMA
LASCIA-L'ICOLA	LASCIA-L'ICONA
LABEL-YOU	LABEL-ME
LABE-LEBEN	LABBRA LIBIMA
GIMME-LABE	GIMME-LEBE

(and liquish me, lick me, leer me)
LABEL-LIBAME

to grind up to grind out to grind up again while you say to me ya tell me
as if like all right by me nah yah dont understand

> and the lady talkin half/French
> half/Italian sportin her mink
> whose shit dont stink chit/chattin how she thinks
> fallinover her heels she reels and she grabs
> so off to the side an she slides off yer mind

this way I ungrind an start up again
an grind out that Chorus of Protosounds in a more gracefuler
Symbolic (grindin me virulent / buggin out
this sound of tick-tickin this anger athrashing)
and I try to begin:

> where are they goin robotic
> an magenificent
> dartin an vacuous
> awesome an straight
> about doors ajarrin
> what voice is talkin
> over the sharp tape
> to the right I go down
> to squares an signs
> on movin stairways

scale striarete ve
loci vibrerete in
notti e poi in lu
ci lucrinosi luci?

Oh fanno l'albe le cri
zie le giffe c'auro
ra e lo spesso e il
manno d'intelletto ple
no e a panni a fi
cchi friggono l'are
vaporosa e miela
ta màlgono i sogni
le petre le fronde mà
ginano maldive e
trasparenze fuoche
(...............)

ma ecco ca me ripiglia altra voce na specie de sorella
de quella che fu del Coro Angelicato e come quella
un perdifiato

(Alma di Lìtania)

alma   di rossa   pioggia
alma di dolce foggia
alma   di petra   e scheggia
alma di stelo e fiore
alma   di ventre   e cuore
alma del mio sentore
alma   della   mattina
alma serotina
alma   creà   turiva
alma surgiva
alma   suscet   tiva
alma di litania

e mi risuona che nel Metro te toccava
o te lo pensi te spingeva contro
(mentre me macina vieppiù sto fatto
tristebondo dei Rotosi...)

youll screech fast
youll vibrate in nights
and later in lights
lucramose lights?

Oh the dawns make
the channel and the clutches
the dawn an the thick
and the intellects demand
plentya clothes anda figs
fry the air
vaporish an honeyed
mixin the dreams
the stones the wreaths
they imagine Maldives
and transparencys fires
(................)

but hey another voice grabs me like some kinda nun
oneathem from the Angelical Choir an like her
a breath-buster...

      (Litany of Souls)

     soul   of raining   rouge
soul of sweetness strewn
     soul   of stone   and shard
soul of stalk and bloom
     soul   of belly   and swoon
soul of my inklings
     soul   of the   morning
soul of the evening
     soul   that   creates
soul that awakes
     soul   that   insinuates
soul of the litany

     and it replays me like in the subway he felt you up
or so you think you he was shoved up against
(while it grinds me up moreover this
saddenbalmed thing about Robots...)

ma como da ferro
como da acciaro gasati
da urano da scatole cromate
possono cipriati/di tanto
piaccicati
coi nasi sui vetri
all'indumenti possono
dire di Sole
dire di Agua
dire di Notti?

Como dirli gli Auguri
le Ague Notturne / Gli Odori Reali / I Futuri e
Gli Amori / Le Creste / Le Gnocche / Le Zampolle
ci frecarono li trotti
sanza suspiro gelarono
le barche bansite binate
cendiarono al Napalm le
ghiotte verdite (......)

(ma tu intanto ca m'aggiri attorno e me cerchi co gli occhi
lo sai
che sto gioco sta per tener tutta-insieme la sparpaglia
la cervella la nevrotaglia
lo sai
ca se smetto me sbriciolo e me squaglio?)

(e mi risuona / non c'è male / un pò stressato / e t'assuono sto Coro
de Proto-Suono)

               LABE-LEBEN   LABBRA-LIBIMA
               LASCIA-L'ICOLA   LASCIA-L'ICONA
               LABEL-TE   LABEL-ME
               LABE-LEBEN   LABBRA-LIBIMA
                    DAMMI-LABE-DAMMI-LEBE
                 (e lisciami allìnguami allùmami)
                       LABEL-LIBAMI
                          (così)

but like ironed
like by steel gased
by uranium by chromium
boxes can they take a powder oudda so many
jammed
with their noses against windows
at the clothes can they
speaka Water
speaka Sun
speaka Nights?

like how to send wishes
to Waters of the Night / The Royal Odors / the Futures and
the Loves / The Cockscombs / the Bimbos / the Hensclaws?
They ripped off our trotting
breathless they froze
their place-settings
Napalm burnin the
glutted swamps...

(but you in the meanwhile circlin round me an searchin me with your eyes
you know
that this game is gettin ready to hold together the whole scattered mess
the brains the split nerve-ends
you know
that if it stops I'll go to pieces I'll melt?)

(and for me it replays:/not bad, bit stressed out/for you I'm gonna play
this Chorus of Protosounds)

                LABE-LEBEN   LABBRA-LIBIMA
                LASCIA-LICOLA   LEAVE-LITTLE-ICON
                LABEL-YOU   LABEL-ME
                LABEL-LEBEN   LABBRA-LIBIMA
                    GIMME-LABE-GIMME-LEBE
                (and liquish me, lick me, luridly look me)
                        LABEL-LIBAME
                        (like that)

Requiem in C

a Cecilia T.

ma poi che scrostandosi a poco a poco si scioglie st'attesa
d'umido ca le spalle fa scendere e stringere i fianchi ca sei

la povera cosa degli occhi scollati e dispersi tra i piedi e
mai creduto così piccola e inerme così sciolta e nuda appesa

a due fili ma così incerti così specchi così pronti a torci
gliarsi se tira vento se non c'è er poco de riparo all'occhi

non è tripudio se il vivo se dimentica
s'embriaca e va
comunque
sbilicando de scoglio en scoglio ca c'ha nella punta
dei piedi er segreto
de non poggiare

e resta all'impiedi e curvo ner suo movimento ed è saggezza
de topo coll'acqua de fronte ca ne basta poco de mare per

ma na regola na scappatoia che la foia te ricorda è
fare de quella povera cosa   cumpagna

quanto de bianco ntorno a sta parola ce credi e no sta cosa
davanti a te
tutta sola tutta stretta in una pelle
sanza vocabulo
sanza resposta
sanza quel trampolo de film che te gioca er racconto:

      'sono stata e c'era...'
      'quell'altro che guardava...'
      'rimasi sorpresa...'
      'poi decisi all'improvviso...'

che sorpresa e decisione e dove sei stata e dove chi parla
ha mai deciso ed è stato dove s'è mescolato a quale altezza

Requiem in C

for Cecilia T.

but then that scrapin away liddle by liddle dis waitin fer
dampness melts that slopes the shoulders an shrugs the hips cuz yer

this poor thing widder eyes unglued an scattered between yer feet and
never woulda thought so small an defenseless so loose an naked hanging

from two threads but so uncertain so mirrors so ready ta twistemselves
round if da wind blows if there aint some kinda shelter fer dem eyes

aint no rejoicin if dis guy forgets
gets wasted an goes
anyway
staggerin from cliff to cliff da secrets right onda tip
ayer feet
nuttin ta lean onto

an stuck standin an crooked in her movement an its da smarts
of a mouse with water up its ass an all it takes za liddle bitta sea to

but a rule a wayout those raging hormones tell ya to
make a companion oudda that poor thing

deres so much white round the word! believe it or not this thing
in fronta ya
all alone all squeezed in her skin
notta word
nottan answer
notta crutch ofa film that the story plays on you:

      'I was dere an dere was...'
      'dat otha guy lookin...'
      'I was surprised ...'
      'and then suddenly I decided...'

whatta surprise an decision an where wuz you an where who is dis
has ever decided an was where if mixed up at what altitude

l'aria se fa rada e se pò vedé che ce sta sotto?

ma di botto mi si cumparsa como na cumpagna
i' tragliato sfatto straliniato
i' sanza vocabulo
incomposto incapace di fare de tutto er macello testo
i' fora campo
sperzo e non voce
ncoglionito como pò uno ca ce tagliano vivo er braccio

mentre i morti sono solo un po' più freddi e gentili sono
nel letto allontanati e vicini e per l'ultima volta ti fanno
strada a te ca nun capisci e pensi a scovarlo sotto la pelle
e nun c'è

nun c'è da nessuna parte
e niente spartisce
né er freddo né er caldo
e non ha paura de soffogà sotto la terra
e nun se stanca de star fermo
pecché nun ce sta più s'è sparpagliato veramente sperso
senza fili sfilato via perla a perla pensero a pensero
en mulinello pazzo de casa en casa de camion nmezzo
alla terra tra le petre che franano e manco te ne accorgi
ca fai er pic-nic cor tavolino en mezzo alla natura
ca sembri n'omo e non un topo ca non c'è l'acqua né mare per

ma la poca carne sopra le ossa
ancor prima ca la pelle se fa viso
e il viso se fa parola e occhiata
e la parola se fa pensero e quindi la minchiata universale
ca reveste de testo l'affossatura
la debiltà la beltà la liceità l'onestà dei modi e dei costumi
la fedeltà la magnanimità la temperanza e la prudenza
la scienza dei moti e delle soste
le poste in gioco e le sfrottenze
le piste le portanze gli acquedotti continentali le spighe
e gli elmetti gli stretti ed i controlli
le spie e le istruzioni elementari

does the air get thin an canya see whats down below?

but all at once I seen she wuz a companion like
me troubled undone strung out
me speechless
uncomposed unable at all ta be the massacre text
me oudda bounds
lost an no voice
fucked up like someone whose arms bein cut off alive

while the dead are justa little colder an nicer theyre
in bed far apart an close together an for the last time they make
way for you who dont understand an think you can track it down under your skin
and there aint

there aint nowheres
and nothin gets shared
not da cold an not da heat
and he aint scared a suffocaten underground
and dont get tireda standen still
cuz he aint dere anymore hez in pieces trully scattered
notta thread unthreaded pearl after pearl thought after thought
in the crazy mill from house to house from truck in the middle
of the land between falling rocks an you dont even notice
yer haven a picnic on a little table surrounded by nature
you lookalike a man an notta mouse an there aint enough water or sea for

but that smidgena flesh over bones
even before the skin gets like face
an the face gets like words an looks
an the word gets like thought an finally the universal fuck
that recovers the ditch with text
weakness beauty legality honestya fashions an customs
loyalty magnanimity temperance an prudence
science of movement an statics
the bettin an the bitchin
the tracks the odds the continental aquaducts the spikes
and the helmets straits an restraints
the spies an easiest instructions

ma la poca carne sopra le ossa
sciogliendosi st'attesa
d'umido
e la povera cosa
degli occhi

sanza vocabulo
sanza resposta
tutta stretta

per il momento sperza da tutti i 'sono stata'
                                              e 'rimasi sorpresa'
            e 'decisi all'improvviso'
            ce credi o no sta cosa
fatta saggezza de topo de fronte all'acqua
sanza trampolo de film sanza racconto
nmezzo a na frana essa stessa piccola petra
coll'aria che s'è fatta un po' più rada

le spalle fa scendere e stringere i fianchi
senza fili sfilata perla a perla
pensero a pensero

non è tripudio se er vivo se dimentica
e sanza vocabulo
sanza resposta

s'avvinghia

but that smidgena flesh over bones
melts in this waitin for
dampness
and the poor thing
with eyes

notta word
nottan answer
all tied up

for now cut loose from all those 'I wuz at'

                      and 'I wuz surprized'

      'I suddenly decided'
      believe it or not this thing
became the brains of a mouse with water up its ass
notta crutcha film notta story
in the midst of a landslide she herself liddle stone
with the air thats gotten a liddle thinner

makin the shoulders slope an shruggin the hips
notta thread unthreadin pearl after pearl
thought after thought

it aint rejoicin if the guy forgets
and notta word
nottan answer

ring slowly around.

Sebastiana Comand

Translated by Paul Vangelisti

Notte

Le parole sono già andate tutte a dormire
una mano alza il volume del silenzio
mi pettina i pensieri all'indietro
io resto ancora un poco.

Dell'ombra che ci mangia vivi

C'è solo un vecchio
che pensa vivi i morti
ma ricominciare occorre sempre
dal dimenticato.
Il perduto non è
uno che c'era.

*

Mi rimaneva da un sogno all'altro
il mantello dei pensieri messo doppio
piegato sotto il manico del corpo
ma il sangue non ci arriva
scatta all'ultimo
la spilla di un segreto.

*

La durezza che succede
fermi i più bravi
nell'aria che li passa
da parte a parte.
Vietati fioriti d'amore
e rami in altri rami
sotto una luce giocattolo
che accendi solo per sbaglio.
Memoria spumeggia
in un angolo
in attesa di metter le mani.

*

Night

The words already have all gone off to sleep
a hand turns up the volume of silence
combs my thoughts straight back
I stay a little longer.

Of the Shadows That Eat Us Alive

There's only an old man
who thinks the dead living
but one always needs to start over
from the forgotten.
What's lost is not
someone who was there.

*

I was left from one dream to another
with the mantle of thoughts worn double
Afolded under the body's handle
but the blood doesn't get there
at the end the pin
of a secret snaps.

*

Would the hardness which happens
stop the best
in the air piercing them
through and through.
Forbidden flowered in love
and branches in other branches
under a toy lamp
you light by mistake.
Memory froths
in a corner
waiting to have hands laid on.

*

Si fa strada come carta
profumata di fumo di parole
disegni che non pensano a tornare
insetti senza profilo
depongono tuorli silenziosi:
le cose che succedono a se stesse.

*

Spighe di "noi"
miete il vuoto le sue messi
e fa da briscola un pensiero
contro le carte matte degli sguardi.
È questione di razza
farsi tornare la voglia.

*

Scorciatoia con le occhiaie:
mia per modo di dire.
E rotolare come un cerchio
su chine d'inchiostro
senza un punto per fermarmi
i pensieri appesi come foto
poi tagliare i fili della luce:
consegnare un assoluto
nelle mani di un esempio.

*

Sazietà delle anche
malinconia sta di guardia
il mucchietto delle mani
contro lo scuro della veste
ma è tutto mezzo vuoto
sarà che l'amore
non è abbastanza personale
e che mi tolgo il pane dalla bocca
per dirmi certe cose.

*

Quando l'intorno mi tornerà dentro
e non verrà più via da niente.
Ciechi occhi color becco d'occasione
l'animo non m'è bastato

It proceeds like paper
perfumed with the smoke of words
drawings that don't think of coming back
as insects without profile
deposit silent yolks:
the things that happen to themselves.

*

Stalks of "us"
the void reaps its harvests
and trumps a thought
against jokers of their glances.
It's a question of breeding
to make the willingness come back.

*

Shortcut with circles under the eyes:
my own so to speak.
And to roll like a hoop
over slopes of ink
without a place to stop
thoughts hung like photos
then cut electrical wires:
to deliver an absolute
into the hands of an example.

*

Satiety of hips
melancholy stands guard
the little heap of hands
against the dark dress
but it's all half empty
it may be that love
is not personal enough
and that I take bread from my mouth
to tell myself certain things.

*

When what surrounds will turn back in on me
and I'll no longer come away from nothing.
Blind eyes color of a bargain beak
I didn't have the courage

a finger di non esser mai in casa
un lutto ingrandito dagli specchi
graduati e t'ubriachi.

*

A occhio e croce
direi che non ci sei
spingere la porta
come se avessi paura
di svegliare la stanza
cellofan di pensieri
e scricchiola
i piedi come pesci
nell'acqua dei passi
il corpo un bersaglio d'altri tempi
le mani giunte nel segno di un'assenza
poi la saliva di madreperla
"ti aspettavamo".
L'immagine è già qui, di quel che manca.

*

Fior di compasso
fior di non guardare
silenzio nudo, leggermente appoggiato,
posseduto in piedi come un uomo
era notte e non senti nessuno
l'immagine strinse i pugni per colpire
la vidi staccarsi dal buio
attraversare la distanza
le facili curve del mio desiderio
che pensare di un sangue
che ci lascia venir via.

*

Intenerisce il muro
a darle peso, trasparenza
viva d'un limite
che manderà il sereno.

to pretend I was never home
mourning enlarged by graduated
mirrors and you get drunk.

*

Roughly speaking
I would say that you're not here
push the door
as if I were afraid
to wake up the room
cellophane of thoughts
and crackles
the feet like fish
in watery steps
the body a target of other times
the hands joined in a sign of absence
then the mother-of-pearl saliva
"we were waiting for you."
The image is already here, of that which is missing.

*

Flower of compass
flower of not looking
naked silence, barely leaning,
possessed on its feet like a man
it was night and didn't hear anyone
the image tightened its fist to strike
I saw it detach from the dark
cross the distance
the easy curves of my desire
what to think of blood
that lets us come away.

*

Mollifies the wall
to give it weight, live
clarity of limits
that will send calm.

Parola d'ordine

Albume d'ombra
divide il giardino
tuorli di bimbe
già sparite in istrada.
Poi venne un tempo che non salutava
attese appoggiate solo a se stesse
a finger ritorni nel raggiro
antichi arnesi d'uomini
che lavorano da sempre
la terra antica e pari delle donne.
Vere o coltivate?
D'altr'onde l'emozione
è perla di mercanti
e dell'inganno e dell'amore
non c'è ombra d'autore.

Ma in che lingua avere l'eco

Le ossa in equilibro
con l'aria di capire
m'inventavo una radice
comincia lì da non vedere.

Fa nido al sole
straccio di un volo
io l'ho indossato
le ali mescolate
intorno alla paura.

Nutriva l'aria
curvi fiori d'ascolto
silenzi staccati come frutti
dal ramo della voce.

Lasciar morire il fuoco
fa muschio alle ossa
il ceppo di un profumo

Password

Albumen of shadow
divides the garden
yolks of little girls
lost already along the road.
Then came a time that didn't say hello
waiting leaning only against themselves
to pretend returning to the fraud
ancient implements of men
who forever worked
the ancient land just like women.
Real or cultivated?
On the other hand emotion
is the pearl of merchants
and of treachery and a lover
without the shadow of an author.

But in What Tongue to Have an Echo

Bones in equilibrium
with an air of understanding
I was inventing a root
begins there from not seeing.

Makes a nest for the sun
shred of a flight
I put it on
mixed wings
around the fear.

The air nourished
curves flowers of listening
silences plucked like fruit
from the voice's branch.

Letting the fire die
gathers moss on bones
the stump of a perfume

braci di un pensiero
dal soffio delle forze
rimandato di una vita.

Soglia di carne
l'espressione socchiusa
dentro
non c'era anima viva.

Era la porta di una tomba
faceva luce il bianco della mano
cresceva piano
il vento di un nome tra le ossa.

Di buio la corda
mi tingeva le mani
guardava giù la voce
una parola dentro l'altra
il secchio di silenzio che saliva.

Sgranava il silenzio
petali di pietre
nudo senz'alito
la carne più bella
nasce di quel che muore.

Era nell'aria e c'era
profumo di bucato
appeso per un filo
camicia di forza
che avidamente asciuga
sciacquavo l'acqua
e m'inghiottivo intera.

Le fondamenta di un brivido

Ho bussato al nocciolo del caso
scintille di buio m'hanno aperto
sul grande vassoio della luce.

embers of a thought
from the blow of powers
postponed by a life.

Threshold of flesh
the expression ajar
within
there wasn't a living soul.

It was the door to a tomb
the white of the hand cast a light
the wind of a name
grew slow among the bones.

The rope stained
my hands with darkness
the voice looked down
one word inside another
the bucket of silence ascending.

The silence shelled
petals of stone
nude out of breath
the most beautiful flesh
is born of that which dies.

It was in the air and there was
the smell of washing
hanging on a line
straitjacket
that avidly dries
I was rinsing the water
and swallowing myself whole.

Foundations of a Shiver

I knocked at the heart of accident
sparks of darkness left me open
on the great tray of light.

Corrado Costa

Translated by Paul Vangelisti

Vanno a vedere tre film

Nel senso della luce

Ci fanno poi vedere
continuamente film
con attori che corrono più veloci
del film.
La velocità del film è costante.
Delle volte continuiamo a vedere
continuamente
film a velocità costante
con attori che sono molto più lenti
del film.
Non si sa
se siamo entrati prima
o dopo.

*'Campo sopra filo di seta sta a indicare che
l'intera fonte dell'esistenza umana è basata
pressoché sul nulla.'*

Ci fanno anche vedere
un vecchio film cinese.
Il vecchio film cinese dura tre giorni
e tre notti.

Siamo in una landa desolata
dove solo di giorno appaiono
tre cavalieri armati
a caccia
di tre cavalieri armati
che appaiono solo di notte.

They Go See Three Films

In terms of light

They continuously then
show us films
with actors who run faster
than the film.
The speed of the film is constant.
Sometimes we continue watching
films
continuously at a constant speed
with actors who are much slower
than the film.
We don't know
if we came in before
or after.

*'Meadow over silk thread signifies that the
entire source of human existence is based more or
less on nothing.'*

They even show us
an old Chinese film.
The old Chinese film lasts three days
and three nights.

We are on a desolate plain
where only by day appear
three armored horsemen
in pursuit
of three armored horsemen
who appear only by night.

Vita di Lenin

Con assoluta fedeltà
è rispettato il tempo
naturale
della vita di Lenin.
Riprodotti con assoluta fedeltà
i sogni e le insonnie
di Lenin. Integrali le ore
dell'infanzia, i giorni
della scuola, ripetuto tutto, anche le conversazioni
occasionali alla fermata del tram.
Rispettati i silenzi. I lapsus.
Il film dura 54 anni.
Si dovrebbe almeno
rivederlo due volte.

Localizza l'uomo invisibile in una mappa del Mojave Desert

sta su
una specie di cavallo
completamente appiattito nello schermo
coperto d'erba
che
nello stesso
posto
sta su
una specie di albero
coperto d'erba
una specie di tettoia
appiattita nello schermo
che
nello stesso
posto
sta
al riparo
nello stesso
posto

Life of Lenin

With absolute fidelity
the real time
of Lenin's life
is respected.
Reproduced with absolute fidelity
the dreams and insomnia
of Lenin. Crucial the moments
of childhood, the school
days, everything repeated, even the occasional
conversations at the bus stop.
Silences respected. The lapses.
The film lasts 54 years.
You should see it
at least twice.

Locates the Invisible Man on a
Map of the Mojave Desert

stays on
a kind of horse
completely flattened out on the screen
covered with grass
that
on the same
spot
stays on
a kind of tree
covered with grass
a kind of shed
completely flattened out on the screen
that
on the same
spot
stays
sheltered
on the same
spot

e in nessun altro
sta su
una specie di collina
con una traccia di fumo e questo paesaggio
completamente appiattito nello schermo
che
nello stesso
posto
sta su
una specie di cerchio
coperto d'erba
al riparo
con una pentola d'acqua
attorno
con legni carbonizzati
e attorno
sta su
una specie di posto
completamente appiattito nello schermo
per restare seduti
dove stanno nascosti
anche se nessuno li cerca

L'uomo invisibile

Non danno molti film
di 'L'uomo invisibile'
o
ne danno molti.
Con Claude Rains, Peter Lorre—
o
senza.
Si vedono —delle volte
molti attori che recitano
storie d'amore e di avventura,
ma né noi
né loro
riusciamo mai a sapere se c'è
l'uomo invisibile.

and in no other
stays on
a kind of hill
with a trace of smoke and this landscape
completely flattened out on the screen
that
on the same
spot
stays on
a kind of circle
covered with grass
sheltered
with a kettle of water
all around
with charred wood
and all around
stays on
a kind of spot
completely flattened out on the screen
to sit still
where they're hiding
even if nobody's looking for them

The Invisible Man

There aren't many showings
of The Invisible Man
or
there are.
With Claude Rains, Peter Lorre—
or
without them.
We see—sometimes—
many actors who play
love and adventure stories,
but neither we
nor they
ever manage to know if there's
the invisible man.

Nessuno ha visto l'uomo invisibile.
L'uomo invisibile non si vede mai.
Si vedono —delle volte
film con pochissima gente
e paesaggi,
nei paesaggi
attori solitari guardano attentamente
attorno
ma né noi
né loro
riusciamo mai a sapere se c'è
l'uomo invisibile.
Nessuno vede l'uomo invisibile.
L'uomo invisibile non si può
vedere.
S'incontrano —delle volte
molte persone
in un film
o
senza film
s'incontrano, voglio dire, molte persone
senza una storia d'amore o d'avventura
ma
né noi
né loro
vediamo l'uomo invisibile,
neanche
a letto
—dopo il film—
in due
senza una storia d'amore o d'avventura,
non riusciamo mai a sapere
se c'è l'uomo invisibile.
Finisce sempre che l'uomo invisibile
non si vede mai.
Potrebbe essere stato
anche un altro film.

No one's seen the invisible man.
The invisible man is never seen.
We see—sometimes—
films with very few people
and landscapes,
in the landscapes
solitary actors look attentively
all around
but neither we
nor they
ever manage to know if there is
the invisible man.
No one sees the invisible man.
The invisible man cannot be
seen.
Many people—sometimes—
meet each other
in a film
or
without a film
many people, I mean, meet
without a love or adventure story
but
neither we
nor they
see the invisible man,
not even in
bed
—after the movie—
in two
without a love story or an adventure story,
we never manage to know
if the invisible man is around.
It always ends up that the invisible man
is nowhere to be seen.
It could have even been
another film.

Heinrich Schliemann & l'uomo invisibile

a Paul Vangelisti

Ci sono dei film
che stentano a mantenere
la loro forma.
Questi film possono essere
proiettati una volta sola.
'Oh!' —disse, sollevando
una lamina d'oro—
'Abbiamo potuto osservare
per una volta sola
il volto
dai tratti giovanili, la
fronte alta, un
lungo naso greco
e una piccola bocca dalle labbra sottili.'
In tutta l'Argolide
la notizia si diffuse con la rapidità del lampo.
'Oh!' —disse sollevando la pellicola
come una pelle.
Poiché nessuno era in grado di dare qualche
consiglio per la conservazione del film
fece venire un pittore
per farne fare almeno
un ritratto a olio.

Il paradiso può attendere

a Gerard George Lemaire

Il mattino
viene sempre più tardi
a mezzogiorno
all'una
alle quindici e venti.
Nei film d'amore
i giorni

Heinrich Schliemann & the Invisible Man

for Paul Vangelisti

There are films
that barely keep
their form.
These films can only be
projected once.
'Oh!'—he said, lifting
a thin layer of gold—
'We were able to observe
only that one time
the face
with youthful features, the
high forehead, a
long Grecian nose
and a small mouth with thin lips.'
In all of Argolis
the news spread lightning fast.
'Oh!'—he said lifting the film
like a layer of skin.
Because no one was capable of giving any
advice about the conservation of film
he brought in a painter
to do at least
an oil portrait.

Heaven Can Wait

for Gerard George Lemaire

The morning
always comes later
at noon
at one
at 3:20 PM
In love stories
the days

durano nove/dieci minuti
l'alba è spostata
dopo due notti in fila
le notti
durano nove/dieci minuti.
Le ore più veloci
arrivano in ritardo.
Che ore sono?
Julie Christie
dev'essere in ritardo.
La stanza è vuota.
La stanza è completamente vuota.
È tardi?
In uno specchio vuoto
si vede il vuoto
di Julie Christie.
È presto?
Nello specchio vuoto
dell'armadio
si vede la sua immagine
integrale
mentre appende il vestito.
Lo specchio dev'essere in ritardo
o va avanti.
Da tempo nei film d'amore
Julie Christie
manca.
La porta è aperta.
La porta è vuota.
Si vede che l'inverno è vicino
agli inverni che ci sono stati.

Caccia ai sette errori nello stesso film visto due volte di seguito

1. Nella prima visione
   il livello della passione
   era più alto.
2. La ricerca genitale
   era più approfondita.

last nine/ten minutes
dawn is delayed
after two nights in a row
the nights
last nine/ten minutes.
The fastest hours
arrive late.
What time is it?
Julie Christie
should be late.
The room is empty
The room is completely empty.
Is it late?
In an empty mirror
we see the emptiness
of Julie Christie.
Is it early?
In the empty mirror
on the dresser
we see her whole
image
as she hangs up a dress.
The mirror should be late
or ahead.
For a while now in love stories
Julie Christie's
been missing.
The door is open.
The door is empty.
We see winter is near
winters that have already been.

*Identify Seven Mistakes in the Same Film
Seen Twice in a Row*

  1. In the first showing
     the level of passion
     was higher.
  2. The genital research
     went much deeper.

3. Il secondo bacio era più lungo.
4. L'insopportabilità
   della ferita narcisista
   era minore.
5. Alla seconda visione,
   nella sequenza del primo
   incontro
   c'era meno entusiasmo.
6. (Il membro mi sembrava più corto.)
7. Poi hanno cambiato
   i mobili
   spostato
   i quadri
   lei
   non riusciva più
   a darsi interamente
   poi
   le manca una scarpa
   ha un dito in meno
   ha un braccio in meno
   con le gambe che mancano
   se ne va nel vuoto
   e
   non si vede più.

Film con attori presi dalla strada

a Enrico Regazzoni

Il film
rappresenta e riproduce nei minimi particolari
la strada che abbiamo fatto per venire
al cinema.
Vediamo fuori
conoscenti
altre persone che conosciamo di vista
e noi
che andiamo al cinema.

3. The second kiss was longer.
4. The unbearableness
   of the narcissistic wound
   was minor.
5. At the second showing,
   the sequence of the first
   encounter
   was less enthusiastic.
6. (His member seemed shorter to me.)
7. Then they changed
   the furniture
   switched
   the paintings
   she
   couldn't get herself
   to surrender completely
   then
   she's missing a shoe
   has a finger less
   has an arm less
   with her missing legs
   she goes off into the void
   and
   there's nothing more to see

Film with Actors Found in the Streets

for Enrico Regazzoni

The film
represents and reproduces to the last detail
the street we took to get
to the theater.
We see acquaintances
outside
and other people we're acquainted with by sight
and us
who are going to the movies.

Per la strada ⎱
Nel film   ⎰ giocano a palla
Un taxi si ferma.
Qualcuno viene dentro a vedere ⎱
Qualcuno esce fuori a vedere   ⎰ chi ha vinto

Ritratto in technicolor di una bellissima donna incontrata per caso nell'Antologia Palatina

Che bellissimo film avresti avuto!
Dòride! che bellissimo corpo avevi avuto
secoli prima della cinepresa!
Non si contano i colori della tua stanza rosa!
Non si contano i colori della tua veste semichiusa!
Venivi avanti attraverso i colori della tua stanza rosa
attraverso i colori rosa dei tuoi fiori
venivi nella stanza a preparare i fiori
attraverso i colori della tua veste semichiusa!

Baruchello! Facciamo, una buona volta, il catalogo delle vocali

A
com'è noto
l'A di acqua è
incolore, insapore, inodore
l'A di labbra
è rossetto
rosa
&
verde
l'A di acqua
cammina sulle acque
lascia una invisibile traccia
l'A di labbra non lascia
una visibile traccia
quando si mordono le labbra
U
sta sull'A di acqua

Along the street ⎫
In the film   ⎬ they play ball
A taxi stops.

Someone comes inside to see ⎫
Someone goes outside to see ⎬ who won.

Technicolor Portrait of a Very Beautiful Woman
Met by Accident in the Greek Anthology

What a beautiful film you would have had!
Doris! what a beautiful body you had had
centuries before motion pictures!
We can't count the colors of your rose room!
We can't count the colors of your half-opened robe!
You stepped forward through the colors of your rose room
through the rosy colors of your flowers
you stepped into the room to prepare the flowers
right through the colors of your half-opened robe.

Baruchello! Let's, Once and for All,
Make a Catalog of Vowels

A
as it's known
the A in water is
without color, flavor, odor
the I in lips
is pink
lipstick
&
green
the A in water
walks on the waters
leaves an invisible trace
the I in lips doesn't leave
a visible trace
when biting their lips
E
goes with the A in water

U cammina sull'A che cammina sulle acque
l'U di acqua è invisibile
anche A di invisibile è
invisibile
l'U di illeggibile è
illeggibile
(NB : la parola illeggibile
non si può leggere)
chi fa l'amore sulle acque
lascia un leggerissimo segno
illeggibile
le tre I
di illeggibile
sono illeggibili
la quarta I
un po' meno
come la
quinta A di ipotesi
è un'ipotesi
come le settemila O
di favola
U
di favola è magico
fanno l'amore sulle acque
le cinque E
di amore
sono diversamente colorate
si mordono le labbra
U
&
O
&
O
di fuoco
bruciano
I
di fuoco
non brucia mai
U di leccare
non si lecca mai

E walks on the A that walks on water
the E in water is invisible
even the A in invisible is
invisible
the U in illegible is
illegible
(NB : the word illegible
cannot be read)
who makes love on the waters
leaves a very light sign
illegible
the two I's
in illegible
are illegible
the third I
a little less
as the
fifth A in hypothesis
is an hypothesis
as the seven thousand O's
in story
U
in story is magical
they make love on the waters
the five E's
in love
are differently colored
they bite their lips
I
in fire
&
E
in fire
burn
O
in fire
never burns
U in licking
never licks itself

E di mai
non si pronuncia mai
si mordono le labbra
fanno l'amore sulle acque
gridano a grandissima voce
la prima A di voce
non si sente mai
anche la seconda A di voce
non si sente mai
l'ultima A di rumore
fa molto più rumore
l'ultima U di colore
ha un colore diverso?
le sette U di racconto
è proibito raccontarle?

raccontano
che è proibito raccontare
camminano sulle acque
si mordono le labbra
l'o di astro
nasce dalle acque
lucido come l'o
di alluminio

la stella ha cinque punte
come la E
la I
la U
la A
di rosso
è al posto della seconda O
a volte la O di storia
è di una storia diversa
O
com'è noto
l'o di aria è
incolore, insapore, inodore
l'o di labbra è
azzurro

A in never
never gets pronounced
they bite their lips
they make love on the waters
they yell at the top of their voices
the first A in voice
is never heard
even the second A in voice
is never heard
the last A in noise
makes much more noise
has the last U in color
a different color?
the seven U's in tale
is it prohibited to tell them ?

they tell
what is prohibited to tell
they walk on the waters
they bite their lips
the A in star
is born of the waters
aery as the A
in aluminum

the star has five points
like the A
the I
the U
the O
in redden
takes the place of the second E
sometimes the O in history
is of a different history
O
as it's known
the O in air is
without color, flavor, odor
the O in lips is
azure

blu
&
nero
l'o di aria
è uguale all'o di terra
cammina senza lasciare traccia
come le labbra non lasciano
una visibile traccia
quando si mordono le labbra
cinque impercettibili I
di impercettibile
camminano sulle impercettibili O
di terra
questa terra è invisibile
come si vede
(NB : la parola invisibile
non si può vedere)
chi fa l'amore sulla terra
lascia un leggerissimo segno
illeggibile
I
di amore
si legge per un po' di tempo
quando si mordono le labbra
U
U
&
U di amore
i loro colori sono uguali
perfettamente trasparenti
U
&
E
&
E
&
O
di aria
sono immobili
anche E di vento è

blue
&
black
the o in air
is the same as the o in earth
walks without leaving a trace
as lips don't leave
a visible trace
when they bite their lips
five imperceptible i's
in imperceptible
walk on the imperceptible o's
in earth
this earth is invisible
as it's seen
(NB : the word invisible
cannot be seen)
who makes love on the earth
leaves a very light sign
illegible
I
in love
is read for a short time
when they bite their lips
U
U
&
U in love
their colors are the same
perfectly transparent
U
&
E
&
E
&
O
in air
are immobile
even the A in gale is

immobile
l'o di vento si sente
sbattere la notte
contro l'o di buio
fanno l'amore di notte
senza fare rumore
la prima A
di amore
non si sente mai
la seconda O
non si sente mai
l'ultima E fa appena un po'
di rumore
quando si mordono le labbra
U
O
di fuoco
sono colore del fuoco
E
com'è noto
l'E di fuoco è
incolore, insapore, inodore
le E di labbra
sono bianche
ardesia
&
oro
le E di labbra
bruciano senza lasciare traccia
si mordono le labbra
fanno l'amore sul fuoco
lasciano un leggerissimo segno
che brucia senza lasciare traccia
gridano sottovoce
la voce ha cinque punte
colorate di rosso.

immobile
the E in gale is heard
battering all night
against the E in darkness
they make love at night
without making a sound
the first o
in love
is never heard
the second o
is never heard
the final E makes just a little
sound
when they bite their lips
I
E
in fire
are the color of fire
o
as it's known
the o in fire is
without color, flavor, odor
the E's in lips
are white
slate
&
gold
the E's in lips
burn without leaving a trace
they bite their lips
they make love on the fire
they leave a very light sign
that burns without leaving a trace
they yell under their breaths
the voice has five points
colored red.

Maurizio Cucchi

translated by Luigi Ballerini & Paul Vangelisti

Coincidenze

Poveri fantasmi, trame scucite. Ogni tanto
una frase. Così... un barlume nella compagnia, nel dormiveglia;
buttata là, ad illustrare; nella conversazione stenta.

(Considera il volo dei piccioni. Come distinguerli?
Come distinguerne uno... Quello schiacciato...
La visita allo zoo... L'aria umida dei Giardini...)

La ringhiera, un batticuore: "vieni con me,
ti metterò in collegio, andrai sposa a un ufficiale".
E le informazioni, chieste al comune per posta.
Un romanzo.

"Abbiamo imparato ad accudirci vicendevolmente.
A badare ai nostri corpi nella gabbia."

Dal quaderno dei temi: "l'amore della mamma e l'aiuto del buon Dio..."
Certo, quelle sue foto non mettono allegria...

"Sto seduto in giardino, guardo la mia tartaruga:
mi domando se anche lei,
si sarà accorta che è passata l'estate..."

Umori stagionali? Piacevolezza del bagno.
...vedere gente, uscire con persone...

Una beffa, o una consolazione?
La felice riuscita degli ingrandimenti, il coro
delle prefiche citrulle. Ma a capofitto nella piaga, nel profondo;
la vista del corpo, l'estremo saluto; la cognizione
piena, definitiva...

Ultimi oggetti: il trenino della Val Vigezzo,
lo zio capitano di vascello, il colore chiaro del legno,
il colore scuro dei mobili...

Coincidences

Poor ghosts, unraveled plots. Once in a while
a sentence. Thus...a glimmer in the group, in half-sleep;
tossed over there, as an example; in stunted talk.

(Consider the pigeons' flight. How to tell them apart?
How to tell one apart...the squashed one...
the visit to the zoo...the damp air of the public gardens...)

The balcony's railing, a heart throb: "Come with me,
I'll send you to boarding school, you'll marry an officer."
And personal data, requested by post from the town hall.
A novel.

"We have learned to look after one another.
To take care of our bodies in the cage."

From the exercise book: "Motherly love and the good Lord's help..."
Surely, those pictures of his are not jolly...

"I am sitting in the garden, I look at my tortoise:
I ask if she too notices
that summer is gone..."

Seasonal moods? Pleasures of the resort.
...Seeing people, going out together...

A prank, or comfort?
Enlargements turned out great, the chorus
of silly hired mourners. But head first in the wound,
in the depths; the sight of the body, the last farewell, the full,
definitive awareness...

The final objects: the little train in Valvigezzo,
the Navy captain uncle, the clear color of wood,
the dark color of furniture...

Sui muri, la soluzione al quiz
a grandi pennellate d'inchiostro simpatico.
(Più in là, nel sogno finto, l'enorme
pachiderma indifferente...)

(Tutti i parenti, uno per uno,
orrendi; sfilanti dentro casa.)

: "ma com'era fredda... com'era gelata!
com'era ritornata bella..."

Le solite strane coincidenze. Il profumo
delle corriere, il clacson. Aspettare una vita. Sul quaderno
pagine e pagine di nomi
scarabocchiati, sghembi sempre più. Di te, di me,
di quelli là.

        Ma quella volta niente:
niente cavalli, dico, sollevarsi il polverone,
fanfare, spade sguainate: no.

Non sono arrivati, i nostri. Addio

caro adorabile piccolo tanghero ipocrita.

da *Dolce fiaba*

Mi hanno detto che è vertigine...
sul balcone, come sull'acqua del mare... sì, avevo
fibbie lucenti, giravamo in sordina
per i sottopassi della città e gli scherzi
delle marionette, adesso,
non ci tormentano più... una fetta, anche,
di torta Delizia, funghi trifolati... ecco,
un compleanno... peccato però...
peccato... se ne va via, guardalo, il gatto;
ha un bel cappello, una carrozza rossa lo trasporta
leggero; un suo nemico sparirà nel nulla... ma cerca
di aiutarmi... cerca di aiutarmi... sorride
la nonna lupo tra le pieghe del lenzuolo e io,

On the wall, the answer to the quiz
in large brush strokes of invisible ink.
(Further away, in the fake dream, the huge
indifferent pachyderm...)

(All the relatives, one by one,
all of them horrible; parading around the house.)

: "How cold she was...how icy!
how beautiful she was again..."

The usual odd coincidences. The scent
of buses, the horn. To wait a lifetime.
In the exercise book
page after page of scribbled
names more and more slanted. Yours, mine,
theirs.
        But that time nothing:
no horses, I say, a rising cloud of dust,
fanfares, drawn swords: not at all.

Our men never got here. Farewell

dear, adorable, little, hypocritical bumpkin.

from *Sweet Fable*

They told me it's vertigo...
On the balcony, as on the sea...yes, I had
shiny buckles, we wandered quietly
through the city's underpasses and the puppets'
pranks, now,
they don't torment us anymore...a slice, even,
of sponge cake, sautéed mushrooms...there,
a birthday...too bad that...
too bad...look at him, he's running away, the cat;
what a beautiful hat, a red carriage carries him
lightly; one of his enemies will disappear into thin air...and try
to help me...try to help me...grandma wolf

forsennato gioco, estraggo
dal mio mazzo le carte, ma vedi,
vedi... una dopo l'altra irrimediabilmente uguali...
tutte... un viaggio, cammino: non esistono più
paesi fantastici... tornavo,
non c'era niente di buono da mangiare a casa,
le nespole non sapevano di niente... così,

questa lettera d'amore...

da *Donna del gioco*

Il padre che mi parlava
era un ragazzo dal largo sorriso
e aveva gli occhi che hanno già imparato
rifugio lui ristoro mio pensante
che riempie la mia sorte.
Non ti ho tradito ma non ti sogno più
e se mi sogno mi sogno col tuo viso:
sul tuo torace mi ergo
nella tua mano mi fido
con te la folla si spalanca.
Sii maledetto tu
che sai fare e non sai fare
sono un bambino ignavo
che non si vuole alzare.

da *Lettera e preghiera*

Caro perduto Luigi
sei oggi più tenero, inerme fratello
nel mio mutato pensiero.
È bianca la tua pelle, come carta,
e io ci scrivo.
È questo il saluto e sarà più leggero
il sacrificio dell'anima.
Sul lieto silenzio di un prato

smiles in the folds of the sheet and I,
what a mad game, draw cards from my deck, and look,
look...one after another all fatally the same...
all...a journey, a path: there no longer are
fabled lands...I was coming back,
there was nothing good to eat at home,
the loquats were tasteless...thus,

this love letter...

from *The Lady of the Game*

That father who used to talk to me
was a boy with a broad smile
and his eyes had already learned
him a shelter my thinking relief
that fills my fate.
I did not betray you but I no longer dream of you
and if I dream I dream myself with your face:
on your chest I rise up
in your hands I feel safe
with you the crowd opens wide.
Damn you
who knows and knows not what to do
I am a listless child
who doesn't want to get up

from *Letter and Prayer*

Dear lost Luigi
you are more tender today, my hapless brother,
in my altered thoughts.
Your skin is white, like paper,
and I write on it.
This the greeting and the soul's sacrifice
will be lighter.
On the glad silence of a field

si posa l'ombra dell'ultima parola.
Abbi comunque pace
e l'abbia chi ha taciuto. Siamo noi
il corpo dell'economia.

"Ho le caviglie troppo gonfie
ma non è questo dolce amico gentile
che parlandomi ti trasfiguri e piangi.
Cammino verso l'impossibile e se il dolore
talvolta mi confonde credimi
non ho mancato la mia vita."

'53

L'uomo era ancora giovane e indossava
un soprabito grigio molto fine.
Teneva la mano di un bambino
silenzioso e felice.
Il campo era la quiete e l'avventura,
c'erano il kamikaze,
il Nacka, l'apolide e Veleno.
Era la primavera del '53,
l'inizio della mia memoria.
Luigi Cucchi
era l'immenso orgoglio del mio cuore,
ma forse lui non lo sapeva.

Valeria

Una gaiezza che somigliava
a una malinconia gentile
e nella veste rosa e nel dolore,
un incedere solenne, delicato
per i corridoi. E poi
che tenerezza in grembo,
com'era ansiosa la periferia...

the shadow of the last word comes to rest.
Anyhow let peace be with you
and let it be with those who did not speak. It's us
who are the economic body.

"My ankles are much too swollen
but it's not this sweet gentle friend
who transfigures and weeps as you speak to me.
I walk towards impossibilities and if sorrow
sometimes confuses me believe me
my life hasn't been missing."

'53

The man was still young and was wearing
a very fine gray overcoat.
He held a happy and silent child
by the hand.
The field was both peace and adventure,
the kamikaze was there,
Nacka, the illegal alien and Poison.
It was the spring of '53,
the beginning of my memory.
Luigi Cucchi
was the immense pride of my heart,
but perhaps he didn't know.

Valeria

A lightness of heart that resembled
a gentle melancholy
and dressed in pink, and in sorrow,
a delicate, solemn stride
through the halls. And then
what tenderness to hold,
how anxious were the suburbs...

C'era qualcuno che sgusciava
ogni momento con il suo ditino,
tra porte, portieri e ascensori,
vetrate, cuffie e camici,
a portarti il suo semplice messaggio,
per sempre, di appartenenza.

Lettere di Carlo Michelstaedter

Vi siete accorti, dal modo come scrivo,
che ho molto sonno...
Però non mi lasciate senza lettere,
scrivetemi, vi supplico...
Sarò calmo e normale,
ma che angoscia il distacco, non è vero?
E tu, mamma, non puoi non essere contenta:
sono con tutti allegro, sempre,
sono stato sincero con voi,
sono sempre lo stesso...
Ma le strade hanno in fondo
come una nebbia dorata e gli occhi
non vedevano che buio da ogni parte...
È un incubo d'inerzia faticosa,
l'inerzia nemica delle cose...
Il porto è la furia del mare.
Vi bacio, miei stronzetti adorati.

da La luce del distacco

Ma c'è chi osserva atterrito la sua tenebra ogni notte
e madido
annichilisce col capo sul cuscino
e per calmarsi si accarezza il viso,
sfiora incerto il corpo più vicino
e resta lì, capisce
il suo graduale trascolorare lento
fino a un biancore senza nome.
"All'incubo non c'è mai risveglio,

There was someone slipping around
always wagging a finger
among doors, doormen and elevators,
glass walls, nurses caps and gowns,
to bring you a simple message
that you will forever belong.

Carlo Michelstaedter's Letters

You must be aware, from the way I write,
that I am very sleepy...
however don't leave me without letters,
write to me, I beseech you...
I will stay calm and normal,
but how anguished the separation, isn't it?
And you, mother, you can't but be happy:
I am cheerful with everyone, always,
I have been honest with you,
I am always the same...
But at the end of the street there is
something like a golden fog and my eyes
saw nothing but darkness everywhere...
It is a nightmare of tiresome inertia,
inertia inimical to things...
The port is the fury of the sea.
I kiss you, my adorable little shits.

from *Light of Separation*

There is he who watches in horror his own darkness each night
and covered in sweat
is devastated with his head on the pillow
and to calm down he strokes his face,
grazes hesitantly the closest body
and just stays there understanding
his gradual slow discoloring
to a nameless whiteness.
"You can never wake from a nightmare,

ma io lo guardo dritto.
Forse c'è un senso
di più docile armonia, che ti disfa sereno",
pensa.
E trova casa in un altrove vagante,
si tramuta e si sparge nell'aria.

da *Animale acquattato*

Nel testone ha due occhi tondi,
gialli, ottusi.
E mi guarda come a chiedere:
"Ma cos'è? cos'è?"
Poi si acquatta
nel corridoio, nell'odore.
Così la tartaruga
annega nel deserto,
si trascina fra tanti corpi di sorelle,
annaspa nell'opposto,
pesante alla sua fine.

O cara madre, gonfia e sfortunata,
dolce di fantasia e magone,
come ti specchi in questi muri gialli,
in queste ragnatele
—e io ti ammiro nella tua zavorra—
per resistere?
Curami, non separarmi,
non farmi andare via, morire.

but look it straight in the face.
In it you may sense
a more submissive harmony that serenely undoes you,"
think of it.
And finds a home in a floating elsewhere,
transforms and scatters itself in the air.

from *Crouching Animal*

In her big head there are two round, yellow,
moronic eyes.
And she looks at me as if to ask:
"But what is it? what is it?"
Then she squats down
in the hall, in the smell.
Thus the tortoise
drowns in the desert,
dragging herself among so many of her sisters' bodies,
gropes in the opposite,
heavy with her end.

O dear mother, swollen and unfortunate,
sweet with dreams and grieving,
and how you look at yourself in these yellowed walls,
in these spiderwebs
—and I admire you in your ballast—
perhaps to survive?
Cure me, do not separate me,
do not make me go away, die.

Milo de Angelis

Translated by Lawrence Venuti

Viene la prima

"Oh se tu capissi:
chi soffre
chi soffre non è profondo".
Sobborghi di Torino. Estate. Ormai
c'è poca acqua nel fiume, l'edicola è chiusa.
"Cambia, non aspettare più".
Vicino al muro c'e solo qualche macchina.
Non passa nessuno. Restiamo seduti
sopra il parapetto. "Forse puoi ancora
diventare solo, puoi
ancora sentire senza pagare, puoi entrare
in una profondità che non
commemora: non aspettare nessuno,
non aspettarmi, se soffro, non aspettarmi".
E fissiamo l'acqua scura, questo poco vento
che la muove
e le dà piccole venature, come un legno.
Mi tocca il viso.
"Quando uscirai, quando non avrai
alternative? Non aggrapparti, accetta
accetta
di perdere qualcosa".

Il corridoio del treno

"Ancora questo plagio
di somigliarsi, vuoi questo?" nel treno gelido
che attraversa le risaie e separa tutto
"vuoi questo, pensi che questo
sia amore?" È buio ormai
e il corridoio deserto si allunga
mentre i gomiti, appoggiati al finestrino
"tu sei ancora lì,

The First Comes

"Oh if you only knew:
anyone who suffers
anyone who suffers isn't profound."
Suburbs of Turin. Summer. By now
there isn't much water in the river, the newsstand is closed.
"Change, don't wait any longer."
There are only a few cars near the wall.
No one goes by. We remain sitting
on the parapet. "Maybe you can still
become a loner, can
still feel without paying, can enter
into a depth that isn't
commemorative: don't wait for anyone,
don't wait for me, if I suffer, don't wait for me."
And we stare at the dark water, this slight breeze
stirring it
into thin veins, like wood.
It touches my face.
"When will you break away, when will you have no
alternatives? Don't cling, accept
accept
losing something."

The Train Corridor

"Again this plagiary
of resemblance—do you want this?" in the cold train
that crosses the rice fields and separates everything
"you want this, you think this
is love?" It is dark now
and the deserted corridor lengthens
while the elbows, leaning on the compartment window
"you're still there,

ma è il tempo di cambiare attese" e passa
una stazione, nella nebbia, le sue case opache.
"Ma quale plagio? Se io credo
a qualcosa, poi sarà vero anche per te
più vero del tuo mondo, lo confuto sempre"
un fremere
sotto il paltò, il corpo segue una forza
che vince, appoggia a sé la parola
"qualcosa, ascolta,
qualcosa può cominciare".

Le cause dell'inizio

C'è stato un intermezzo solare
e un giallo caldo sopra le foglie
e poi nasceva
il sorriso bizantino

> *ma non puoi "cercare"*
> *la metamorfosi*
> *compi un gesto impreparato*
> *nessuno può dire*
> *che cosa ha amato per la prima volta*

il corpo tenue, mosso dal vento,
percorre una strada
gli sono concessi i fiori, l'erba che ondeggia
e il sogno della principessa
nella stanza, la dolce certezza
di non essere
visibili

> *è incredibile, credevi ancora al centro*
> *della materia*
> *e piangevi perché è solo tuo*
> *se volevi dire, dire*
> *ma non c'è più tempo per fare l'attimo*

e un delicato sudore sul collo

but it's time to change expectations" and a station
passes, in the fog, its opaque houses.
"But what plagiary? If I believe
in something, then it will be true for you too,
truer than your world, I confute it always"
a trembling
beneath the overcoat, the body follows a force
that conquers, leans the word against itself
"something, listen,
something can begin."

The Causes of the Beginning

There was a solar interval
and a warm yellow over the leaves
and then the birth
of the byzantine smile

> *but you can't "seek"*
> *the metamorphosis*
> *make an unprepared gesture*
> *no one can say*
> *what he loved the first time*

the slender body, moved by the wind,
crosses a street
it is granted flowers, the rippling grass
and the dream of the princess
in the room, the sweet certainty
of not being
visible

> *it's incredible, you still believed in the center*
> *of matter*
> *and you wept because it's only yours*
> *and you wanted to say, to say*
> *but there's no more time to make the instant*

and a delicate sweat on the neck

significa "sì"
mentre il vento festivo
toglie la tunica lentamente
senza un gesto
e gli spiriti dell'aria e dell'acqua,
l'odore del fiume, il grido

> *avanzando nella distanza*
> *si può anche trovare un corpo, al confine,*
> *quante volte è successo*
> *dentro questi ordini complicati*
> *nel mondo rivelato*
> *a chi si volta dall'altra parte*

la collina è coperta
di vigne, mentre tutto ha un tempo giusto
e i passi sopra le zolle sono lenti
a favore della gioia

> *conta solo ciò che esce per primo*
> *e ora la sfortuna non sconfigge il caso,*
> *è sempre tardi per precisare*
> *e allora dillo pure, dillo che stai vivendo, dillo.*

Nella storia

Come si ode la pietra, come
te, gli inverni. Silenzio. Il drappello
sta passando, un uomo per volta. Tu che
compi l'esecuzione
tu, trucidato che
schivi. Ascoltando
l'ululo, l'anfora addormentata, essa stessa
quando gli spaccò... scendi, tocchi i casolari,
la rada gioia
del paradiso e tutta la scarpata
si riempie
della cicuta ancora verde
mentre i cardellini mostrano

means "yes"
as the festive wind
slowly removes the tunic
without a gesture
and the spirits of air and water,
the scent of the river, the shout

> *advancing in the distance*
> *a body can also be found, at the edge,*
> *how many times has it happened*
> *within these complicated orders*
> *in the world revealed*
> *to anyone who turns to the other side*

the hill is covered
with vineyards, while everything has a right time
and the steps over the clods are slow
for the sake of the joy

> *only what comes out first counts*
> *and now bad luck doesn't defeat chance,*
> *it's always too late to be precise*
> *so say it anyway, say you're living, say it.*

In History

As one hears stone, like
you, the winters. Silence. The squad
is passing by, one man at a time. You who
carry out the execution
you, slain and
dodging. Listening
to the howl, the sleeping amphora, when it
cracked...descend, touch the cottages,
the rare joy
of paradise and the entire slope
fills
with hemlock still green
as goldfinches expose

le ossa
nel fruscio della nostra
morte. Con le spalle
che combatterono, impolverato, falcerà
lo strapiombo. Sarà
valoroso. Non esitare. Come fitte di
luce, tutti gioiscono
a cena, inazzurrita, una volta.

Anno

Scavando
verso un estremo di quaresima
sono stato spinto
dal seme. Mezzogiorno
che nel suo ordine si rovescia.
D'istinto puro, ogni volta, era
la mano fermata logicamente
tra gli agguati
di quell'età e il dolore di mia madre
non c'ero, non sceglievo. Dal citofono
esce colore mentale
dove l'uomo è nudo.
Quella goccia
vista nelle tre metà
diventò l'unica sostanza esterefatta, un
fervore di secoli...
ogni pino... ogni pino... fermati,
tu sei fra di te.
Ruote che si sottraggono lentamente
al gelo, umiltà di una porta.

"Verso la mente"

Prima che dormissero le mirabelle
e la vera carta diventasse cieca
indietreggiò sentendosi
colpita e non riconobbe

the bones
in the rustling of our
death. With shoulders
that used to fight, covered with dust, he will mow
the precipice. He will be
valorous. Don't hesitate. Like stitches of
light, everyone rejoices
at a supper, turned blue, once.

Year

Digging
toward a Lenten extreme
I was pushed
by the seed. Noon
overturned in its order.
Instinctively pure, every time, was
the hand stopped logically
between the snares
of that age and my mother's pain
I wasn't there, I didn't choose. The intercom issues
mental color
where the man is naked.
That drop
seen in three shares
became the only terrified substance, a
centuries-old ardor...
every pine tree...every pine...stop,
you are amid yourself.
Wheels withdrawing slowly
from the ice, a door's humility.

"On the Way to Mind"

Before the plums fell asleep
and the true paper turned blind
she withdrew feeling herself
struck and didn't recognize

il cane nell'acqua...
era suo padre...
corse via dalla cucina
fece un cenno
dove capitò il cielo
stracciando la carta carbone
lavando i bicchieri con la cenere
anatre come patriarchi
sorvegliano che tutto sia in ordine
tirò fuori il costume da bagno
e lo mostrò alla notte
bilance rincorrono bilance
la benda odora forte di
zuppa di pesce
e il grembiule è rinchiuso nella testa:
attese sul platano che
un lungo pensiero finisse
poi si affacciò alla finestra
e mentre l'erba aspettava
erano passati nove giorni di
giugno.

Telegramma

La finestra è rimasta come prima. Il freddo
ripete quell'essenza idiota di roccia
proprio mentre tremano le lettere di ogni parola.
Con un mezzo sorriso indichi
una via d'uscita, una scala qualunque.
Nemmeno adesso hai simboli per chi muore.
Ti parlavo del mare, ma il mare è pochi metri quadrati,
un trapano, appena fuori. Era anche, per noi,
l'intuito di una figlia che respira
nei primi attimi di una cosa. Carta per dire
brodo e riso, mesi per dire cuscino. Gli azzurri mi chiamano
congelato in una stella fissa.

the dog in the water...
it was her father...
he ran away from the kitchen
nodded
where the sky arrived
ripping the carbon paper
washing the glasses with ash
ducks like patriarchs
see that everything is in order
she pulled out her bathing suit
and showed it to the night
scales chase scales
the bandage has a strong odor of
fish soup
and the apron is locked inside her head:
she waited on the plane tree for
a long thought to end
then looked out the window
and while the grass was waiting
nine days passed in
June.

Telegram

The window remained as before. The cold
repeats that idiotic essence of rock
just as the letters of every word tremble.
Half smiling you point
out an exit, some stairs.
Not even now have you symbols for the dead.
I spoke to you of the sea, but the sea is a few square meters,
a drill, scarcely out. It was also, for us,
the intuition of a daughter breathing
in the first moments of a thing. Paper to say
broth and rice, months to say pillow. The blue ones call me
frozen in a fixed star.

Biancamaria Frabotta

Translated by Keala Jewell and Paul Vangelisti

Eloisa

> E pensare che quello che ti chiedo è ben poco,
> e per te facilissimo!
> —*Eloisa a Abelardo, Seconda lettera*

I

Qui dimora l'intero e tu disperso
ci ragioni. Che io canti, più buia
sordidamente, ombra più pesante
del marmo che mi riposa non conta.
Una sola rondine non mi ti rende
la stagione perduta
e io troppo tempo ho abitato in te,
come la ragnatela in un tronco morto

al limite di una terra promessa
non cogliendomi (fu soltanto evocazione
addestramento allo stupro
il fantastico frutto dell'occidente)
mi hai nominata più bianca della luce
nido di un'idea intricata, torpida fantasia,
pupilla cieca del tuo occhio.

Si sfilava il sibilo dalla teoria lunga
delle stanze: davanti alla porta chiusa
sarò la sorella di quei meli che fuori
si spogliano lisciando a sangue i sensi
e solo la sera ne spegne il tocco.
Un triangolo è divino quando ogni punta è Dio
e ogni lato un'esca. Non c'è veglia più amara
per me che sono lontano dalla festa.

Le parole non ti costavano molto, ricordi?
scivolano via per filo e per segno
come canoe fluiscono sul filo della corrente.
Non c'era rapida che ne scuotesse il corso
scorresse anche fino al mare il discorso
del tuo sogno soltanto noi ne scontavamo il costo.

Heloise

(And to think that what I ask of you is
so little, and so easy for you!)
                —Heloise to Abelard, Second letter

I

The entirety dwells here and you,
distantly, weigh it. That I, the sordidly darker one,
am chanting, a shadow heavier
than the marble which is my ease is of no matter.
A lone robin does not bring you back nor
seasons lost to me.
And I have lived too long in you
like the spider's web in a dead trunk

at the border of a promised land
without grasping me (the West's fantastic fruit
was only an evocation
training for rape)
you named me whiter than light
the nest of an intricate idea, a torpid fantasy,
the blind pupil of your eye.

The long procession of chambers unloosed
its hissing: facing the closed door
I shall be a sister to the apple trees which
strip themselves to the air, the senses smoothly
raw, and only the evening dims their touch.
A triangle is divine when each point is God
and each side bait. There is no vigil more bitter
for me, since I am this far from the feast.

Words cost you so little, remember?
They slip away thoroughly
they flow like canoes on the current's stream.
White water could not have shaken the course
the conversation was to run as far as the open sea.
We alone paid the price of your dream.

199

Ma subito potessi smemorarmi
annottassero ovunque le pupille degli uomini desti
in un mondo di dormienti
un bestiario delicatamente miniato dallo stilo di chi può
almeno fin quando arriverò
placida onda di lago a lambirti
i piedi di umide e molli zolle di prato
almeno fin là dove arriva l'essere
e il chierico si fa pierrot
la canaglia un'ariosa città
ogni passante un amico, un evento
allora
l'acqua coprirà il prato e ogni traccia di nome.

II

Possiedo una lunga speranza e vana da scolpirne i nomi
ma la pioggia, le piogge, laverà ogni macchia
nemmeno una foglia vi potrà marcire
sopra l'orma di quella carnivora
ingannando il tempo, a doppi nodi, invocandoti
ripetizione di ogni levarsi, stupirsi del destarsi
in battere negandomi
vivo di giorno disperdendo la mia ombra
e di notte mi confondo ombra nell'ombra,
se sento fremere il capelvenere
non temono, tremano le sue foglie e
cresco di un'inezia. La tua sapienza
non vale a misurarne l'ardore di vegetale,
asciugare al sole i capelli, poi
rendere il corpo alla mente, il mal tolto.
Crepita sciocco il minuto senza svegliarmi.

Torna, casto sogno, e scompari
per finalmente esserci. Ho visto
una volpe fulva trascinare la sua coda
come una croce sul calvario da Pont Neuf a St. Michel
quanta polvere è ricaduta sui suoi celeri passi di velocipede!

But let memory lapse in me,
let the pupils of wakeful men
in a world of sleepers grow dark everywhere!
a bestiary illuminated by a delicate, by an able stylus
at least until I, a placid wave in a lake,
come to lap your feet,
the supple, watered furrows of your field
at least to the reaches of being
where an acolyte turns into Pierrot,
the rabble an airy city
each passerby a friend, an event
then
water will cover this meadow and every trace of a name.

II

I possess hopes long and vain enough to carve their names.
But the rain, the rains, will cleanse the stain
and the carnivore's track
shall bereave even the cover of a leaf's decay.
Time is tied in sly double knots—it evokes your
ever repeated arisings, your wondrous awakenings,
my refusal falling in at the beat.
I live by day in my shadow's dispersion
and by night it merges in the darker shades,
When I touch the wavering maidenhair
its leaves tremble without dread and
I grow, by a trifle. Your wisdom
cannot record such measures of vegetal ardor
Eager sun-dried tresses
yield the body to the mind in evil's undoing.
An instant crackles dully, but I do not awaken.

Come back, chaste dream, and disappear
in order finally to be. I watched
a tawny fox drag her crucifix tail
over the calvary of Font Neuf at St. Michel.
What a lot of dust settled on her swift-footed run!

"È un brivido questo che mi rinfresca le arterie
o se è un messaggio, dimmi, di chi?"
"Turpi e femminee sono le tue voglie
ma dolci, il tuo collo è un pasticcino da re".
"Le pieghe di un corpo che non valeva
ho fatto tacere chi era di troppo".
"È la mia volta ora per non deluderti
a tua volta tenero sofista, ti rimase
solo il respiro della Senna, là dove
affiora il tepido fiore dello zolfo
dal fondo emersa sono nata alla luce
per restarvi. Quella goffa pelliccia
me la calo sul capo e m'accendo
spalancando le valve della coscienza".

"Oh, la tua sudata pelle anche d'inverno..."

III

Minimi sono i trasalimenti di una vita al chiuso.
Scrivo lettere lunghe come l'invecchiare.
Svolano passeri, vogliono altro, volano alto
così lieve è il convoglio
che in città non hanno il loro peso.
A lungo hai fischiato ma non sei il treno.

È un globo di vetro
zingaresco minuetto
appeso all'ombelico
una stella che si sfila
verso l'ovest ingrato
né cotta né cruda
chi è nato stanotte?

Resto dunque e soffro per il resto dei miei giorni.
Un giuramento che non sia per la vita
non ci contiene entrambi.

Può sembrare strano.
Non ti voglio se t'amo.

"Is what quickens my arteries a quiver,
or, if a message, whose?"
"Your cravings are womanish and vile
though sweet, your neck is a treat for a king."
"The folds of an unworthy body—
I silence the extra male."
"Now it is my turn not to disappoint you,
soft-hearted Sophist. You were left in your turn
with only the Seine's breathing
in the tepid, sulphur flowers that rise to the surface—
released from the depths I was born to the light
once and for all. I shall lower
an awkward pelt over my head and set it on fire
to fling open the valves of conscience's shells."

"Ah, your sweated skin even in winter..."

    III

Minimal, the startlings of a cloistered life.
I write letters as long as old age.
The sparrows are fluttering, lusting after other, they hover
so light a convoy
in cities unburdened of them,
You may have whistled a long while but you are not the train.

Is that glassy globe
that gypsy's minuet
hanging on an umbilical cord
an unraveling star
on its ungrateful western turn
done or underdone
someone born last night?

Yes, I'll stay and suffer for the rest of my days.
An oath that will not last a lifetime
cannot contain us both.

It might seem strange.
I don't want you if I love you.

IV

Dabbasso parlassero le sorelle
competitive, esecutive, invaghite
di una vana promessa
si affannano a cercarti. Vola
nella piaga il coltello ieri
un presentimento del ricordo
oggi.

È cambiato il vento da cugino che era
non lievitando la parete nemmeno lo straccio
di biacca che mi candeggiaste il volto all'alba
uno straccio di verso a far mattina
in gara col gallo, il solo che qui sverna.

Pendeva dal mio ombelico la malamata
dondolandosi al ramo della vita
precocemente t'ho guardata
a tempo per sparire
e subito fu come girare senz'ombra
l'ardore stesso del mezzogiorno se ne prese a male
uno specchio che non riflette, un diamante mal tagliato
t'ho persa, per sorte, di vista dopo la condanna.
Ora di sé sola cresce
e il mio piede avvizzisce.
Puoi fare un flauto della mia canna vuota.

Corriamo, o mie irose zoccolette, rispettose parvenues
corriamo, c'è la fretta del primo tempo, la stretta
statistica, sfatte dal fare, ci rifacciamo il trucco.
Che il tempo secondo non ci colga
allo specchio, fonda tana del diavolo
a sfrontatamente ridere. Gallinelle.

Non lodate, o amare
l'orlo slabbrato di quella finestra
ipocritamente sbatte e mi sega in castità.
Fosse così abile la punta della lingua di Dio!
Non a questo
hai messo il lucchetto al ventre del mondo

IV

Downstairs let the sisters speak
competitive, executive, enamoured of
a vain promise,
they bustle in search of you. A knife
flies in the wound, yesterday
memory's foreboding
today.

The wind is shifting, it is no longer kin
not swelling these walls much less this white-leaded rag
you bleached my face with at dawn
a rag of verse stretched to morning
and racing with the rooster that winters here alone.

The unloved one dangles from my belly's cord
she swang on the branch of life
as I watched you precociously
in time to disappear
and I walked without my shadow very soon
noon's very burning took it badly—
a mirror with no reflection, a badly cut diamond—
I lost, it is my fate, the sight of you after the sentence.
Now she grows of herself alone.
My lower limbs are withering.
Fashion a flute from my hollow reed.

Run, my angry street-walkers, dutiful parvenues
Run, it's the rush before intermission, statistics'
strait, undone by doing, let's redo our faces.
Don't be caught in the second run
before the mirror's devilishly deep den
with an impudent grin, My little hens.

Do not praise, embittered women,
the window's nicked sash
bangs with a tease and saws at my chastity.
If only the tip of the Lord's tongue were as agile!
This isn't what
you padlocked the world's belly

lignea mefitica zitella che vesti snella
d'androgina spettanza e logos. Non per
queste gherminelle, mariuolerie da vergognarsi
invecchi, carissimo, truccatore di divi
di divini apprendista stregone con la luna
di rovescio e l'aura già infangata e
la verde figa nella quinta casa a dar testate
nell'aureola cornea dell'ariete.

Mangio candele, pesci crudi
ogni attimo
l'inarcatura di un acrobata.

Me lo sibila il brusio dei coristi.
Ho dato alle stampe un fiore secco
un ex voto. Guarda: ci cresce la muffa.

V

M'hanno stanata fin qua i ruvidi villani
il clima salso del fiume li stranisce
pieni di peli sulla lingua, la lingua a due code
sono studenti e poeti
e nulla tengono nella testa a campana.

A sapermi angelica sembianza e te forbice
risuonano a festa e tolgono ogni creanza
librati a mezz'aria nelle svergognate cupole
della capitale mi vorrebbero alito d'angelo
vescica, fede di propaganda

prensile mobile radice
ho bisogno di purissima acqua
e non questa immonda pappa
un artista da strada
la fantasia di un biliardista
espansa nei colori del più tenue elemento.

Molto perdendoti ho acquistato
acquistandoti, ti svendevi alle pulci
tutto ho perduto. Sonnolento l'anno

my ligneous, sulphurous, thin spinster who dons
her androgynous concern and logos. You don't
grow old, dearest, because of red-faced pranks,
tricks, celebrities' make-up man, the divine medicine man's
apprentice with an inside-
out moon, a muddied aura, and
a greenish cunt in the fifth house, you beat your head
inside Aries' corneal aureole.

I can eat candles and raw fish
every second
an acrobat arches into a curve

Buzzing choralists hiss this at me,
I came out in print with a dry flower,
an ex voto. Look: there's mold growing on it.

    v

Coarse farmers have chased me this far.
The salty river air bewilders them.
Mincing words, the two-tailed tongues
of scholars and poets
with empty bell-heads.

Informed of my angelic looks and your scissors
their unrestrained bells clang out a feast
hovering mid-air in the capitol's
shameless dome, they want me to be angel spirit
or a bladder's pouch, propaganda for the faith.

A prehensile, movable root
I thirst for pure waters
not this sullied pap
a poet out of doors
a billiard player's dream
an expanse in the colors of rarest elements.

I gained much by losing you,
in gaining you (you made a flea-market deal)
I lost everything. The somnolent year

si distende fra queste righe
ancora così verde, duro a morire
libera spiaggia cui devo la prigionia
e non la speranza di rincorrerti
magra ninfa, svanita insieme al maleficio

che dà alla rinuncia il suo sale
e da infiniti lager fa affluire
i prigionieri e piantano i pioppi
ostinati accendono i fuochi
spezzano l'ultima neve e l'evo mezzani
si fanno, partecipi di viva riconoscenza.
Finalmente sono anch'io come voi
morbida, terragna, bifolchi, collina di carne!

Come potrò ora fuggire nella larga giubba
buttar gemme nell'acqua, calare una scialuppa?
O è colpa del mio nome se annullo nell'assenza
ogni colore e il tuo calore guidatore di stelle
io disfo nel biancore? È che mi chiamo bianca
se la stagione non cambia e un foro
il faro di ogni esistenza stanca, il fòro
interiore della coscienza è questa magra petulanza?

Ah se quella paranoica beltà
m'avesse legato con corde di terra
e non una mongolfiera vuota di vento
fatta segno al piombo nemico
m'avesse dato il nome della rosa
un tubero che dilaga le idee nella testa
e mette radici nel moto lento delle mani
e nelle piante salde dei piedi
che tutta intera sorreggono la persona
t'avrei, o nome, inghirlandato la fronte
come un amico al braccio dell'amico
il fianco dell'amato dall'amante sfiorato
un furto gravido di conseguenze
più che un nome, un dono, un dio, un seme
parola di cane

stretches itself still-green
into these verses, it dies hard.
Unpeopled shore, I owe my imprisonment to you
and not my hopeless pursuit.
A slender nymph vanished along with the spell

which offers its salt to renouncement
and sends prisoners from endless camps
in flows to seed poplars
they set stubborn fires
they plow the new snow and its era, pimps-to-be
graced by gratitude
I am finally like you
soft, of the earth, farmers, a hill of flesh!

How can I escape in an over-sized coat
to sprout buds in the water, to launch a skiff?
Is it my name's fault if I obliterate your every color's
warmth with my whiteness
in absence and defeat, starry beacon? Is it that you can call me blank
if the season does not change,
and the flare of our weary existence punches holes? Is
conscience's inner forum this scanty petulance?

Ah, if that paranoid beauty
had bound me with earthly ropes
and not my deflated hot-air balloon
a sign for enemy fire
if it had taken my name from the rose,
a tuberous flood of ideas which roots
in my head, in these slow-moving hands,
in the firmly planted soles of my feet
which hold up my whole person, then
I could have laid garlands over your brow,
Oh name, like friends arm-in-arm,
a lover's thigh brushed by its beloved
in a theft of more conscience
than a name, or a gift, or a god, or a seed-
Dogged word.

alga docile ilare
del tuorlo attorno alla tua mucosa
tralcio intrigato sul guanciale
fra i miei capelli i tuoi, principium vitae
dalla vita ti porterò lontano grata
ladra d'un mercurio dalle ali imprestate
ti condurrò a svernare le tue crude ragioni
e col solo crescere delle unghie
ti svelerò la chiave dell'enigma
che sperdutamente persegui
quando il sonno mi ti ruba
e sveglia ti veglio
lampada scontrosa contro il giorno
sai dove cercarmi; è inutile svegliarmi
più giù è la radice più giù
il punto intorno a cui gira il pieno
più acuta è la luce dove l'occhio non vede
il sogno.
Torneremo in tre
voi in due, a braccetto
due angeli del pane che filtrano lesti al di là della grata
voi che siete ricchi di ciò che mi manca e poveri poi
si emigra al sud, a ali spiegate.

Appunti di volo

I

È l'ora dell'imbarco. L'altoparlante
ci invita per l'ultima svolta della notte
a risalire il crinale del passato
ardore diurno
a permutare ciò che non è ancora stato
con ciò che non è mai stato
utopia, primizia
o rosa del deserto
questo salto nel vuoto improvviso
di ore che sembravano gremite e ora
nel loro lento sfarsi sulla pista
che appare fumigante e nebbiosa

Docile water plant, you exalt
in your mucous-encircled yolk,
An intricate tendril on the pillow
your hairs among mine, principium vitae
I shall lead you far away from life, a grateful
thief who has stolen Mercury's borrowed wings
I shall bring you to winter your crude reasonings
and with the mere growing of my nails
I shall unveil for you enigma's key,
which you pursue aimlessly
when slumbers rob me, you,
and I watch over you wakefully
like a light bulb cross with the day,
You know where to look for me; it's no use to wake me,
The root is further, further down.
The point around which the fullness
turns is the sharpest light where eyes cannot see
dreams.
We shall return in threes
you in twos, arm-in-arm
two bread-giving angels filter through to the other side of the grate.
You abound with what I lack and you are poor. Then
we shall spread our wings on a migratory, southern route.

Flight Notes

I

It's the hour of embarkation. The loudspeaker
invites us to the night's last turn
to ascend again the ridge of the past
noonday zeal
to exchange what hasn't yet been
for what never was
utopia, first bloom
or desert rose
this leap in the sudden void
of hours that seemed loaded and now
in their slow undoing on the runway
which appears steamy and foggy

dietro i vetri
si fanno rade e disperse mentre
si accalcano gli angeli in coda alla lista
d'attesa, l'alfiere biondo del nord
che sbandiera una sua penna iridata
per fuggire la sua pena segreta
l'araldo obliquo del sud che se ride
risplende color Libano di cedro
e s'imbosca al suo desiderio proibito.
Tutti l'altoparlante vinse.
Alzai gli occhi dal libro sulla via
e mi vidi, Partenza, irta di tornanti.

II

Non abbiamo più nemmeno il bagaglio.
Ce l'hanno fuso partendo il piombo delle idee.
Uno scoglio sarebbe. Un inutile frastaglio
della sosta. Leggera sopra i piedi
e mozza rotola la testa. A mezza scala
il vento che non trova impaccio
ci inarca le sottane e ci ubriaca.
O anima diss'io: vuoi svelarti così
fra cielo e terra inerme o illecita
l'ala aperta e retta dell'animus
cedere all'acciaio?
Non era quella una scala di seta
e neppure la mia una domanda
cui potesse rispondersi con un'irridente schiera
in fuga verso l'alto.

III

Dell'allarme pur sempre possibile
ma poco probabile nell'ora
che curva inchina il fianco
a più mitigate speranze di quiete
intendo solo il tremito
di chi mi resta a lato nonostante
anche il sibilo sia poco credibile
così perso in un rigo d'aria sbilenco
e un'alba così finta

behind the windows
make themselves rare and dispersed while
the angels pile up at the end of the standby
line, the blond angel of the north
who waves his radiant feather
to flee his secret pain
the brown angel of the south if he laughs
shines color of cedar of Lebanon
and lies in ambush for my forbidden desire.
The loudspeaker overcame everyone,
Along the way I raised my eyes from my book
and saw myself, Departure, bristling with those returning.

II

We don't even have the baggage anymore.
They've melted it down departing the lead of ideas.
It would've been a cliff. A useless gash
in the pause. The head rolls light
above the feet and lopped off. At midst air
the wind that finds nothing in the way
arches our skirts and makes us drunk.
O anima said I: do you wish to unveil yourself so
between earth and sky defenseless or illicit
the open and straight wing of animus
submitting to steel?
That was no stairway of silk
nor mine a question
which one might answer with a mocking crowd
in flight toward on high.

III

Of the alarm somehow always possible
but little probable in the curved hour
that bends its flank
toward softer hopes of quiet
I understand only the trembling
of who stays nevertheless by my side
even the hissing isn't very credible
so lost in a skewed line of air
and a dawn so false

e flebile da svanire
nel ventre sterile del grifo.
Soltanto il decollo aumenta i nostri battiti.
Volendo, potremmo, volando, toccarci i gomiti.

IV

Ad una ad una affiorano
alle porte appena schiuse
indicando il rigido arcano di dentro
e mimando il testo arguto di una sorte
discretamente evocata frigide
ci educano —dicono —alla rotta
più ardua e innevata.
Bisognerebbe almeno
togliersi le scarpe
prima di scivolare nell'abisso
rendere omaggio alla fusoliera d'argento —voi
che non avete licenza del poi
e inchinarvi davanti ai portelli
ermeticamente chiusi dell'equazione.
Ahi solertissime ostesse
parche custodi del fuso
di quale amara aurora
è predizione
l'avaro ritegno della notte?

V

Se ad alta quota la rete degli animi
si smaglia e a grumi duri e persi
si fa piccina la terra
dove posavamo il piede
degli amori illesi di gioventù
ciò che ora ci serra
non è il cielo che s'avvicina
né una nuvola la cenere
della sigaretta da spegnere
e la cintura intorno alla vita
sempre più stretta per obliare
la turbolenza di una bella età
inaccessibile

that doesn't unfold
in the sterile paunch of the snout.
Only the take-off increases our heartbeats.
Wanting, we might, while flying, to touch elbows.

IV

One by one they appear
at the doors barely open
they indicate the rigid mystery inside
and mimic the subtle text of a fate
evoked discretely frigid
they educate us—they say—to the course
most arduous and icy.
One should at least
take off one's shoes
before slipping into the abyss
rendering homage to the silver fuselage—you
who don't have license for the time to come
should bow before the ports
hermetically sealed by equation.
Alas most diligent hostesses
parsimonious custodians of the spindle
from what bitter sunrise
is prophesied
the stingy reserve of the night?

V

If at high elevation the net of feelings
unravels and in clumps hard and lost
the earth gets smaller
where we rested the foot
of youth's undamaged love
this that clenches
isn't the sky that gets closer
nor a cloud the ashes
of the cigarette to put out
and the belt around the waist
always tighter to forget
the turbulence of an inaccessible
beautiful age

e non s'era neppure avviata
la spia rossa che accende di spifferi
l'attesa improvvisamente afona
nell'aria chiusa dell'aeromobile. Eppure
chi si distende è perduto recita la legge.
Fra terra e cielo è verticale il filo della nuca.

VI

Ora che la posta del gioco è salita alle stelle
il cuore è di pietra e il cielo di carta
e come una forbice in mano alla sarta
si staglia nell'etere l'ala sinistra
temibile orma del volo che accora
mi lascio fendere, mi lascio avvolgere...
Adoro quest'ala che sosta nell'aria sinistra...

VII

Le ore del tempo non son unghie così
da scorciare. Se ne secca l'industria
alla radice. Radica amara di cupa briga
il mio cervello ronza di aspre gestioni.
Di prestazioni. Di vivisezioni.
Partenogénesi prorompono le ombre. Un'ora
dentro l'altra e al diavolo la paternità del Fuso!
Poi ci legammo dentro un vuoto d'aria.
Sotto di noi pioveva un nevischio gentile.
L'uccellaccio planò e alla notte seconda
ci fu da dolce guida il capitano.

VIII

Svuotando il guscio a ritroso della volta
come un agnel che succhia la via lattea
dalla notte di quell'età scontrosa
risorse l'alba dell'ora locale
e fu una pallida eco dell'altra
sommersa nei tempi morti di un tutto pieno
blu acqua e salino.
Ora è perfino vano cercarti o Siderea!
Di notte rimbombi ma di giorno
il sonno mi assale e nulla prosciuga

and it hadn't yet even begun
the red sign that turns on sharp draughts of air
to start the waiting suddenly muted
in the shut air of the aircraft. Nevertheless
who gets up to stretch is lost the law reads.
Between earth and sky the thread of the spine is vertical.

VI

Now that the stakes in the game have risen to the stars
the heart is of rock and the sky of paper
and like scissors in the hand of a tailor
the left wing hacks in the aether
dreaded trace of the piercing flight
I let myself split, I let myself get wound up...
I adore this wing pausing in the sinister air...

VII

The hours of time aren't nails like these
to trim. Business shrivels
to the root. Bitter root of dark trouble
my brain buzzes with harsh administration.
With performances. With vivisections.
Parthenogeneses burst through the hours.
One hour inside another and to the devil the paternity of the Spindle!
Then we're bound up in an air pocket.
Beneath us a gentle snow was falling.
The big bird glided and at the second night
the captain became our sweet guide.

VIII

Emptying the shell backwards against the vault
like a lamb that sucks the milky way
of the night of that irritable age
the dawn of local time came up again
and became a pale echo of the other
submerged in dead hours of a completely full
blue and salty water.
Now it's even vain to search for you o Siderea!
At night you roar but by day
sleep assaults me and nothing devastates

come il sale del sogno diurno.
Gli immortali come te lo sanno
dove spira il rèfolo del volo cieco
e non chiesti ci ridonano
il colpo di coda dell'ora legale.

like the salt of a daydream
immortals like you know it
where the gust of blind flight blusters
and not asked they grant us once more
the tail wind of daylight savings time.

Alfredo Giuliani

Translated by Michael Moore

Poema Chomsky

> Le frasi (1) e (2) sono entrambe dei non sensi, ma
> qualunque parlante inglese riconoscerà che solo la
> prima è grammaticale: (1) colorless green ideas sleep
> furiously. (2) furiously sleep ideas green colorless.
> NOAM CHOMSKY, *Syntactic Structures*

senza colore idee verdi dormono furiosamente
furiosamente dormono idee senza colore verde
senza colore dormono idee furiosamente verdi
furiosamente dormono verdi idee senza colore

supponiamo che il mondo non sia verde bello
o senza da nubi roventi nevi piovono sulfuree
venti veloci abbaglianti inconcepibilmente
nel buio sonno a dirotto solcano senza colore
che dorme la traccia purpurea solare sensazione

mondo è masturbazione di un dio furiosamente
non ridono i verdi coccodrilli senza idee verdi
di squame e denti i pianoforti senza muoiono
colore imitano poeti farnetico dicono d'ombra
furiosamente il cane ride il gatto gatta il cane

idee verdi nel nevischio buio dormono veloci
piovendo dal vento solare la mia furiosamente
verde idea senza colore di lei stare nell'ombra
furiosamente verdi dormono idee senza colore

furiosamente verdi dormono idee senza colore
di lei gelata che il mondo sia bella come pietra
poco giorno al gran cerchio d'ombra s'infiamma
furiosamente verde rovente di nessun colore

se dorme l'idea verde che senza è nella pietra
identica da te nel salto d'ombra sta furiosamente
uccello sospende suoni ghirlanda di gentile verde
cane che aspetta palla al balzo gatta il cane
furiosamente senza colore la mia idea di stare

Chomsky Poem

Sentences (1) and (2) are equally nonsensical, but
any English speaker will recognize that only (1) is
grammatical: (1) colorless green ideas sleep furi-
ously.(2) furiously sleep ideas green colorless.
NOAM CHOMSKY, *Syntactic Structures*

colorless green ideas sleep furiously
furiously sleep green colorless ideas
colorless sleep furiously green ideas
furiously sleep ideas green colorless

let's suppose that the world were not a beautiful green
or without by blazing clouds snows raining sulphurous
swift inconceivably glaring winds
in dark sleep in torrents streak colorless
that the purple trace sleep solar sensation

world is masturbation of a god furiously
green crocodiles never laugh without green ideas
of scales and teeth pianos without die
color poets imitate delirious they say of shade
furiously the dog laughs the cat cats the dog

green ideas in the dark sleet sleep swiftly
raining off the solar wind my furiously
colorless green idea of her stay in the shade
furiously ideas sleep green colorless

furiously ideas sleep green colorless
of her frozen may the world be she beautiful as stone
daybreak in the great circle of shade bursts into flames
furiously blazing green with no color at all

if the green idea sleeps that without is in the same
stone as you in the leap of shade stays furiously
bird hanging sounds garland of gentle green
dog waiting for ball at the bounce cats the dog
furiously colorless my idea to stay

s'ignorano gatta cane merlo nello stesso verde
senza animato è questo cosmo parti d'ombra vive
non l'ho veduta verde né bramata di morto colore
terriccio vomitato idea lombrica in sottoverde
di lei furiosamente dorme verde idea senza colore

non scoccano i ramarri senza pietra verde abbaglio
paura occulti puzzando d'ombra al cerchio d'aria
imposizione grigia commiato d'ogni erba animale
furiosamente dormono idee senza colore verde

furiosamente verdi dormono idee senza colore
tra rosee zampe a becco furiosamente il prato
dorme del verde fuori alato corpo d'acqua pietra
sesso fuso di chi muore a stare in ombra cosa
quando senza colore è tutto l'erba che mi serra
nel liquido verde senza e tanto vivere poco
furiosamente dormono idee verdi di nessun colore

Predilezioni

II

Non c'è rimedio al disordine d'aprile,
scossa di paradiso dei cieli che spurgano
e rovesciano l'inverno nei fossi, dei venti
che s'irradiano asciutti di colpo.

Non c'è rimedio a quei nostri disguidi,
al lezzo delle rose, notturne per la mente
e per l'aria gelose. Amore sempre fiorisce
prima del conoscere, in un buio tremore.

E il rammarico non apre questa porta chiusa,
fa misera la lotta, tradisce solitudine.
L'odore disfatto in scirocco soffoca le sere;
e non c'è onore, né calma, né tregua.

ignoring one another cat dog blackbird in the same green
without animated this cosmos is living parts of shade
I didn't see her green or longed for dead color
vomited soil idea earthworms undergreen
of her furiously sleeps idea green colorless

green lizards don't scurry without green stone I glare
you occult fear reeking of shade in the circle of air
grey burden valediction of every green blade an animal
furiously sleep green colorless ideas

furiously green sleep colorless ideas
between pinkish beaked claws furiously the lawn
sleeps of the green outside winged body of water stone
melted sex of he who dies staying in shade something
when colorless is all the grass that hems me
in the liquid green without and so much living so little
furiously sleep green ideas with no color at all

Predilections

II
There is no cure for the riots of April,
quaking in the heavens in the skies that drain
and dump winter in ditches, in winds
that sweep out and suddenly go dry.

There is no cure for our bad directions,
for the stench of roses, nocturnal in the mind
and jealous in the air. Love always blooms
before you're aware, with a tremor in the dark.

And regrets won't open this bolted door
it sours the fight, strips solitude bare.
The smell thaws into a putrid wind strangling the night
and there is no honor, no calm, no truce.

I giorni meno i giorni

I giorni meno i giorni crescono la provincia
non posso contare ciò che perdo e riperdo
il malore abbassa la testa di vergogna è l'ora
degli alberi d'ogni albero del viola delle erbe
dei fastelli di mani ingioiellate di vene azzurre
le mie mani meno le mie mani è la pausa
tra un amore e l'altro è l'ora degli uccelli
soggiogati d'immagine per l'orizzonte sofferto
è l'ora dell'alito caldo sulla scodella del freddo
i giorni meno i giorni è cattività della terra
non calo il pensiero sul vello di polvere nell'angolo

Once More Unto the Breach

Ancora una volta ancora una volta (ogni anno
sollevo la schiena e guardo fuori dalla finestra)
il tale pazzo o in cima trovo di colpo debole e svilito
dal tetto alla soglia ruzzolo a terra è normale.

Furioso bevendo camomilla mi aggrappo alla ruota
abbagliante fisso i meriti ripeto la formula
è semplice oh rapace debolezza oh vera illusione
l'occhio scodinzola festosamente esagera nel trucco.

La voce tenerissima sospesa all'eco del tuono
ancora una volta ancora una volta nel mondo morente
e nell'altro i calunniatori infestano i corridoi
gettano ombra sulla porta il dio maligno dà e lacera.

Ancora una volta ancora una volta non insisto
su questo punto sbircio da un mondo che le cose
avvengono blandisco fendo una circostanza compatta
i presagi a stormi (si sarebbe sentita volare una mosca).

The Days Minus the Days

The days minus the days raise the boondocks
I cannot count what I lose and lose again
Damnation bows its head in shame equals the hour
of the trees of each tree of the violet of the grass
of the sheaves of hands bejeweled in bluish veins
My hands minus my hands equals the pause
between one love and another equals the hour of the birds
crushed by their image along the agonized horizon
equals the hour of hot breath on the bowl of cold
days minus the days equals the captivity of the earth
I won't lower my thoughts to the fluff of dust in the corner.

Once More Unto the Breach

Once more once more (every year
I get off my back and look out the window)
who either crazy or on top strikes me as weak and defiled
from the roof to the door I tumble to the ground it's normal

Furious sipping a chamomile tea I hug the glaring
wheel I size it up repeating the formula
it's easy oh ravenous weakness oh true illusion
the eye wags gaily exaggerating its makeup

The soft voice left hanging at the echo of thunder
once more once more in the dying world
and in the other slanderers infest the halls
casting shadows on the door the evil god gives and rips away

Once more once more I won't insist
on this point I'll squint from a world that
things happen I cajole I split a solid circumstance
the swarms of foreboding (you could almost hear a fly)

Poetica di Agostino

Agostino dice non c'è uomo
che possa sentire
tutto l'ordine dei secoli.
Il passato è passato,
nessuno lo nega.
Il presente è questo punto
in questo punto che sfugge,
dove memoria e attenzione s'affrettano
verso l'essere assente,
lungo l'attesa.
Chi nella recitazione d'un poema
vorrebbe ascoltare in perpetuo
dice Agostino una sola sillaba?
Un uomo può sentire tutto un poema
dal principio alla fine,
ma non l'ordine dei secoli.
Perché dei secoli siamo fatti parte
a causa della dannazione.
Così dice Agostino,
la dannazione non si è spinta
fino a vietarci la poesia.
In questo punto che sfugge
allungando il futuro,
il poema aspetta di cantare
la sua canzone passata.
Ma che cosa aspettarci dalla poesia
in tempi così dannati?

Canzonetta

Cara cipollina dei miei occhi
acqua in gola bocca di rimorso
hai paura di alitare nel vuoto
spenzoli i tuoi veli bruciati
soffri le tue radici contorte
scemolina che sei hai voglia di morire
guarda che io brucio e piango
quando piovono sole o acqua
sulla pietra rotta dove siedo

Augustine's Poetics

Augustine says that no man
can hear
the whole order of the centuries.
The past is past,
no one would deny.
The present is this moment
in this fleeting moment,
where memory and attention scurry
toward absence,
all while they wait.
Who would listen to a poem
being recited, says Augustine, and
want to perpetually hear a single syllable?
A man can hear a whole poem
from beginning to end,
but not the order of the centuries.
Because we have of the centuries been made a part
due to our damnation.
As Augustine says,
damnation hasn't gone so far
as to prohibit poetry.
At this fleeing moment
that lengthens the future,
the poem is waiting to sing
its song of the past.
But what can we expect from poetry
in such accursed time?

Canzonetta

Dear little onion of my eyes
hush your throat the mouth of remorse
afraid to breathe in the void
you dangle your charred veils
and bear your twisted roots
you're such a dope you want to die
Look I burn and I cry
when sun or water rain down
on this broken rock where I sit

Lascio il dio povero arricchire
gli amici mi amicolano
i nemici si annemicano
i venti mi avventano
gli albergucci mi albergucciano
i vicoli mi svicolano
i cespugli mi cespugliano
i turchini m'inturchinano
i ruscelli mi ruscellano
le fascine mi affascinano
le vacche mi svaccano
le serpi mi serpeggiano
le talpe mi talpeggiano
i topi mi topolano
gli orizzonti mi orizzontano
le nuvole mi annuvolano

Il cielo sta sulle sue palafitte
il pozzo non cala e non cresce
Lascio il dio povero arricchire

La merenda di Rico

Quando montava di guardia il dottor Dement si tuffava con Rico
per un'ora intera nuotavano nei sogni di Rico la notte è la piscina
dei sogni di lì passavano blandamente allo spogliatoio del mattino
che li rivestiva di oro sulle guance se il sole rimpallava alle finestre

sdraiati a loro agio si spagliavano le orecchie di Rico si accendevano
di rosa per la prima volta da tanti anni di congestione depressa
agli angoli della bocca frastagliati si sentiva meno stretto dai parenti
le voci fruganti invadenti sembravano scomparse E dopo cena che cosa avete fatt

Merenda E dopo la merenda La festa era troppo affollata siamo rimasti
a fare il pendolo per ore e ore senza appetito e abbiamo giocato al tautofono
Bene bene mi compiaccio diceva quella volta il dottor Dement a proposito
che cos'è questo suono Ascolti il verso dell'alce il fischio della zebrilla

I let the poor god get rich
I'm befriendolled by friends
antagonized by antagonists
unwound by winds
sheltered by shelters
by-passed by passages
ambushed by bushes
bejeweled by jewels
bestreamed by streams
logged in by logs
cowered by cows
ensnaked by snakes
bemoled by moles
berated by rats
horizontaled by horizons
beclouded by clouds

The sky sits on its stilts
the well doesn't drop or rise
I let the poor god get rich

Ricky Had a Snack

When Dr. Dement started his shift he dove with Ricky
for a whole hour they swam in Ricky's dreams that night is the pool
of dreams then they stepped softly into the locker room of the morning
that dressed them in gold on their cheeks if the sun rebounded off the windows

lounging at their leisure Ricky's ears unraveled turned pink
for the first time after years of congestion depressed
in the sharp corners of his mouth he didn't feel so crushed by his relations
the nosy voices frisking him seemed to be gone And after dinner what did you have

A snack And after the snack The party was too crowded we ended up
swinging for hour after hour with no appetite and we played tautophone
Good good I'm pleased this time said Doctor Dement and by the way
what is this sound listen to the cry of the elk the whistle of the baby zebra

che s'imbosca o lo direbbe il belato della nostra pregiata comune pecora
Non è lo squittio del maiale domandava Rico con gli occhi furbi stirando
il lobo dell'orecchio O il pigolio d'un pulcino fritto Ahah veramente
mi piace molto rispondeva il dottore oggi lei è comunicativo e di buonumore

Stammi bene, topo!

Un topo trappola nel buio, lui o lei topolastra,
subitanea ombra soffice scatta, freme il bidone,
fisso la coda dell'ombra, urto di panico separa
in trappola; in qualche buco recondito scivola
defecando, scommetto. Ciò che destina rosicchia
e salta, esiguo affarino, la visione imprecisa
ti scappa addosso, sfiora l'ombra tra i piedi
una repulsione d'affetto. Ti rannicchi, brancoli,
t'intopisci, preso e lasciato ansimi in tondo,
t'inverni prudente, da mai a sempre intrappolato.
Che topata la vita, eh, topo?

Ebbrezza di placamenti

1

Amore non può parlare
né allontanarsi né approfittare
è amato e sciocco sotto la luna
La terra raggiunta si tranquilla
l'occhio tramonta nel bosco strappato
il corpo più intimo si avvalla

2

Agogna lo sfinimento di consumare l'estro
nella ripetizione del nientetempo
Fiuta la delicata tempesta di feromoni e calze
riconosce la grazia e il tormento
Si rannicchia nel cervello vaporoso
a rammendare la sintesi in delirio

hiding in the woods or would you call it the bleating of our precious common sheep
Isn't it the oinking of a pig asked Ricky with his clever eyes twisting
his earlobe or the peeping of a chick in a frypan AhHa really
I like that a lot answered the doctor today you are communicative and in a very
      good mood

Hang in there, Mouse!

A mouse traps in the dark, he or she mousechick,
sudden soft shadow snaps, the trash can trembles
I stare at the shadow's tail, panic struck splits
in the trap; into some secluded hole it slides
dropping a turd, I bet. It gnaws what it decrees
and jumps, tiny creature, your unclear vision
messes your pants, a rejected affection brushes
the shadow between your feet. You squat, you grope,
you mouse yourself up, you're taken and thrown, to pant in circles,
cautiously you winter, from never to forever trapped.
It's a mousy life, ain't it, mouse!

The Thrill of Appeasements

    1

Love cannot speak or
take its leave or advantage
it is loved and foolish under the moon
The earth becalms the moment you land
the eye sets in the torn-away woods
the most intimate body sinks down

    2

Yearns for the end to the whim consumed
by the repetition of no time now
Sniffs the frail tempest of pheromes and socks
knows the grace and the torment
Huddles in the vaporous brain
to deliriously mend its synthesis

3
Gemina che manca respira a nascondino
il sole è nel pozzo del nostro insieme infinito
da vortici roventi vago specchio di spume
sgrana l'ipotesi d'iperbolico fuoco
l'aria cava frigge luce buia spalanca
è oceano in fiamme e basta l'immagine
ma tu sali alle quote del vento irruvidito
gemi la gentilezza di morire un poco

4
E l'accoglienza di grandi occhi ti sgrana
regala ebbrezza di placamento
slaccia il tuo cuoriciattolo ti nuotano
ascoltano che scrivi abiti quel giro immerso

5
Stagioni foglie
sempre smarrite ritrovate
ma che non torna abbaglia dai rifiuti
ombra da vincoli di luce trattenuta
grazia nessuna
se non il dio frainteso

3
Geminates what's missing breathes hide-and-seek
the sun's in the well of our infinite together
with its scalding whirlpools the fair mirror of foam
scrapes down the hypothesis of hyperbolic fire
the empty air sizzles light dark opens wide
it's an ocean in flames the picture will tell
but you scale the heights to the blistered wind
you moan the kindness of a little dying

4
And the welcome of big eyes popping you out
offering the thrill of appeasement
unlacing your silly little heart they swim you
listening to you write you inhabit the flooded circle

5
Seasons leaves
forever disappearing turning up
but what doesn't return glares back from the trash
shadow off chains of held back light
not a drop of grace
except for maybe the misread god

Milli Graffi

Translated by Jeremy Parzen

Poemetto sulle ombre

(ipotesi)

ombra e segreta
simulazione di segreto nell'ombra vera
incanto e corrugo e capriccio vaghezza
di mistero nella nicchia predisposta
mi invento un simulacro dolce come una carezza

ombra e segreta
ma segreto verace nell'ombra menzognera
di nero fosforo esplode e spande
buio cavillo contundente la luce
e l'annienta e la discute e scande

(analisi)

fiori d'ombra le ombrine
non toccate le bambine

sciadovelle bizzurrine
al muro! al muro!
suonate le trombette fricanti
tintin ananti scomode amanti
verzure frastagliate di ridondelle e risa
sciadovelle morgane
bruciate chitarra oboe e clarino
sul muro di un cimitero marino
screziato scherzo di sole
sul bianco profumo di sale

fiori d'ombra le ombrine
non toccate le bambine

ombra tromba dell'anima ingorda
vociante bucobalena

Poem on Shadows

(hypothesis)

shadow and secret
simulation of secret in the true shadow
enchantment and wrinkle and caprice vagueness
of mystery in the predisposed niche
I invent myself a likeness sweet as a caress

shadow and secret
but veracious secret in the false shadow
of black phosphor explodes and expands
dark quibble bruising the light
and annihilates it and discusses it and scans

(analysis)

flowers of shadow the little shadows
don't touch the baby girls

whimziettes shadovelles
up against the wall! up against the wall!
play the fricant trumpets
tintin lubbers uncomfortable lovers
verdures made jagged with redundelles and laughs
morganic shadovelles
burn guitar oboe and clarion
on the wall of a marine cemetery
speckled prank of sun
on the white fragrance of salt

flowers of shadow the little shadows
don't touch the baby girls

shadow horn of the greedy soul
bellowing whale-hole

annaffiato di ardente livore
trabocchi sull'ombre amiche e nemiche
rimbombo ingolfante sempre troppo vicino
ombra tromba nel caffèlatte
nel risotto e nel bicchiere
nella giara e nel podere
nell'orto e lo scrittoio

          fiori d'ombra le ombrine
          non toccate le bambine

ombretta accigliata
liricadente palpebra gialla
aurora d'ombra versante sul labbro
increspato non ancora pensato pensiero
ma preciso all'intento
già manifesto e molesto
di essere e fare dire e disporre
assurgere e correre
intensamente colore dentro al colore
giallo nel giallo e giallo corruccio

   (esperienza)

rete che rode dal fondo e raschia
l'erba fine della sensibile gloria di luce
ombra a ripetizione ombra di precisione

esempio A
il dentellante crampo morde negli occhi
anche i capelli acquistano una positura
allarmante che cosa ha quella ragazza?
un'ascesi rovesciata che rincula verso la luce
portando ombra tra persona e persona

esempio B
la verbicola compulsione allignante
nella superbia dell'io voglio
sgratta il midollo del segreto bambino
il riso cigola sui denti assetati
di latte attento ti fa male al pancino

watered with ardent bile
you overflow on friend and enemy shadows
engulfing rumble always too near
shadow horn in the café au lait
in the rice and in the glass
in the jar and in the field
in the garden and in the desk

       flowers of shadow the little shadows
       don't touch the baby girls

frowning little shadow
lyric-fall yellow eyelid
dawn of shadow pouring on the wrinkled
lip thought not yet thought of
but precise in intent
already manifested and molested
with being and doing saying and disposing
rising and intensely
running color inside of the color
yellow in the yellow and yellow anger

    (experience)

net that gnaws from the bottom and scrapes
the fine grass of the sensitive glory of light
repeating shadow shadow of precision

example A
the indenting cramp bites in the eyes
even the hair acquires an alarming
posture what's wrong with that girl?
an overturned asceticism that recoils toward the light
carrying shadow in between person and person

example B
the wordicula thriving compulsion
in the pride of 'I want'
scratches the marrow of the baby secret
the rice grates on the teeth that are thirsty
for milk careful it's bad for your tummy

esempio c
imperversa la linea chiara com'è amara
tutta questa luce dentro l'ombra

(metodo)

Cryoptile huminescent, qui sorbe
comme une loutte-loutte siculeuse,
attarge le sience baroquette
et croustement t'enchouffre dans la sybelle
brotesque brozè et blétolement agrè.

Sampecious drike gluetting moors and toors,
lubiscently hartling the scork,
and in a limpar trall out of a trobey
dozimate a sunspire of sheem
chike and cheel a litulistic krite.

Chiosside abrosa che transicoli
nell'umare calsciche e enta invernisci
crallemente tubitosa, fluttile taginna,
fantasta la lievole crispa cestuosa e imbolle,
accrodato varo dell'impescente drunda.

(conclusione)

non spegnete il chiaro ombra

La notte dell'uovo

nell'oscillometro delle mie parche
finanze poetiche in disuso

il f o n d o raschia
sabbia senza tregua
è marmo è animale è nulla
non trapassa in infinito
vive uovo tenta

example c
the clear line storms how bitter it is
all this light inside the shadow

    (method)

Cryoptile huminescent, qui sorbe
comme une loutte-loutte siculeuse
attarge le sience baroquette
et croustement t'enchouffre dans la sybelle
brotesque brozè et blétolement agrè.

Sampecious drike gluetting moors and toors,
lubiscently hartling the scork,
and in a limpar trall out of a trobey
dozimate a sunspire of sheem
chike and cheel a litulistic krite.

Chiosside abrosa che transicoli
nell'umare calsciche e enta invernisci
crallemente tubitosa, fluttile taginna,
fantasta la lievole crispa cestuosa e imbolle,
accrodato varo dell'impescente drunda.

    (conclusion)

don't extinguish the clearness shadow

The Night of the Egg

    in the oscillometer of my frugal
      poetic finances out of use

          the b o t t o m scrapes
      sand without end
   it's animal it's marble it's nothing
    it doesn't pass away into infinity
          it lives egg tries

un impensabile sorriso sul rigo della meraviglia
nebbia sul bianco
dubbio e sospetto
cambio e converto

devota ilarità nel dire
neniàrve palulule

pallidoformi
muovono alte

nelle caute permissioni
discendono antiche perplessità

liscio che non l'aggrappi
se il manico della domanda
ti fa parete
cosa mai si può chiedere
si intende che si tiene
casually nella sua essenza
ovunque si appoggino all'intorno
le sorti pervicaci del battito della parola

ma vedi come se la coltivano bene
in tutte le ore genti e posizioni
generosi avari di un fuori-dentro
depulsionato grinzoso
in modulato saltello claudio
corre la pista è logico pensiero

qui dunque e invece
caso repentino
cullato nella distrazione di una notte d'orologio
levato lievitato al dosso
della morbida mobile terra la protegge
piace a se stesso
in bella mostra
fragile film opaco

an unthinkable smile along the lines of wonder
                fog on the white
                        doubt and suspicion
            change and convert

cheerfully devoted in saying
                        singsongarvae fehawkowls

                    pallid-forms
                move high

                in cautiously given permission
                ancient perplexities descend

            s o p o l i s h e d t h a t y o u c a n ' t c a t c h i t
            if the handle of the question
            becomes your wall
            what on earth can you ask
            it's understood that it's to be kept
            casually in its essence
            wherever around it the obstinate destiny
            of the word's throbbing may lean

            but do you see how well they cultivate it
            in all hours peoples and positions
            the generous the stingy from an inside-out
            dethrobbed crumpled
            in a modulated limpan hop
            run the track it's a logical thought

    thus here instead
suddenly a case
        c r a d l e d i n t h e d i s t r a c t i o n of a clock-night
lifted leavened off the back
    of the hard mobile earth protects it
                        it likes itself
in full display
    fragile opaque film

unico avamposto
  tiene il dentro che l'accende
lo inanella fuoco un lampo
  a grappoli i tentacoli
ingordi scorridori della verbo voco vista
  tra vortici arabeschi
di agrelle gioizioni
  fruttiferi baratti

                         s i   d à

barocco corpo gioco e broglio
rotti i rigori meditativi
lì lì per nascere
che non si sappia mai
  t u t t a   l a   p i e n a   m a t u r i t à

Le proposte del laburista onirico

  a Sergio Finzi

Si proceda compatti. Ah, ma non avete idea
di quanto sia grandiosa
questa rotazione e questa catena
e tanto più colpisce
quanto più si approfondisce
lo sfruttamento sul giunto.

Facciamo calare le serie due e più
            per l'embricatura:

ciliegie ciliegie e ciliegie da immorsare
il padre siderurgico da trafilare
la gita sul lago trascesa in ossidazione
e la paura del cavallo come
fossile longevo

            ma anche viceversa
coltivazione a lunghe trance di giraffe spiegazzate
estrazione meccanica del bagnante in piscina

unique outpost
  holds the inside that lights it
flash fire curls it
  the tentacles in clumps
greedy raiders of the verb voice view
  between arabesque whirls
of sourettes joytions
  fruitful barters

        p r e s e n t s   i t s e l f   a s

baroque body game and fraud
the meditative rigors broken
just about to be born
may full maturity
n e v e r   b e   k n o w n

The Oneiric Labourite's Proposals

for Sergio Finzi

Proceed compacted. Ah, but you have no idea
how grandiose this
rotation is and this chain
and the more it strikes
the more deep becomes
the exploitation on the joint.

Let's lower the division to second or even more
            for the imbrication:

cherries cherries and cherries to place in the anvil
the iron and steel father to be made slender like wire
the outing to the lake transcended by oxidation
and the fear of the horse as
long-lived fossil

            but vice versa as well
cultivation in long shears of crumpled giraffes
mechanical extraction of the bather in the pool

              e per tranciare ancor più fitto

cristalli in chioderia
e per vinavil champagne

Ora facciamo dipartire i fili di raccordo
in più direzioni
e poi convergere nelle stesse
e altre direzioni:

succede che
        se appronti
un modello di legno del vuoto
                del cavallo

    e lo otturi
        con cenere e sale marino
    e se mantieni lo   scrigno
        in sobbollimento moderato
    ottieni due ruote cilindriche
    di ben connesse dentature
    che girano insieme e in sensi contrari

Perché vedi la teoria degli ingranaggi
consiste per lo più

in stazioni di manovra visive

      ti faccio avveduto su alcuni espedienti
      in questo lavoro non ci sono alternative
      non c'è posto per scelte di opposizione
      le cose sono sempre equivalenti

        vale a dire che se vuoi dire

o oppure o

finirai in realtà per convenire

      che si tratta di una e:

and for shearing even more dense

crystals in the nailery
instead of vinavil champagne

Now let's make the connecting wires depart
in several directions
and then converge in the same ones
and other directions:

it follows that
        if you prepare
            a wood model of the emptiness
                of the horse
        and you give it a filling
                made of ash and sea salt
        and if you keep the jewel case
            at a moderate simmer
        you obtain two cylindrical wheels
        with well-connected gears
        that turn together and in opposite directions

Because you see the theory of gears
consists for the most part
in maneuvering stations of visuality

        I'll make you wise to some expedients
        in this line of work there are no alternatives
        there's no place for choices of opposition
        things are always equivalent

    that means that if you mean to say

            or or else or

you'll end up in reality agreeing

    that it's a matter of and:

o Juve o barca a vela

senti come suona meglio

e Juve e barca a vela

ascolta infine le cadenze rovesciate
di questi punti di fusione

prima la liquidazione

    e poi l'assunzione

prima l'assunzione

    e poi il periodo di prova

prima il periodo di prova

    e poi la liquidazione

prima la liquidazione

    e poi

        facciamo l'amore

seri e accaniti
come *professional* ciclisti.

Either Juve or sailboat*
listen to how much better it sounds
both Juve and sailboat

Listen lastly to the overturned cadences
of these points of fusion

first liquidation
and then employment
first employment
and then the trial period
first the trial period
and then liquidation
first liquidation
and then
let's make love

**seriously and relentlessly
like *professional* bicyclists.**

* "Juve!" (pronounced 'yu—vey') is the cheer of the Italian soccer club, Juventus, owned by Fiat magnate Gianni Agnelli (1921–), (in)famous for his glamorous lifestyle and his yachting escapades.

Franco Loi

Translated by Hermann W. Haller

da *Stròlegh*

v

Diòspirus cachi sü büttér de nev,
'me pomm d'aranz ch'un'aria de penser
vedra j a penzula al nevurasch di tecc,
e i pess durâ de Cina disen plàgass
nel tòrbed de la vasca presuné,
e 'l Bobi, negher bòtul, can schifus
che lecca merda e va, cume quj orb
che passen 'rent a tí cul frecc di mort,
e, de lifrun, la bissa scudelera
la cerca, nel raspà che fa la tèra,
i fiur del paradis, l'urtensia, i spûs,
che lívren fâ d'argent al brüsch de l'üga
lungh a la müra inamurâ del sû,
e Meri, urizunt fâ de tristessa,
sciura di can, tusetta che del ciel
gelusa te sgarràvet la s'genada
di stell de sass süj cachi slünascent,
    tí, Meri,
d'una serva sgravaggiada
passer de scund, vestina ch'aj cancell,
cuj öcc de sû, tra i glícin la slisava,
e l'umbra del giardin pareva lé,
    niascín,
che dai ramas'g te s'inveggiava
trí méter fâ de níul, culmègn penser,
la frunt che, nel sugnàss, la smentegava
i ciam, el rosc di fjö süj strâ de nev,
    Meri di fiur,
maestra de bardassa,
arlía d'amur, ch'al curr di desdòtt ann,
cuj tò silensi e la sapiensa ghiba,
d'un tumb, ansius murí, te ghé lassâ,
nüm fàtuv, nüm strìgozz, strafúj 'me tí,
che sül catràm luntan d'una quaj strada
el ciel l'era un linsö de névur fint.

248

from *Stròlegh*

Persimmons, the fruits of God on snowy butter bread,
like orange apples which a glazed air of thoughts
dangles in the cloud crashing over the roofs,
and the golden China fish talk bullshit with each other,
imprisoned as they are in a dirt dark water pool,
and black cur Bobi, that sordid
shit licking dog who trots by you like the blind
spreading chills of death,
and sneakily, the lazed out armored turtle,
scratching the earth, is looking
for paradise flowers, hortensias, and the silver of dragon-flies
that beat their wings in the glimmer of grapes
along the wall, in love with the sun,
and Meri, an horizon of sadness,
the lady of the dogs, you jealous little girl who from the sky
used to steal the january frost
of stoney stars on moonlit persimmons,
         you, Meri,
unloaded of a maid,
a sparrow you better hide, a pretty little dress
gliding down at the gate among wisteria with sun-filled eyes,
and the garden's shadow seemed like her,
         little nesting bird,
that you could see grow old on frostly glasses,
three meters made of clouds, thoughts of roof ridges,
the ageing forehead which in dreaming forgot
the calls, the flocking of the kids on snowy
         Meri of the flowers,
mistress of the young hoodlum,
love vision, who at eighteen,
filled with silence and chilly foresight
left us, with a sudden, ruinous, anxious death,
us vain and haughty, wretched, fucked up like you,
us on the distant tar of a road
when the sky had turned into a sheet of phony clouds.

XV

Uh Diu, mia falivéra, ipucrisia del mund,
                            te 'l giüri,
mí g'û credü, û cercâ, pruâ,
û ravanâ nel ciel e al venter scund,
ma 'l mör del gran piasè, quèla felicitâ,
vialter sî là che spetta e fí 'n gran piang...
Tí, crus del legn che sa, imensitâ,
l'umbría mia che camina, e l'è de piumb,
la va da l'arba a sera cum'un pabiòcch tegasc
che tasta d'aria j àrbur, i cujumb s'giunf,
e cerca, nel smergèss d'un badalücch,
una limòsna, un chi-me-varda, un ghell d'amur,
un spers strettaj che 'l bel Diu di tucch
l'à smentegâ ne la caverna, un fiur
de quel respir d'ebriusa eternitâ,
quèla zibiera ch'al ciel, mí, cum'un sciur,
me feva alà cul cör despecenâ.

da *Secundum Lüna*

XXXV

Sí, un dí, quajvün dumandarà: perchè?
E mí: perchè, perchè a tí, dulur eterna?
E nient pudarú dí, che un gran spiasè
me farà stà 'me l'aqujla nel verna
che per la famm la massa e, sü nel cel,
la vula e, a l'ala granda, la se sterna
e per amur la rostra i sò fradel,
ma aj croz la se cuvaccia e, sulitaria,
la piang, la se despera e, là, nel gel,
la sculta quel fis'cià de mort ne l'aria
e pensa che sa no respund perchè.

XV

Oh God, my little flickering flame, the world's hypocrisy,
                              you must believe me,
I did believe, did search and try,
I rummaged in the sky and hidden bellies,
yet dying from great pleasure, happiness,
you are all there still, and all you do is grieve,
You, wooden cross of knowledge, immensity,
my shadow, made of lead,
walking from dawn to dusk like squeezed peasants' pulp,
touching the trees like air, the feisty pigeons,
searching, among the noise, mess and confusion,
for an almond, a "who's looking at me?," a dime of love,
a little lost rag which the good Lord of the touched-in-the mind
forgot in the cave, a flower
of that breath of inebriating eternity,
that flock of lark that made me spread my wings into the sky, like a gentleman
with a ruffled heart.

from *Secundum Lüna*

XXXV

One day, yes, someone will ask: but why?
And I: why, why you, eternal pain?
And I won't have anything to say, for a great sorrow
will make me stay like an eagle in winter,
that kills for hunger and flies way up into the sky,
its wings spread large, its sternum raised,
to beak its kin with love,
but crouches down beneath the rocks, alone,
weeps in despair, there, in the ice,
and listens to death's rattle in the air,
thinking that he can't answer why.

da *L'aria*

Oh quanta gent

Oh quanta gent che morta sü 'na strada
la storia l'è passada sensa véd,
quèl ref de la speransa generusa
che l'umbra mia de mì sia pü de lé,
oh quanta gent che morta sü 'na strada
par che la spetta e la spetta pü,
e passa l'aria e la curr luntan
due che la gent s'insogna che la vita
se tegn scundüda, e che la turnarà.

Puèta

Puèta, disen, d'òmm inamurâ,
puèta, disen, a chi piang la sera
e la matina s'alsa desperâ.
Ma anca al legriusà se dis puèta,
a chi sa ben parlà, bev e magnà,
e a quèl che canta i donn, e amô puèta
disen la giuentü che sa encantâss.
Ma quèj che fan murì cun la puesia
ligada sü, ciavada, e fan negà
nel liber de la vita... Avemaria!
În no puèta, în no òmm de lüstrà.
Je ciàmen massa e ciau, e cusì sia.

da *Sogn d'attur*

XXV

G'û denter mí de mí la mia vergogna,
camini da 'na gesa aj câ che céd...
În aqur? bumb? strabucâss de fogna
o l'è 'sta lienda de Milan che streng?
Oh banch de màrmur, strâ spurch fâ de marogna,

from *L'Aria*

Oh How Many People

Oh how many people have died on a road
with history going past without seeing them,
with a thread of generous hope
that my own shadow is larger than the next,
oh how many people have died on a road
and it seems they're waiting, yet they wait no more,
while the wind passes and runs far
to where people dream that life
is hiding, that it will return.

Poet

Poet they call the man in love,
poet they call the one who weeps at night
and in the morning rises in despair.
Yet also those who frolick they call poets,
those who fathom speech, love wine and food,
who sing of women, and also they call poet
youth which can be mesmerized.
But those who kill with their poems
tied up and locked, those who drown you
in life's book, to hell with them!
They are no poets, they are no men to cherish.
They're but a crowd, and shove it, so be it.

from *Actor's Dream*

XXV

I have inside of me of mine my shame,
I walk from a church to sinking houses...
Are they water? bombs? overflowing sewers
or is it Milan's spleen that chokes you?
Oh marble benches, dirty pebbled roads,

cel de Navilli che nel piöv se speng,
sí, mí spasseggi, ve vöri ben, m'intròja
'sti fà dané cuj grattacel del feng...
E g'û i sarpent, me ciappa 'me 'na ròja...
Vu tra i gajn, i Vov, la Coca, i gent,
i spriss de neon che fan vegní la bòja
de dàss a l'orba cun tütt i safurment...
Uhi, che te vegna! Di mort gh'è la 'bundansa...
'sti robacör, ch'j siga, e via cul vent!...
te passa 'rent la crus de l'ambulansa...
quj dü che piang, e quèl che ne la ment
g'à 'me 'n dulur che cerca la speransa
ma l'è de legn, e 'm' un scriccà se sent...
E piöv, slümàga el cel che se scartògna
sü San Lurenz, la Vedra, i câ crament...
tí, Vedra rasa d'erba che s'inrògna
ai trist mattun d'i turr del Cunfurtori
e due la sira cala i úmber... Sogna
l'ingúmber de la Cüpula... Balori?
Sú no se 'l sia 'l sugnà... I erb che g'àn frecc...
L'è tèra Picardía, traas de memori,
e i òmen tíren via, che al mür i vecc
per quèl dundà antígh san de murtori...
Dané! dané! dané! Mort ai urècc!
Giò, giò 'sti ges! 'sti câ! 'sti uratori!
Milan la fèm de banca e de giüstissia,
e cavarèm quaj benedíss da i ori...
E smolla 'l cü! e s'cioppa l'avarissia!
Tirarèm sü 'na Milan pü franca,
cui munüment ai ciall e a la malissia,
e sota tèra scundarèm la barca
di vuncissún, i sacòcc-büs, i diànzen,
i stramb, i minurâ, e quèj che marca
la sua giurnada, e i menarost che vànzen...
Che bel Milan! che metrupulitana!
I facc, fâ de peliccia e de rumànzen,
i sciur, i delinquent, 'na quaj püciàna,
tri mezz artista e quèj che s'induína
che g'àn la bursa pièna, e 'na gulàna
de serv, de leccapé, ratt de cantina...

Navigli sky, vanishing in the rain,
yes, I walk, I love you, I pig out
on making money with fantasy skyscrapers...
And I am sick, I feel like throwing up...
I walk among the hens, the Vov,* Coke and folks,
the neon spurts that make you want
to bark, to throw yourself in the dark with all your crap...
Ah, to hell with you, there's plenty of dead...
those heartbreakers, always screaming and always gone with wind!...
The Red Cross van rushes by you...
those two who cry, and that one whose mind
feels a pain searching for hope
when it's wood, you hear something like a squeaking...
It's raining, the sky is wet and slimy like a snail
unfolding on San Lorenzo, Vetra square, the awful sacred houses...
you, Vetra square, grazed with scabies grass
down to the sad stones of Confortorio tower
and where the night glides down its shadows...Is
the cumbersome Dome...uproar of children?
I don't know what dreaming means...Grass that feels the cold...
It's the land of hanged, garbage of memory,
and people hurry off, the old
with their old rocking of theirs taste like a funeral...
Money! money! money! Death to the ears!
Down, down with those churches! those houses! those cloisters!
Milan will be made of banks, courthouses,
we will profit from those jewels...
Calm down your ass! let your greed go down the drain!!
We'll make Milan a sturdier town,
with monuments to gossip and to malice,
we'll bury the boat
of the filthy, the hole-filled pockets, the devilish scum,
the weirdos and disabled, and those who stamp
their work-day, and those fat riff raffs...
What a beautiful Milan! what a subway!
Faces, made of fur coats and of novels,
gentlemen, criminals, some prostitutes,
three half-assed artists and those you guess
have their pockets full, and a reef
of servants, footlickers, cellar rats...

* Egg marsala.

'Dèss ciappi l'Ulmètt, la via di Piatti,
pö schivi San Sepúlcher e, a la mancina,
poggi a la Bursa, due se fan i fatti...
Uhi, àsen mort, té capî la süppa?...
E quèl del tram! chí la va de matti!

da *L'angel*

VI

"Te sé segür?" "Se te disi che par, di ser,
de vèss al cine.." "Ma.. biott?" "Biott.." "E de quand?"
Che sera sensa lüna, in via Martini:
la villa scüra e 'verta la fenestra..
"Vah, sü la müra el Topo.." "Brütt bastard.."
"Finìss che la vegn no.." e par un sogna
el cachi, el prefüm di tilli, del müghètt,
i facc de fögh, e là, due che'l bricòcch
se perd dré del scirés e la veranda
del Luciano svapura i sces, l'inora
quèl snegràss che l'è la sera del giardìn,
là, tra la nostra e la villa di mònegh,
sü la müra a recâm del temp de guèra,
gh'è la banda del Zonca, el Mario Ferro,
e Giorgio, Alvaro, i fradelìn Lungun..
"Se fan?" "Sté vö che fan? Se fan di segh!"
E la nott nera la va tra i rös slavadegh
e l'erga canadesa, i grund lassü,
e fina i pappatas rùnzen inturna
e j öcc di fjö, l'indurmentàss di fiur,
quj cinq che pend 'me zücch da la fenestra
e quèla stansa, vöja nel prefüm..
"E 'lura? Sé la fa?" "L'è dumâ vöna?"
"Mì me par lunga.." "Cittu!" Carnesina
'na sottoveste se sfira ne la lüs.
Un gran silensi. A la bas'giur l'è l'aria
a möv i brasc, quèl spettenàss de ner,
e ne l'uscürità la dansa bianca
e quj tendin, 'me nìvur che se arsa
i spall de fonna tra i cavèj de ciel..

I now walk into Olmetto Street, Via dei Piatti,
avoid San Sepolcro, and on my left
walk toward the Stock Exchange, where they mean business...
Ah, donkey head, did you get the drift...
And that guy in the street car! here all is really great!

from *Angel*

VI

"You're sure?" "I'm telling you, some nights
I feel like being at the movies..." "But...naked?" "Naked" "And since when?"
What moonless night in via Martini,
the dark house with an open window...
"Look there on the wall, a Mouse..." "Ugly bastard."
"In the end she won't show up..." persimmons, the scent
of linden, lilies of the valley, they're like a dream,
the fiery faces, and there, where the apricot tree
vanishes behind the cherry tree, and the glare on
Luciano's terrace blinds the row of bushes,
gilding the blackening of the garden at night,
there, between our villa and the nuns',
on the walls embroidered back in wartime
is the gang of Zonca, Mario Ferro,
George, Alvaro, and the little Longoni brothers...
"What are they doing?" "What do you think they're doing?" "They're jacking off!"
And the dark night goes forward among wild roses,
Canadian ivy, and eaves down there,
and even the gnats buzz around
and the boys' eyes, flowers falling asleep,
and them five pumpkins dangling from the window,
and that room, empty but for fragrance...
"And so? What is she doing?" "Is she alone?"
"It's taking a long time." "Quiet!" A flesh-colored
slip passes through the light.
Deep silence. By the lampshade the air
moves her arms, her black undoing hair,
the white dance in the dark,
and those curtains, like clouds the woman's
shoulders rise among heaven's hair....

"La mònega?" "Nuvissia.." "Diu!.. La se volta.."
e nel duls cör de magg, biàncur 'me lüna,
i dò tettìn în un suspir de lé.
"Té 'ist?" "Û 'ist.." "Madona..". Dulsa
nel möess se smorsa la fenestra,
un gatt el scappa, luntan se sent un tram.

da *Liber*

5

Tra quj clanclan de semper e quj vestî
che pien de corp van due la sera cala,
û purtâ in gir la vöja del patì
e la malincunia, 'na brütta mala
che m'à ciapâ 'na sera che dinans
me sun truâ d'una vedrina d'ala,
tra quj buttêgh de lüs, quj tram d'arans
e quj semafur che fan cés el vent,
una vedrina che seri mì dinans
a quatter mass de cart e un mujment
de pipp e de bucchin e tocch de spâgh...
Mi seri lì e me pareva sent
la vûs sensa speransa d'un imbriâgh.
E gh'eren lì i cart, e la mia vita
l'era lì ferma e, a imbrujâgh,
gh'era 'me 'l spegg de mì e de la vita.
Vurevi mì vultàm e turnà a andà,
ma me tegniva el scür de la vedrina...
E chi l'è pö la vûs? un mè ciamà?
Sun restâ lì cuj öcc che me vardava
e me sun pers per semper nel vardà.

27

Mì mai avrìa credü che tì per piang
te me ciamàsset mì nel temp che scüra,
in due ch'j òmm se rüzen sensa pas
e gh'è quèl vöj ch'a nüm ghe fa paüra...
Ma mai avrìa credü che tì a piang
t'avrìsset mì lassâ ne la sventüra.

"Is it the nun?" "The novice." "God! She's turning around..."
And in the soft heart of May, snow-white like the moon,
the two small titties are but a sigh of hers.
"Did you see it?" "I did..." "Spantastic!..." With a gentle
move the window fades,
a cat hurries off, a rattling tram afar.

from *Liber*

    5
Among that noise eternal and those clothes
which filled with flesh go toward the setting sun,
I carried around my lust for anguish
and melancholy, an ugly ill,
which grabbed me one night
while standing at a corner before a window,
among those lit-up shops, those orange-colored trams,
and traffic lights that ignite the wind,
I stood in front of a window
with four decks of cards and a commotion
of pipes, cigarette holders, and cut-up strings...
There I was and there I thought I heard
a hopeless drunken voice.
There were the cards, my life
was there, still, and to trick us
there was something like a mirror of me and my life.
I wanted to turn around, begin to walk,
but the window's dark held me back...
And whose voice is that? my own that calls?
I remained there with eyes staring at me,
and I got lost forever in that gaze.

    27
I never would have thought that you, to cry,
would call me in the darkening hour,
when people push each other relentlessly,
when there's that emptiness that gives us fright...
But never did I think that you, to cry,
would leave me in such dire straights.

Gh'eren di prèj e àrbur, giò nel vent,
la rèna secca l'andava vers el mar
e i crust di animaj e i ciam e i sent
eren despers in spiaggia d'aria ciar.
Me vegnü 'n brivid. Û vardâ luntan.
Ma 'l spassi l'era mort, e udur de sar
turnava vers de mì, quan' vedi un can
che guaja lungh el mar cun la paüra.
Oh tì, che sul e vöj te mé lassâ,
e un vent par che la vita porta via,
mì sunt un nient ne l'aria, e û ciamâ,
ma vègnen pü quj vûs... Chi l'è che pia?
E a tèra me tegnivi cunt i man,
e den' de mì pregavi 'na busia.

59   *a Vanni*
Ghevum poca scelta, sun d'ecord cun tì,
e, enfin, fra tanta carna al fögh, besogna
ben decìdess: "Cun chi stèm? Cun lur? Cun mì?
O, ne l'andàna de la vergogna,
un pù cun lur e un pù de là, 'me mèna
la pulìtega di fürb e di brangògna?"
Oh se te capìssi! Fà la balia pèna
per dàgh manera al Currad de curr adré
ai tusann del muviment in pièna,
dal Cub al Cip, al Cub, e, marsc'indré,
da la Statal a brascètt per la piassa,
ne la revulüssiun de carta, de cü a l'indré,
de ciciarad, nott in bianch, drink e buassa...
Spustâ, strambâ, òm piegâ ne la s'cèna,
fin del drugâ t'àn dâ, 'sti brüta rassa
de cü piatt, cumpagn per 'na nott, lendèna,
'sti vagabund treccun de appartàment
de l'olta burghesia, cun la pièna
de la strategia vegnü giò de Trent,
de Pisa a Milan per crèss la malattia:
chi per fà el Marat, cun la camisa al vent
ma fina, de batista, chi per via
che l'era de passagg, sensa familia,

There were stones and trees, down in the breeze,
with dry sand moving toward the sea,
and animal crusts, calls and roars
were scattered on the clear air of the shore.
A shiver took me. I looked afar.
But the place was dead, the salty fragrance
came to me, when I saw a dog
howling with fright along the sea.
Oh you who left but emptiness for me,
with a wind that seems to take my life away,
I am a piece of nothing in the air, and I have called,
but those voices return no more...Who'se whining then?
And I held on to earth with my two hands,
and inside me I hoped for a lie

59   *for Vanni*

We had little choice, I do agree with you,
and then, biting off all that we can chew, one must
decide: "With whom do we side? With them? With me?
Or, with that shameful practice,
a bit with them and a bit with those others there, as suggest
the ways of the wily and the profiteers?"
How well I understand you! All that wet-nursing
to help Corrado run after
those politicking girls in heat,
from Cub to Cip, to Cup and turning back
from school, hand in hand across the Piazza,
toying with the revolution of backward asses,
of endless speeches, of sleepless nights, of drinks and dung...
They've called you displaced, a weirdo, a bent back,
even drug addict, that ugly
flat-assed pack, one-night stands and hippies,
those vagrant racketeers
of high class dens,
coming from Trent with smart fucking strategies,
and from Pisa to Milan, to make the problem worse:
some just to play Marat, their fine
cambric shirts fluttering in the wind, and some
just passing by, without family,

in due stà o andà, 'na ferruvia
propi 'me tì, d'imbriagh, mariacanilia
sensa cuntratt, pleiboi, hascisc, mercant
de lìber, stori de clorofilla,
cun trì squinterna in tüta d'ignurant...
Dumâ che tì té tentâ de sculdàss,
truàss un post, giütà... Oh fiuravant,
te lé gnamô capida de sveliàss!
"O la guèra o la pas" te diseva
la cusciensa de class, "...ma no sparàss
'sti segh de malfamâ!", e te piaseva
giügà cuj fjö, tirà sü la curnetta
del telefono, légg, e, se piuéva,
pensà la gent de Milan, la caretta
del tram, el madunà di òmm del laurà...
Che malincunia, che uperetta:
la taverna de Trentu, el bév, l'andà
ciucch per i strâd, vantàss di bumb, sugnàss
de vèss denter la storia, e bastemà
"sèm denter fin al coll..." e pö sveliàss,
denter nient, iròj di bumb di alter,
uregiatt de la revulüssiun, e pö truàss
sul, vagabund, cun l'amar de l'alter
ch'èm tradî, de l'òmm che serum prima,
e recatâ, sensa storia, e spaventàss.

without a place to stay or go to, a Caravan,
just like you, of drunkards, prima donnas
without contract, playboys, hashish, book
dealers, chlorophyl tales,
with three cracked up in ignorants' overalls...
Except that you did try to warm up,
find a job, to help...Oh how naive,
you haven't understood—wake up!
"War or peace," class
conscience told you, "...but please don't jerk off
like those no good bastards!" and you liked
to play with the kids, lift the receiver
off the phone, read, and if it rained,
to think of people in Milan, of wrecked trams cars
and cursing working folks...
How sad, and what a comedy:
the tavern of Trent, the booze, walking
drunk in the streets, boasting of bombs, dreaming
of being part of history, and shouting
"we're up to our necks...", then waking up
inside the nothing, heroes of others' bombs,
dabblers in revolution, and then finding that we are
alone, tramps, with the bitter taste of those
we betrayed, of the men we used to be,
and blackmailed, without history, fearing all.

Angelo Lumelli

Translated by Richard Collins

oh voi dormienti angeli

4.1

nel tratto che intercorre non è il fine che fa ordine né vegliare né dormire
è possibile o muoversi fatato in essere o piegato in due è un interno inutile
è quello sciame di suono e polveri manca una parete in quella casa sul
pavimento c'è una scarpetta rovesciata né uno né tanto è l'essere solo e
complesso è il vento tra conifere ma bello di nuovo è il fuori di ogni cosa
oh generalmente o subito io o unito e lontano come è lontana la luna e
l'argento così fossi punito necessario è oscurare da vicino singolo è il tempo
del particolare una morbida belva l'accaduto o quelle flottiglie di pesci
che ti toccano il fard di quegli occhi tra corni di luna eu quereria o la
corona dei fatti o quella buca diamantata para ser o para recusar nel denso
chiamare me veridico se rende veri la domanda ma testa dell'angelo
dormiente in quel limbo così che messi fuori o come scapoli o nel neutro
accadere un'altra cosa è la pace sociale o l'essere per cui fu tolto
quell'ingombro di occupanti i poveri fanno le pulizie di pasqua teneri
discorsi come punte di dita oh lacerata retina come lacerarsi è guardare io
ti chiamo ma dappertutto è chiamare o chi tornò dalle madri non sue le
uniche possibili perdonate voi arcobaleni alte palme nella luce incrollabile
nei ricoveri dell'intimo piccole ciotole e preghiere.

4.2

né chiede seguito né l'appoggio dei poveri né più crudele è il deperire
mirabile che collega il paesaggio nell'imbrunire si spegne tutto il singolo
in quella massa anche i cereali che splendono sensibili al riverbero sto
sulla soglia e il chi va là se l'essere trama ancora meglio dove lancia un
fischio il distinto è fuori mente o introdotto in fatti solidali o in coppia o
diversa è l'accensione del folle topazio un posto vuoto è il raggiunto ma
mandami piacere in punta di dita iris è il fiore più profondo colpevole è la
sosta di domanda o il viola e quella tenebra che luccica o le madri di allora
c'è buio nella borsa della spesa la parziale oscurità dei sedani mucchietti
di seta e foulards en aceite de olivas sardine portoghesi o me mucho o se
fuere l'eterno anche discusso a ritroso meu amigo de alma.

oh you sleeping angels

4.1

in the elapsing span it is not the goal that makes order nor waking nor sleeping it is possible to move either enchanted in being or doubled over it is a useless interior it is that swarm of sound and dust a wall is lacking in that house on the pavement an overturned shoe being alone is neither one nor much and complex is the wind among conifers but beautiful once again is the outside of each thing oh generally or immediately I or united and distant as the moon is distant and the silver were I thus punished it is necessary to obscure at close range single is the time of the particular and a soft wild beast that which occurred or those flotillas of fish that touch you or the make-up of those eyes among the tips of the moon eu quereria para ser or para recusar or the crown of facts or that diamonded hole in the dense calling me veracious if the question makes you true but head of the sleeping angel in that limbo so as to be put aside either as bachelors or in the neutral occurrence a different thing is social peace or the being on whose account that encumbrance of the busy was removed the poor do the spring cleaning tender conversations like fingertips oh lacerated retina as lacerating as looking I call you but calling is everywhere or those who returned to mothers not their own the only possible ones and may you rainbows forgive that are tall palm trees in the unshakeable light small bowls and prayers in the shelters of intimacy.

4.2

neither a following is required nor the poor's support nor crueller is this wondrous wasting away connecting the landscape at dusk all singularity is quenched in that mass and even the shining cereals responding to re-verberation I stand on the threshold and who goes there if being schemes at its best where it can whistle the distinct is out of mind or introduced in unanimous facts either coupled or different is the ignition of the crazy topaz caught on is an empty space but send me pleasure on fingertip-toe iris is the deepest flower guilty is the pause in the question or purple color and that sparking darkness or the mothers of "antan" there is murk in the grocery bag the partial obscurity of the celery little piles of silk and foulard en aceite de olivas portoguese sardines or me mucho or se fuere the eternal even backwardly discussed meu amigo de alma.

4·3

l'aperto così come discusso che se va bene rimanda periodico in notte o le
scure violette che allevo io non è chiaro nel passaggio né il chiarore che
introdusse la pioggia e quelle gocce del simile né chiamare rende fermi al
contrario consola il prelievo di me che tu fai cosa o luna che ti devolvo tra
sì e no quelle girandole mangiatrici l'io centrale che cedo in riscontro che
come appare sono anch'io appena per non essere o diventa solido il simile
un'ombra armata o fare bau orco necessario che ci sei che ti invito con la
testa che venne dalla notte degli ulivi o dall'uno o controparte che si aprì
la scura nuvola anche le guance ne risentono con veloci lustrini.

4·4

nei reparti silenziosi dell'essere in quiete e in vasetti come in vasetti è il
sole sotto vetro cade il tempo in pulviscolo al di qua delle tendine io dico
di questi chicchi in fila uno è il semprevivo dei tetti l'altro è il giorno che
disse questo giorno che fu finché cade all'interno è incremento di te che
sbucci come fave o piselli il contenuto di interni come il rosso di sera in
occidente e il suo lampo sul vetro ben lontano è il polo il bipolare di base
oh ciò che tiene distanti i soggetti chi bussa è l'inizio o la fine diversamente
complesso è il mare e quei navigli di vele non frutto di sguardo è il diviso
cade da una parte l'anima viola imprendibile ombra ai tuoi piccoli piedi
per questo la pupilla si sbianca vecchie maestre pregano i caduti.

duo soledad

5·1

in complesse formazioni   o breve io
o tra ferro e azzurro come a Genova
lungo la notte quel vento che scintilla
ma io o altro in quell'urto
sparso in luminarie o interno
di folla o eclissi
o nello scisma del dire
o scisso in distanze
né un solenne compimento
potrà coronare

4.3

the open just as discussed if all goes well returns periodically night or
dark violets brought up by me not clear the passage nor the clarity that
introduced this rain and those drops of the similar nor does calling makes
one steady on the contrary it comforts your taking of my sample thing or
moon that I donate to you between yes and no those devouring Catherine-
wheels the central "I" that I surrender as evidence which as it seems I too
barely am for not being either the similar becomes solid an armed shadow
or to do peek-a-boo necessary that you are there that I invite you with the
head that came from the night of olive trees either from one or counter-
part that opened its dark cloud even these cheeks suffered from it again
with the speed of sequins.

4.4

in the silent departments of being in quietude and jars as the sun is in jars
for preservation falls time in dust this side of the curtains I say of these
grains in a row one is the everalive of the roofs the other is the day that
said this day that was until it falls inside it is an increase of you who peel
like beans or peas the content of interiors such as red at night in the west
and its flash on a glass far away is the pole the basic bipolar on that which
holds subjects afar he who knocks is the beginning or the end a diverse
complexity is the sea and those canals of sails no fruit of glances is that
which is divided the purple soul falls on one side elusive shadow at your
little feet that's why the pupil in the eye blanches schoolmarms beseech
the slain.

duo soledad

5.1

in complex formations   or brief I
or between iron and sky-blue as in Genova
throughout the night the wind that sparkles
but I or other in that shove
scattered in luminations or the crowd's
interior or eclipses
or in the schism of telling
or split in distances
nor a solemn accomplishment
will be able to crown

o il tempo successivo
inclusivo del male
in successione o trasversale
nei molti o moltitudine
o se frulla in estasi
che dico in assoluto?
                              ma quel levare di cupole
o il sollievo dell'ergersi o l'altro
di discendere
                              in compagnia
si tratta il già dato
il credito iniziale
anche la fine in racconti
anche l'imprendibile
che ruota
toccato in quanto tale.

    5.2
ma tenero sarà discriminare
come pure discriminato è il sensibile
sommariamente tra acqua e fuoco
o tra quell'altro e me
o chi lo chiude
o chi non chiede o quando corre
quel cagnolino di mente
tra i fatti compiuti
o dotati di interno
che lecchi buono buono
quei minuti del particolare
lo scuro trampolino
dell'altro cosmo semibuio
o il fondo buio di un fruscio
come quando si scompigliò
nel verde il grande sambuco
un vertice provvisorio
anch'io che mi affondo
in cima di noi ti dirò
non a te direttamente
ma inclusi in quei ritrovamenti
che vagano in esseri

or the time to come
inclusive of evil
in succession or transversal
in the many or multitude
or if it whips in ecstasy
what are my final words?
                                but that rising of domes
or the relief of erecting oneself or the other
of coming down
                                with friends
one deals with the given
the initial credit
even the end in stories
even the unattainable
that spins
when touched as such.

    5.2
but delicate will it be to discriminate
just as discriminated is what is sensed
summarily between water and fire
or between the other and me
or he who closes it
or he who does not ask or when he runs
that puppy of mind
among the fait-accomplis
or endowed with an interior
that licks good boy good boy
those minutes of the particular
the dark trampoline
of the other semidark cosmos
or the deep darkness of a rustling
just as the time the large elder-tree
bustled in the green
a temporary culmination
me too that I sink
at the top of us will tell you
not to you directly
but enclosed in those rediscoveries
which wander in beings

il vagante contrasto
o contromorte o scivolare
come notte o miracoli
come sottoveste di seta
tu che fai buio dove brillano
i diamanti di quel nulla
le severe impronte della mente.

5.3
mantenere a lungo ciò che fu breve
né mai sarà l'improvviso
per quanto si spingano
nubi di panna
montando da veri orizzonti
dai teorici piani del mare
acropolis con navi ai suoi piedi
esterno è il viaggio
le missioni del trovare
né territoriale è l'essere
la scura madre in grembiule
la ruota che porta le sere
o la mente fondata
di sì e di no
quel modo di soffrire la parte
ci sono cataste di cestini cinesi
cartoline del fiume Yiang Tze
dissolto in frazioni
sotto il plurimo centro
dell'uno o sotto il capitale
che discorre
frammenti come felicità
che si acquatta
come la lepre o la sera
o quella rampa della mente
che scagliò un rovescio
di lontananze
come gli aghi roventi
gli uncini o lungamente
ripetere l'accettazione
o il rifiuto

the wandering contrast
or counter-death or slipping
as night or miracles
as a silk slip
you who make darkness where
the diamonds shine of that null
the severe marks of the mind

   5.3
to keep for long that which was brief
nor ever will suddenness be
although clouds of cream
nudge one another
mounting from real horizons
from the theoretical plains of the sea
acropolis with ships at its feet
the trip is outward
the missions of discovery
nor is the being territorial
the dark mother with her apron
the wheel which brings evenings
or the established minds
on yes and no
the way of bearing the role
there are stacks of Chinese baskets
postcards of the Yang Tze river
dissolving in fractions
under the One's multiple
center or under the discursive
capital
fragments as happiness
that squats
like the hare or the night
or that ramp of the mind
that hurled a backhand
of distances
like scorching needles
the hooks or lastingly
repeating the acceptance
or the refusal

gli ultimi intenti
la vecchia anima
rovesciata più volte
gli infiniti rammendi.

5.4
ma il luogo che si adduce lui stesso
in quantità fidando in quel diviso
in frazioni contro l'uno
vegetali affamiliati in sistemi
in lacci di vento
o in piovaschi di luce che collegano
tuttavia solitari flabelli
o l'orfeo dell'io
o come nascondere la fine
o stare più a lungo
nella fine di mezzo
o dammi la sottomessa passione
il definito l'infinito perso
qualcosa è percepito
in quell'intrico di peschi
che sia tutto
o un mancante
o la notte d'incenso
che incorona
te uguale
a te
o stare fermi in un punto del vedere
se passasse un picchio dopo tanto
o è subito quando avverrà
nel lungo fabbisogno del variare
anche l'ordine cronologico
che tiene l'inesploso
lo scatenamento leggero
o la perdita infinita che vorresti
cronos stellato
non bastò il pensiero comune
da cui si scagliò l'utopia
oh fratelli e nemici oh fratellini
del fuoco di paglia e di fascine

the final intents
the old soul
turned upside down over and over
the infinite mendings.

   5.4

but the place that comes forward on its own
in quantity trusting that separation
fractions against the One
vegetables familiarized in systems
in traps of wind
or in squalls of light which connect
nevertheless solitary flabella
or the orpheus of the I
and how to hide the end
or to stay longer
in the middle end
or give me the submissive passion
the definite the infinite lost
something is perceived
in that entanglement of peach trees
that may be all
or missing
or evening of incense
which crowns
you equal
to you
or to stand still at a point of sight
if a woodpecker passed by after long
or it is immediate when it occurs
in the extensive needs of varying
also the chronological order
which keeps the unexploded
the light outburst
or the infinite loss that you would want
stellar cronos
common thinking did not suffice
from which utopia was hurled
oh brothers and enemies oh little brothers
of the flash in the pan, in the pot

uno bussa per venire pensato
al seguito tentarono di passare
ciuffolotti e ballerine
un labile assoluto
nel secolo che non liberò
esseri da sé che li strinse
con un credo inestinguibile
come un'estinzione.

5.5
anche il tono che si prende per guardare
quelle nuvole e quelle imitazioni
nella sosta fu facile cadere
nelle trappole del lontano
tu dirai di deporre la chiamata
così folle che abolisce
chi risponde
quel rimbombo di anima
o piuttosto avvistare mi dici
i sintomi divisi
o assumere la controparte
la mente adunca perfino
sia dunque l'immensa stagnola
il finto vento che abbisogna
il tuono dei festini dirò.

5.6
o riposa in narrazione testolina
in culla in altalena o defluente
il continuo di ore congiunte
dal mutare se fa fede il passamano
la notte sghemba dei fenomeni
e il raduno degli stessi
in qualche girandola
unitaria che gira in festa
o quel sapere volubile nel dialogo
o i commossi accertamenti
un riquadro di porta o finestra
è il mio amore dirò
la propensione a dissolvere

one knocks to be fancied
a member of the retinue bullfinches
and ballerinas had tried to squeeze in
a fleeting absolute
in the century that did not free
beings from itself that pressed them
with inextinguishable creed
as an extinction.

5.5

the tone as well that one assumes to watch
those clouds and those imitations
in the pause it was easy to fall
into the traps of distance
you will say to give up such a mad
call which abolishes
the one who answers
that soul's thundering
or rather to get sight you tell me
of the divided symptoms
or assume the counterpart
the hooked mind even
be it therefore the immense tin-foil
the false wind which needs
the thunder of the banquets I will say

5.6

or rest in narration little head
in the crib on the swing or defluent
the continuum of hours connected
by mutation if faith is born by the handrail
the oblique night of phenomena
and the rally of the same
in some unitary
Catherine-wheel that merrily spins
or that fickle knowledge in dialogue
or the moving assurances
a panel of a door or a window
it is my love I will say
the propensity to dissolve

nell'altro senza fondo
io che uso a tale fine
il tuo grembo o l'imbrunire
i barbari sulla scena
anche il rosso e il nero che si addice.

   5·7
emissari o racconti
avamposti che raggiungerò
io o non più io
nei palmizi che risultano
dai discorsi in essere
o decaduti dal visibile
o lo scrupolo di altrove
sproporzionata ogni cosa
sul niente che la vuole
o perfino felice è l'economico
o i massimi giardini aromatici
vanno lente mandrie decorative
nel tempo cammelli di Giobbe
né si disgiunge in vere nozze
della mente l'insieme
nella saggia rovina
né lo sconsiderato mantello
che agitò
i segnali dell'autoconsumo
anche se compro un borsalino
per le nebbie dell'intimo nord
l'antica europa assediata
negli orti nei coltivi a quadretti
del lungo dividere
o tu che rotoli
come una luna che scompiglia
in volo la notte massiccia
non corrompa né le tortore
né la fine
la noiosa querela che fa poveri
né ai compagni comunisti
sia concesso sorvolare
o la bellezza temibile

in the bottomless other
I who use towards this end
your lap or the darkening
the barbarians on the scene
even the red and the black is befitting.

   5·7
emissaries or stories
outposts which I will reach
I no longer I
in the palm trees resulting from
discourses in being
or fallen from the visible
or the scruple of elsewhere
disproportionate each thing
over the nothingness that wants it
happiness even to economics
or the greatest aromatic gardens
slowly trodden by decorative herds
in the days of yore the camels of Job
nor does the oneness in the
wise ruin separate in
true weddings of the mind
nor the inconsiderate cloak
that agitated
the signs of self-consumerism
even if I buy a borsalino
for the fogs of the intimate north
ancient Europe besieged
in the gardens in the checkered fields
after so much dividing
or you who rolls
like a displacing moon
in flight the massive night
may it not corrupt the turtle-doves
nor the end
the bothersome lawsuit that makes one poor
nor should the communist comrades
be allowed to pass over
the awe-inspiring beauty

o andarci come la strega sulla scopa
sventare l'incombenza frontale
o dove porta la mente
nell'abbandono lineare
il negato in successione
né vorrai trovare per caso
ragioni diverse da una
o lasciare quel filo
ridotto a un filo di fiato
né vale cominciare
dalle madri signorine
l'occhio che perseguita
come scacciato a perdurare.

or the going there like a witch on her broom
to baffle the frontal charge
or where the mind takes you
in the linear abandonment
the denied in succession
nor will you want to find by chance
reasons other than one
or to leave that thread
worse than a breath of air
nor is it worthwhile to begin
with unwedded mothers
as the tormenting eye
driven to last.

Mario Luzi

Translated by Stephen Sartarelli

Fuori o dentro lo strampalato albergo

Il pianto sentito piangere
             nella camera contigua
di notte
      nello strampalato albergo
                       poi dovunque
                                dovunque
                                      nel buio danubiano
                  e nel finimondo di colori
di ogni possibile orizzonte
                     dilagando
                             oltre tutti i divisori
                                           delle epoche
                                           delle lingue

sentito bene sentito forte
                  nel suo forte rintocco di eptacordio
e rimesso nel fodero di nebbia
                       del sonno
e della non coscienza
                  riposto nel buio nascondiglio
del sapere non voluto sapere
                     fino a quando?—

*

E adesso sul finire del round
si piega sulle corde,
va giù colpito duro
lui, il gigante, prima
con arte
e con puntiglio lavorato ai fianchi,
pestato in volto, lardellato in tutte le carni:
ed eccola scattata su,
percossa dal suo proprio
improvviso ammutolimento
la vociante cavea, gli pianta

Outside or inside the outlandish hotel

The weeping heard weeping
                              in the adjacent room
at night
       in the outlandish hotel
                    then everywhere
                              everywhere
                                        in the Danubian dark
                         and in the apocalypse of color
of every possible horizon
                    overflowing
                              all dividers
                                        between epocs
                                        between tongues

heard clearly heard loud
                    resounding heptachordal
and returned to the foggy sheath
                         of sleep
and non-consciousness
                    tucked back in the dark hide-out
of knowledge not wished to be known
                              for how long?—

*

And now at the end of the round
he twists on the ropes,
goes down hard at the punch,
he the giant, sides first
pummelled tenaciously
and artfully,
face battered, his entire fleshy body larded:
then bolting up at once,
struck by their own
sudden senselessness,
the howling auditorium

addosso un'unica
terribile pupilla, lo fissa,
maledetta occhiata,
lì al tappeto,
contato fino all'out,
contato spietatamente.

                    E l'altro
ancora chiuso
nella sua allentata guardia
ancora preso nelle maglie
del troncato combattimento—attorno
gli vibra una raggiera
di non placata forza—è lì
solo lasciato
in bilico sul nero risucchio,
prossimo a ricadere
giù, nel buio deposito
di sudori e bave, nel formicolante infero
dell'inespressa violenza...

finito lui pure, finiti l'uno e l'altro,
creati dalla lotta,
disfatti dal suo scioglimento, forte, subitamente.

*

Non trattenute le immagini,
ma pieni gli occhi
di esse, pieni zeppi.
Così se li indovina,
così li ha veramente
i suoi magni occhi
la febbricitante star
di nuovo, ma perché,
sotto il fuoco dei fotografi. Chi sa
"versano vita"—potrebbe
qualche delizioso scemo
con stile d'altri tempi tentarla
e lei, sciocca, caderci.
Ma no, come alla morgue

fixes a single, terrible
eye on him, bloody
stare pins him there
down on the canvas,
down for the count,
out without mercy.

        While the other
still withdrawn
with lowered guard
still caught in the mesh
of the suspended bout—all around him
quivers a glow
of unabated strength—he stands there
left alone
poised over the blackening eddy,
the next to fall
down, back into the dark deposit
of sweat and spit, the teeming hell
of unvented violence...

finished, he too, both finished,
created by the struggle,
undone by its ending, mighty, all at once.

*

No images withheld,
but eyes full
of them, full to bursting.
That's how she imagines them
and that's how they really are,
those magnificent eyes of hers,
she the delirious star
again—but why?—
under the photographers' flashes. Who knows
"they exude life"—some winsome
fool could tempt her
with old-fashioned charm
and she, silly girl, would fall for it.
But no, as at the morgue,

tien duro, furba, mantiene
—fino a quando?—la guardia
abbassata delle palpebre,
et c'est fait. Oh età...

            .

Io quella? forse, ma dove e quando?
riflessa in quale specchio
di altrui dolore, sofferenza su sofferenza?

       *

Altrove sì, ma dove?
dove mi chiama—si domanda.
A sé sempre più addentro?
A sé fino a sugarmi?
mio dio dove ho imparato questa lingua—
stupisce lei stessa,
stupisce anche di questo
appena un po' svampita ninfa
Egeria d'altri tempi
in quel batticuore del suo primo
mattutino rinvenimento.
Mi chiama in qualche parte? fuori,
mi versa fuori di sé il mondo, mi espelle
da tutti i possibili giacimenti—s'imbroncia,
"ma via sciocca perché?"
scornata forte per quella sua totale inintelligenza
ma lieta dopotutto, lieta di essa.

       *

In salvo?—Lui solo può saperlo,
macché, neppure lui,
lui meno di chiunque altro—e questo
più di tutto la sgomenta
in quel sogno di naufragio
troppo spesso ricorrente, che lui perda
di forza e di sapienza
e dimentichi la rotta
e il punto e nemmeno più lo cerchi
il suo tutto smarrito orientamento.
Bravo! così siamo alla cieca

she holds firm, shrewd, keeps up
—for how long?—her eyelids'
lowered guard,
et c'est fait. Oh age…
.

I she? perhaps, but where and when?
reflected in what mirror
of another's pain, suffering upon suffering?

*

Elsewhere yes, but where?
where's it calling me—she wonders.
To itself ever more within?
To itself till I'm sucked dry?
my god where did I ever learn this language—
she herself is astonished,
astonished even at this—
just slightly hen-headed nymph,
Egeria of another age
in the palpitations of her first
early morning coming to.
Is it calling me somewhere? outside,
the world is pouring me out of itself, expelling
me from any possible resting place—she huffs:
"silly girl, come on, why's that?"
crestfallen from her own total unintelligence
but happy just the same, happy for that

*

Out of danger?—He alone can know,
but no, of course not, not even he,
he less than anyone—and this
terrifies her more than anything
in that too often recurrent
dream of shipwreck, that he might lose
his strength and wits
and forget the course
and the site and even stop looking
for his utterly lost bearings.
Well done! this way we move blindly

in un nembo, così
nessuno al mondo ne sa niente
di noi, del nostro viaggio—grida,
o le sembra, in quella desolata batticina
dell'alba prima del risveglio.
E lui, eccolo là
vecchio, sfatto dalla fatica
e dalla veglia. Non parla e non ascolta,
non conosce, non riconosce
i luoghi, né decifra il suo indelebile tatuaggio.

Oh maître.

*

Abiura io? Chi può dirlo
qual è il giusto compimento
di una fede—e poi che fede era?
era solo il mio allegro
quotidiano innamoramento—quale
allora il legittimo suggello:
perderla, sostengo, negarsi il privilegio
d'averla, non lei forse,
la sua sufficienza, la sua teologale ultrasuperbia.

E

poi come accettarlo,
come pensarlo soltanto
d'avere io quello che le sassifraghe non hanno
né le lucciole o le carpe
e nemmeno il povero animale umano
abbattuto e sfatto sopra un letto di cronicario
né il resto che con noi matura
per l'unico comune procedimento della materia—avvampa lui d'un suo
quasi ribaldo amore
bruciandogli ancor più celestiale
negli occhi un quid silvestro—poeta, mio solo umile maestro, o altro...

.

Approdo? non c'è approdo, c'è il viaggio appena.
Ma ora quanto dura il non viaggio,
quanto la intollerabile quarantena?
O è un inganno, solo, del mutamento della scena?

in a nimbus, this way
no one will know anything
about us and our journey—she shouts,
or so it seems to her, in that desolate skiff
of dawn before awakening.
Just look at him there,
old and withered from fatigue
and the vigil. He does not speak or listen,
does not know or recognize
the places, and cannot decipher his indelible tattoo.

Oh maître.

*

I, abjure? Who can say
what is the proper fulfillment
of a faith—and what faith was this?
it was only my light
and daily falling in love—what
pledge then, is legitimate:
to lose it, I say, to deny oneself
the privilege of having it, not faith perhaps,
but its arrogance, its extreme theological pride.

But

how to accept this,
how even to think
that I have what the breakstones do not—
nor the fireflies or the carp
or even the poor human animal
felled and wasted abed in the chronics' ward,
nor all else that ripens with us
in the single, common course of matter—he burns with his own
almost ribald love
eyes yet more heavenly
aflame with something sylvan—poet, my sole humble master, or more...

.

Haven? there's no haven, only the voyage barely.
But then how long will the non-voyage last,
how long the intolerable quarantine?
Or is it only a trick of the change in scenery?

Auctor

Non ancora, non abbastanza,
                    non crederlo
mai detto
in pieno e compiutamente
il tuo debito col mondo.
                    Aperto—
così t'era
il suo libro
stato gioiosamente offerto,
perché tu ne leggessi il leggibile,
il nero, il bianco,
                    il testo, i suoi intervalli
per te e per altri, ancora
più inesperti,
che non osavano farlo.
E il molto appreso
dovevi tu
in parola ricambiarlo.
Questo pareva il tuo compito
e stentavi,
                    stentavi a riconoscerlo.
Né sai perché, dove fosse il disaccordo
che ti ha tritato la vita,
tormentato il canto.

da *Genia*

Di che era maceria
quel silenzio?
                    della storia
dell'uomo—
                    perfino
della sua memoria—
oppure del collasso
estremo della materia...?
                    E lui
ergo dov'era,
                    perché non rispondeva

Auctor

Not yet, not enough,
            don't believe it—
your debt to the world
has never been stated
in full.
        Open—
thus to you
was its book
joyfully offered,
that you might read what could be read,
the black, the white,
                the text and its gaps,
for yourself and for others
even less skilled
who dared not even try.
And everything learned
you were supposed
to repay in words.
This seemed your task,
and barely,
            barely could you recognize it.
Nor do you know why, or where came the discord
that tattered your life,
mangled your song.

from *Breed*

Of what was that silence
the debris?
            of man's
history—
        of his
very memory—
or of matter's
final collapse...?
                So then
where was he,
            why did he not answer,

neppure da un barbaglio
della sua passata gloria...?
                              Mai stato?—
sussultava
            a un tratto
                        la mente presa dal panico—
                                    o morto
pietrificato nella nera roccia
della fine del vocabolo
e dalla nullità
del canto, della parabola...
Ma quella era la sua vittoria,
                              quel brivido,
quel no! detto al non essere
da tutte le cellule, era il seme
quello, il fermento.

Da quelle numerose morti parla
quando noi parliamo.

        *

                                        (Crollo e sgorgo)

Senza eco, senza esodo oltre,
calato in sé,
                finito nel suo bruto
accadere
            l'avvenuto evento,
disfatto nella sua polvere,
precipitato nel suo niente—
                              e questo glie lo dice
                              con che forza
                              d'accento, nel suo duro
                              silenzio il sangue,
                                    glie lo dice
                              perentoriamente.
Non lievita in amore
o pena, nel futuro o nel presente.
Muore lui di questo,
sotto questa rovina...

not even with a flash
of his former glory...?
                              Had he never been?—
suddenly
            the mind staggered
                              in a fit of panic—
                                    or was he dead,
petrified in the black stone
of the word's end
by the nothingness
of song and parable...?
But that itself was his triumph,
                              that shudder,
that no! cried out to non-being
by every cell: that was
the seed, the ferment.

Through those countless deaths
he speaks when we speak.

*

                              (*Crash and Spurt*)

Without echo, without further exodus,
sunk into itself,
                  ending in its raw
happening
            the transpired event,
undone in its dust,
fallen into nothingness—
                              and this the blood
                              tells him with such
                              forceful tone, in its
                              hard silence,
                                    tells him
                              without appeal.
It does not ferment in love
or grief, in the future or present.
And he's dying of it,
beneath this ruin...

Ma, eccola, gli s'apre
allora, improvvisamente,
e tutta porporina, la potenza
di libertà e d'amore
del suo totale annullamento—
       E ora s'illumina,
       ora si profonde...
       O Orpheus, o Dionisos, o altri—
       "chi dicono che io sia?"

da *Nominazione*

Ritirano la loro ombra le cose,
si nascondono nella loro luce
i luoghi. È il tuo pieno mezzogiorno.
Non distrarti. Non perderne il fulgore
né quel suo numinoso ottenebramento.

Cuoce, grano solare,
il seme che fu oscuro
dell'arte, della conoscenza.
Maturano ugualmente
il sapere e il non sapere.
              Perficiunt,
perfezionano essi
il cuore, il senso invece
si smarrisce.
          L'immagine è ben ferma
ma brulica. Fiammante il girasole
della tua mortalità.

*

Non detto. Non detto
e non dicibile. Giocava
esso a nascondersi
dai nomi. Andava
e veniva tra le nubi
della nostra conoscenza,
            indenne

But there, suddenly
in bright vermilion
there blossoms before him the power
in freedom and love
of his total annihilation—
        And now he brightens,
        now he lavishes...
        O Orpheus, o Dionysus, o others—
        "who do they say I am?"

da *Naming*

Things withdraw their shadows,
places hide in their light.
This is your high noon.
Do not look away, lest you miss that radiance
and its numinous darkening.

Grain of sun, the seèd
of art and knowledge
desiccates, was once obscure.
Learning and unlearning
age alike, together.
                Perficiunt,
they perfect
the heart, while sense
misses its way.
                The image is quite still,
but seething. Ablaze the sunflower
of your mortality.

*

Unsaid. Unsaid
and unsayable. It played
at hiding
from names. It came
and went among the clouds
of our knowledge,
                slipped

sgusciava dalle reti
calate dagli scribi...
                    Non era
lui fedele alla sostanza
né alla sua trasformazione
e forse per questo era lo spirito
—questo, di questa nostra epoca
o l'unico?—comunque era lo spirito
non raggiunto dalla parola,
non fucilato dal vocabolo.

Molto ho avuto io da fare
all'impossibile aggiogamento, molto.
Lingua umana
bruciata nel mio libro,
tutta, secolarmente.

    *

Quale caduta, quale discesa al piano...
Era, lei, in alto
acqua, già, in quel primo
invisibile pullulare
ma poi polvere o aria
o luce, alone a se medesima
nel lancio
              verso l'aperto
              nell'azzurro campo
e il baratro... Si libra
a lungo, ora, sospesa nel suo vento
e vibra in tutto il proprio arco,
                          ed eccola
che scende, non pare che precipiti,
alle gole,
          ai denti porosi
di roccia che la aspettano
per romperle
              quell'aereo nerbo
e frangerla in un croscio,
                  poi non più croscio, canto.

unharmed through the nets
cast by scribes...
           He was not
true to substance
nor to its transformation,
and perhaps was thus the spirit
—this one, of our age, or the only one?—
in any case the spirit
untouched by speech,
unmurdered by words.

Great has been my part
in the impossible subjection, very great.
Human tongue
burnt in my pages,
entirely, secularly.

*

What fall? What descent onto the plain?
On high she was
already water, in that first
invisible teeming
then dust or air
or light, halo unto itself
in the flight
           into the open
           the field of azure
and the abyss... Now it hovers
long, suspended in its wind,
vibrates all along its arc,
             and down
it comes, doesn't even seem to fall,
on gorges,
         on porous teeth
of stone awaiting it
in order to break
        that airy whip
and shatter it in a splash,
          then no longer splash, song.

Porta vita lei
   e la dilava,
così entra nel cuore
della storia umana
quella ininterrotta lingua.
Ma si conoscono, esse,
l'acqua e la parola
dal principio,
    e sanno
dei ristagni in cui marciscono
offese dalle scorie, intorbate
dagli spurghi
    finché venga il tuono,
la tempesta, la nuova purità.

      E con lei

sempre si prova
la nostra in una dura gara. Vana?
forse, ma come farlo suo
se no, come strapparlo
al flusso, e un po' glorificarlo
il brivido, il presente
che ci accende e ci dilania?

It brings life
        and washes it away,
thus enters the heart
of human history,
that unbroken language.
But water and word
have known each other
from the start,
        and know
of the wallows in which they rot,
outraged by the dross, muddied
by the outflows
        until thunder comes,
and the storm, the new purity.

        And with it
our own forever vies
in stiff contest. To no end?
perhaps, but how else to make it
one's own, how to wrench it
from the flood, how else to glorify
the shudder, the present
that ignites us and tears us apart?

Giancarlo Majorino

Translated by Richard Collins

da *Le frenetiche*

avanti avanti avanti

proseguono, implacabili, coatti,
rasaerba
mentecatti che siamo, circondati
da flussi di petrolio, urlandoci ti amo

o isole di mota
l'anarchia del globo, gomitoli disfatti,

luride animelle

ripeti gesti liberi tamburo
ripeti gesti liberi ripeti gesti liberi ripeti

luride animelle sbatacchianti
tamtamburo motoso tamtamburo

ma tu/Bianca, lo sai/che non ci/vedremo più?/che finiremo remo
io lì tu là/tre metri sotto/tu bocca nera spa/lancata come
bambola nera/rotta per sempre
na bambola/come nera/rotta per sempre
na bambola/come nera/rotta per sempre
ripeti gesti liberi tamburo
ripeti gesti liberi ripeti gesti liberi ripeti
tu con la bocca nera spalancata
io io coi denti e basta
lo sai Bianca?
tu che sei l'amica dell'Enrica
e ieri parlavamo allegri mangiucchiando la tavola fiorita
sotto la lampada lustra di plurima luce
tavola ferita   rima luce

from *Frantic Ladies*

forward, forward, forward

they continue, implacable, coerced
lawn mower
demented that we are, surrounded
by fluxes of oil, screaming among ourselves I love you

oh islands of mud
the anarchy of the globe, disarrayed balls of thread

little dirty tripe

repeat free gestures drum
repeat free gestures repeat free gestures repeat

little dirty battering tripe
drum-drums muddy drum-drums

but you/Bianca, you know/ that we will not/ see each other again?/ that we will end end
me here, you there/ nine feet below/ you dark yaw/ning mouth like
a dark doll/ broken forever/
like some/ dark doll/ broken forever
like some/ dark doll/ broken forever
repeat free gestures drum
repeat free gestures repeat free gestures repeat
you with that dark yawning mouth
me me with only my teeth
you know Bianca?
you who are Enrica's friend
and yesterday chatting happily we nibbled at the blooming   table
under the shiny lamp of multiple light
wounded table   rhyme light

di'—allora dico

eppure, abbiamo bisogno, tutti tremanti
forti di fuori forti di fuori annunciano
esploderà qualcosa, galattici contanti
paura galateo coatto voci voci   voci voci   voci voci
abbiamo un gran bisogno di palpiti e di pace abbiamo un gran bisogno
di palpiti, schiattate
                        milioni di minuti   foresta di feroci
forti di fuori forti di fuori annunciano
esploderà qualcosa
                        milioni di minuti

nutre di pace
si
nutre di pace

di tutto abbiamo bisogno tutti tremanti
non vi stupite se lancio sto grido di carta nutre di pace/si/nutre di pace
tavolo e libri   gravemente ascoltano
l'aria —di' —è un gran corpo slacciato
                                        forti di fuori
                                        sì
                                        forti di fuori
    pupille smerigliate zerogiche galassie
    eppure son quisquilie, cascami di frantoio
    di lotta di due classi   forti di fuo
ri
    eppure

e poi qualche volta volute di maggio riposo nell'aula di vetro
cadevano piogge di fiamma leggera e tenace su corpi vestiti
di suore infermieri dottori e su nostri malati spogliati così
celandomi tremo nel vento che vortica fuori e tremo di meno

say—so I say

yet, we need, all tremble
seemingly strong seemingly strong announcing
something will explode, galactic cash
fear compulsively good-manners voices voices   voices voices   voices voices
we are in great need of throbs and peace we are in great need
of throbs, burst
                         millions of minutes   forest of ferocious ones
seemingly strong seemingly strong announcing
something will explode
                          millions of minutes

feeding peace
to oneself
feeding peace

we need everything all tremble
do not be surprised if I cast this scream of paper feeding
peace/to himself/ feeding peace
table and books   gravely listening
the air—say—'tis a great untied body
                          seemingly strong
                          yes
                          seemingly strong
    frosted pupils zerogic galaxies
    yet they are trifles, tumbling rock
    of struggle between two classes   seemingly str
ong
    yet

    and then once in a while May spirals rest in the glass room
    rain of light, tenacious flames fell on garbed bodies
    of nuns nurses doctors and on our patients so naked that
    hiding myself I shiver in the wind whirling without and I shiverless

da *Denti di latte*

noi siamo qui
io ti penso
sotto la lampada
e sei

ma in una forma leggera
piccolo tondo scavato
con questo aiuto di carta
nella mia mente d'amore

ma in una forma leggera
stella di latte nel vetro

tutti ti guardiamo
ma a me sarai amica, luna, ancora?

sei ancora viva   stai ancora male
sei ancora viva   stai ancora male
sei ancora viva   e mi dimeno
ti getto un ponte continuo riso d'amore
ma sotto trema come l'acqua il cuore
mentre tu lotti senza poterti aiutare
dolci ricordi fanno l'inutile vela
l'inutile stella l'inutile bianco sul mare

riportato, accusato? quali accuse?
alla stanza alla sedia tra le accuse rigato

t'hanno ciulato, palloncino;
era un po' che scendevi
—non la maestà degli azzurri gomiti
d'acqua tra le piante verdi oltre Avignone
ma, crepitante, greto,
di furie concentrate,

from *Milk Teeth*

we are here
I think of you
under the lamp
and you are

but in a light form
small round sunken
with this help of paper
in my mind of love

but in a light form
milky star in glass

we are all looking at you
but moon, will you still be a friend to me?

you are still alive   you still feel badly
you are still alive   you still feel badly
you are still alive   and I toss about
I cast you a bridge continuous smile of love
but beneath the heart quivers like water
while you struggle unable to help yourself
sweet memories raise a wasted sail
the wasted star the wasted white on the sea

recounted, accused? which accusations?
to the room to the chair between the lined accusations

they have screwed you, little balloon;
you took your sweet time descending
—not the majesty of the blue elbows
of water among the green plants beyond Avignon
but, crackling, gravel
of concentrated furies

sordo precipitante
o semisvanito curvo ricurvo aliante
non, io non so, non credo, non racconsolante;
ora, tra ferri palte di sofferenze oblii,
grida sollecitanti, là tra le grate suore
malinconie di spettri persuasive bianche
rapide infermiere, barellieri, altre
tra vita e morte scene
che non riporto;

dopodomani elezioni crescita forse
del movimento di lotta erma spostata
oltre le vergogne più vergognose nate
ricontraddizioni senza senza dolore
con un minor dolore e minori code
ma, io e te, palloncino, saremo ancora felici?

"non ti scordar di me, la vita mia
legata a te" gemeva una schifosa
canzon di merce, quelle che critichiamo
placidamente, mente, quando possiamo
scrivere pensare non tormentati tratti
tornavo campi case volti nel controvolo
vetroso fuggiti fuggiti senza più niente

sì, cava la cintura,
cuci asola e bottone,
laverò un bicchiere,
spostiamo sedie che
atti e cose utili
lòchino, pezzetti
di belvità tranquilla
prorompano camomille

prorompano camomille

[...]

*

deaf plunging
or semivanished curved curved over glider
not, I don't know, don't believe, not comforting;
now, among iron bars, mud-flats of sufferings neglects
urgent cries, there among the grates are the nuns
white persuasive melancholy of ghosts
fast nurses, carriers of stretchers, others
between life and death scenes
I will not recount;

the day after tomorrow elections growth perhaps
of the fighting movement shifted herm
beyond the most shameful of shames born
recontradictions without without pain
with a lesser pain and lesser queue
but, you and me, little balloon, will we still be happy?

"forget me not, my life
is tied to yours" moaned a disgusting
commercial song, the ones we criticize
with placid mind, mind when we can
write, thinking not tormented traits
I was returning fields houses faces in the vitreous
counterflight escaped escaped without anything else

yes, remove the belt,
sew buttonhole and button,
I will wash a glass,
let's move the chairs that
acts and useful things
might locate, little pieces
of tranquil savageness
gushes of camomile

gushes of camomile

[...]

*

da *La solitudine e gli altri*

c'è una prigione degli attimi
nel vasto cullata
di un tempo senza orizzonte

la voce detta o stampata
suona da lontananze
come autoparlante

la legge ora è data
dalla scoscesa del trascorrere
e insieme dal suo trascinarsi pian piano

*

Anche Mario Rossi è un nome proprio
senza figli tiene la bocca chiusa
incatenato a sé ha vissuto tanto
o poco: non si sa

A furia di remare
il pensiero dell'invecchiare e della morte
incontra il pensiero dei somiglianti.

*

Fatica, l'Enrica, a lasciare, lo vedo, lo sento,
l'età giovanile
erba soffice e luminosa carica d'acque
cielo sul capo a sbocco.
Il corpo ancora fulgido non si piega
l'andatura eretta pare una preghiera
alle speranze del mutamento.

*

Ma, chi sei tu? persona somigliante,
estranea insieme, chiedo un po' pedante
mentre furiosi conversiamo in tanti.
Fisso lo sconosciuto rovistando
architetture e macerie, balzi e stralci
di un comparabile volto sgrumato.
I suoi occhi mi tengono lontano;

from *Solitude and the Rest of Them*

there is a prison of instants
in the vastness cradled
of a time without horizons

the spoken or printed voice
sounds from the distance
like a loudspeaker

today the law is given
both by the steepness of the passing
and by its own measured dragging

*

Even Mario Rossi is a proper name
without children he keeps his mouth shut
chained to himself he has lived much
or little: who knows.

The thought of aging and of death
is so caught up in rowing
that it runs into the thought of resemblances.

*

Enrica is struggling, I see it, I feel it,
to abandon youth
soft, luminous grass drenched with waters
heaven on her head as an outlet
Her still shining body does not bend,
her erect pace seems like a prayer
to the hopes of change.

*

But, who are you? person both similar
and unlike, I ask somewhat pedantically
while furiously so many of us converse.
I fix upon the unknown searching
architectures and rubble, springings and extracts
of a comparable rasped face.
His eyes keep me distant;

preferirebbe ci legassimo a un gioco:
ci sto e continuo a misurare quel poco

che nega e torna, dentro e fuori, già,
la superficie e la profondità.
Metropolitane
e viali colle ali.

*

tu che guardi
la purezza delle cose
la loro sicurezza
tu che guardi
alterata dall'ignoto
che fa da tuorlo al corpo
pure porgendo il profilo inviti a qualcosa
d'intensamente stabile e fluttuante
quindi con la voce battezzante
nomini dividi esponi l'ombra
sorella misteriosa
persona corporale più ricca di ogni cosa

*

Fai fatica a parlare
ti abitui al silenzio
delle camere chiare
succhianti a foglio
il tempo è picchiettato
da particole vibranti
quali righe di un libro
giaci leggendo
o respirando accesa
la luce artificiale

*

Rubo sguardi e gesti
frasi soprattutto:
vive
la casa di pietra
tramite voce.
Senza traduzione parlata

he would prefer we became engaged in a game;
I accept and continue to measure that little bit

that denies and comes back, in and out, already,
the surface and the depth.
Subways
and boulevards with wings.

*

you who watch
the purity of things
their certainty
you who watch
altered by the unknown
that serves as yolk to the body
even if you hold out a profile you invite to something
intensely stable and fluctuating
so with the baptizing voice
you nominate divide expose the shadow
mysterious sister
corporal person richer than any thing

*

You struggle to speak
you grow accustomed to the silence
of the bright rooms
sucking in sheets
time is dappled
with vibrant patches
which lines of a book
are you lying down reading
or breathing kindled
by artificial light

*

I steal looks and gestures
and phrases above all:
the house of stone
lives
through voice.
Without spoken translation

senza corpo vivo
il mondo non mi è

*

ma
sotto
non ci sarà
sotto e guizzandovi sopra
in certi attimi stella
su cielo nero curvato
un atto di ribellione
di riflessione molato
o nella salda opera
chiunque senza nome
sotto
non ci sarà
un abito cambiato
un alberello nano
un valore che distratti
quasi riavvolgendolo
nel già delineato
trascuriamo?

*

proteggimi dal piangere!
da eventualità che aprirebbero
sogni lungo le vie!
proteggetemi o leggi
o regole o stati
o modi o frasi
scudate il mio corpo
contro una troppo gonfia
senza sostegni gioia!
nel visibile avvolta

*

sono qui fermo l'albero davanti
che preso dalla luce muove i rami
e l'icona del suo parlarmi scocca

un collo umano esce dalla casa
rientra richiudendo le persiane

without living body
to me the world is not

*

but
below
there will not be
below and wriggling above
in certain instants star
on curved black sky
a ground act of rebellion
of reflection
or in the solid work
anyone without a name
below
there will be no
changed dress
dwarf tree
value that absent-mindedly
almost rewrapping it
in that which has been outlined
we neglect?

*

protect me from crying!
from eventualities that would open
dreams along the ways!
protect me oh laws
oh rules oh states
oh modes oh phrases
shield my body
against an overblown
unsupported joy!
shrouded in the visible

*

here I am standing still the tree ahead
that caught by the light moves its branches
and the icon of its speaking to me shoots

a human neck leaves the house
(goes back in) closing the shutters

per fortuna che ci sei tu camion della ruera

Per fortuna che ci sei tu camion della ruera
per fortuna che ci sei tu nettezza urbana che togli e incenerirà
con un fracasso alle 6 di chi se ne frega, torcendo tutti
voci di maschi irati che se ne fregano

stavo acquattato nel letto notturno battendo
le ore della notte una dopo l'altra
figlio di cane padre di cane fratello
massa di fratelli dispersi uguali differenti uguali

e portata dal, di', corto sonno d'inizio
strappata da quel flusso farfuglia a vanvera
un'icona inquietante sbatte ancora le ali
ragazzo nella casa genitoriale ascoltante

una donna alta con un amico escluso miravo
imbarazzati eppure desiderantisi
spaghetti e farfalle e tortellini di dita
bocche di pomodoro lingue di saliva lunghe e larghe

o più tardi indossando un mio giubbotto
sporco davanti macchie di sigaro di mio padre
in ospedale poi morto già morta mia madre morti
tutti prima o poi noi massa d'inoltranti d'inoltrantisi

è con il muso in avanti nel buio
con il muso proteso contro il Presidente battagliero
è con il muso nel buio che sto pensiero s'avvìa
immaginaz. radente e flessibonda e vorticosa e fessa masturbatrice in camera

stuoie alle finestre saranno brutti brividi
scie non solo mie scie non solo mie scie non solo mie
nell'eccitazione a lago fiume oceano
senza gioia invidiabile trainando viso e culo

compagni prima ritti poi distesi braccio tatuato
di più! braccio di braccia soffio d'ugola che sale
fa di ciascuno molti così m'intuo e tu t'immii
segreto del gran cazzo però ancora segreto

it's a good thing we have you garbage truck

it's a good thing we have you garbage truck
it's a good thing we have you street cleaner who remove and will incinerate
with a raucous at 6 of those who don't give a damn, twisting everyone
voices of irate males who don't give a damn

I was crouching in my nocturnal bed beating
the hours of the night one after the other
son of dog father of dog brother
band of brothers dispersed same different same

and brought by the, say, brief initial sleep
ripped from that flux mumbling randomly
a disquieting icon still flaps its wings
boy in the parental home listening

a tall woman with an excluded friend I was watching
embarrassed but nonetheless desiring of each other
spaghetti and bowties and tortellini of fingers
mouths of tomato tongues of saliva long and wide

or later wearing a casual jacket
dirty in the front spots of my father's cigars
in the hospital then dead my mother already dead everyone
dead sooner or later we band of enterers of self-enterers

with my face put forth in the dark
with my face leaning forth against the daring President
with my face in the dark this thought begins to make way
grazing imaginat. and flexibond and whirling and dull masturbator in the bedroom

mats on the windows there will be ugly shivers
trails not only mine trails not only mine trails not only mine
in the excitement lake-river-ocean-like
joyless enviable hauling face and ass

companions first upright then stretched out arm even
more tattooed! arm of arms whiff of a rising pitch uvula that rises
makes of each one many so I could enter you and you do me
what fucking secret but a secret nonetheless

o quasi, carne cotta delle nuvole e del sole
la comunanza tira come una danza e
s'accende all'improvviso una polilampada
su colli riversi a svuotabottiglie

atto di rivelazione sì!
siamo intrecciati e invorticati a lato
a passo a tratto contornati d'aria
o vuoto a rendere o spirito o anima

è questo però brucia le dita
incendia i lineamenti può sorreggere
torna il violento verde: ciascuno è crocchio
l'anima creperà dentro la carne, crèdimi

ridda di uno-tanti
galassia personale dei presenti e dei mancanti
polvere grinta e umido dei successi fatti a pezzi
appuntamenti con attesa che arriva

ricca di si potrebbe
di forse sì
e Spinoza legge in un suo quadernetto
"grato a molti".

or almost, cooked meat of the clouds and of the sun
bonding draws like a dance and
suddenly a polylamp lights up
reversed necks to kill the bottle

act of revelation yes!
we are intertwined and interwhirled by the side
by the step by the stretch surrounded by air
or refundable bottle or spirit or soul

it is this however burns the fingers
it ignites the alignments it can support
the violent green returns: each one is grouped
the soul will croak within the flesh, believe me

turmoil of one-many
personal galaxy of the present and of the missing
dust grit and humid of the successes torn to pieces
appointments with awaiting for arrival

rich of yes it could
or maybe yes
and Spinoza reads in a notebook of his
"thankful to many."

Mauro Marè

Translated by Hermann W. Haller

Epoca de risse

Come ce caschi lo capischi a ffischi
ar ridestasse un piagne de sirene
pe le vie pien de pene la città
abbi tanti abbi troppi ressidenti
insognarisse co ll'ogna e cco li denti
no cche ar tempo passato èrimo in èremo
ma nné ggremmìto gèmmito
né ffrèmmito infinito
né ttanto incancherisse
furno der tempo ito
e la ggente frommicola
de bbionni rosci e mmori
cristiani luterani e ccarvi misti
ggente vista arrivà ggente arrivista
immigrati una ciurma d'intigrati
ar romano un brasone da sbrasone
mai vidde celo in terra ggente bbone.

La gloria e la fiacca

Arriccia er pelo all'acqua er ponentino
s'aggriccia a la prim'arba l'erba ar gelo
e vvoli e vvoce antiche in braccio ar celo
riciccia a ggiorno novo er gran casino

de l'inferno-città cch'è ttutta velo-
cità ccittà-vveleno e ttanfo e insino
in barba ar monno sbarbajjò er destino
nojjartro che a l'eternità ffa vvelo.

Quanto de celo acchiappa er Cuppolone
tanto la fanga impappa l'urbe stracca
gloria s'allacca d'angeli in pensione

Time of Brawls

As soon as you fall into it, you'll get it
in the wailing of loud sirens
in the pain-filled streets,
the city has so many and too many
people who're dreaming of fighting nail and tooth.
Not that in the past we were hermits,
but neither crowded groans
nor endless roar
nor so much cancerous rotting
were ever of past times.
And the people they are swarming,
the blond and the red and the dark,
Christians, Lutherans, and Calvinists,
people who just arrived, and arrivistes,
immigrants with grudges to integrate:
it's the Romans who get the braggart trophy,
never did the sky see so many good folks on earth.

Glory and Sluggishness

The light west wind makes the water surface curl,
at the first dawn the grass shivers from the frost,
and with flights and ancient voices nestled in the sky,
the new day fattens up that awful mess

of hell-city, all speed,
poison-city and stench and yet—
in disrespect did Rome's
destiny shine, veiling eternity.

As much heaven as the Big Dome can hold,
by so much filth the City is cluttered up
with the weary glory of retired angels,

ne la porvere l'ale la bburiana
dell'aria annata a mmale ne la fiacca
cattolica apostolica romana.

Piove cor sole

Da matina se vede l'oro in bocca
la malanotte piommo ardente
e cce bbatte la lingua occhio der core
la feroce pietà de mette er dito
dove dole la piaga puzzolente
un volo de farfalla meariposa
versi a mmazzi a rampazzi impergolati
che pper un pò la mente ce s'intrampola
solo a ruzzà nun se fai mmai la ruzza
a mmette er sole su la coda er verso
ne la crepanza tra mmonno e pparole
strillate indapersempre indaperdove
dar celo ggiù una jiojja luccichente
guasi che er sole se sciojja ner piove.

Er tempo

Nun passa er tempo: strapazzati l'ommini
bbàzzica in fonno all'esse er trapassà
farsa farsa la vita ner tempo asciuttalagrime
traggedia de bbuciarda verità
nojjartri regazzacci matti nati
alegri de sentisse Ettore in pettore
er tempo è spazzio
innanzi tutto er monno
su la schina lo spazzio de l'ospizzio.

their wings in the dust, the cold wind
rotting in the Catholic,
apostolic, Roman sluggishness.

Rain with Sun

At the crack of dawn gold shines in the mouth,
burning lead deep in the ghastly night,
and the tongue, the heart's eye,
beats on the ferocious mercy, sticking the finger
where the stinking wound burns,
a restful flight of butterflies,
bunches of verse, arbored in clusters
so that for a while the mind bounces off its stilts.
Horsing around prevents all rust,
and sunlight on a bird's tail
the poem in the crepancy between world and shouted
words ever and ever, wherever,
down from the sky a shining joy
almost as if the sun were melting in the rain.

Time

Time does not pass: people are ruffled up
by death haunting them at the bottom of their being.
Life is a bogus farce in the tear-wipe time
a tragedy of treacherous truth.
For us bad crazy boys, born
happy feeling like Hector in Pector,
time is but space:
in front of us the entire world,
on our backs a nursing home.

Tu

Tu mm'hai chiamato
a la pianta der piagne
ante che ssilabbassi
er seme de chi ssemo
a sseguità
nell'infinito bbatte
la vita data a bbuffo
bbuffonata
tra la penurtimòmbra e la primarba
la fantasmagonia
quanno la communion de vivi e mmorti
insino a ffin de stelle
de bbotto dentro a un lampo rantonante
se scarriola la notte.

La morte piccinina

Ignudo nun fiatà
ssete de quete
stracco der divenì lassatem'esse!
asciutto come un sercio
si nu spenni er sentì
dduri millenni
nun intenni gricciori
dell'aria li tesori
l'achi e ll'echi dell'occhi più cciumachi
e llei svaga t'abbraccica
e tte bbracia
er vòto chiama er pieno
e tte tuffi e stantuffi come un treno
te strascina a la morte piccinina
a ggiorno artro scocca lo svejjatte
da lo scuro che sbatte
l'ora sfuma e la luce te consuma.

You

You called me
to the weeping tree
before I could spell
the seed of who we are,
to pursue to an endless beat
a borrowed life,
a laughing stock,
fanciful
between not quite yet dusk and crack of dawn,
the fantasmagonia
when the living merge with the dead
to the starry end
and suddenly in a thunderous flash
the night is wheelbarrowed away.

Petite Mort

Nude don't breathe a word,
thirst of quiet,
tired of becoming, let me be!
Dry like a stone
if you don't squander your heart
you last forever,
don't grasp the shivers,
the treasures of the air,
the stings and echoes of most palpitating eyes,
then she comes out to hug
and kiss you.
Emptiness calls to be filled,
you plunge and plunge deeper like a train,
it drags you to the Petite mort,
next day wakes you with a smack
from the throbbing dark,
time fades away and you're consumed by light.

Verbantico

Tanti tra rivortosi e rivortanti
er celo su le spalle
tutti intenti a ttentà ttant'attentati
commanno imperderquanno
        imperderdove
dar passato tremoto
er monno ppiù vva avanti
e ppiù sse dietreriora
a lluce quadra ommini imbramati
soni e ccolori mirambambolanti
denti ridenti sminfie
che nnojjartri a bbuttacce occhi frugaci
la parola ferisce e riferisce
e ll'omo ar monno pugna
eterno co la morte che ripugna
ggnente de tutto dato a mmano piene
voce der verbantico
scuro de troppa luce
a svagà d'esse nato caccià vversi
ggioco der parlà ppoco e fficcà bbene.

Er corpo e ll'arma

Manco me sa che ggiorni volà
in pizzo ar tizzo de la notte
sole abbrucià
a ddà er fritto e rifritto er rifriggerio
de fresche stelle e dde paciose lune
dove scajja la luce
umani ummidi incastri
io tu e ll'amore un trittico
la fremma fatta un fremmito
smagna a ccresce la vergna la vergogna
da li capelli all'ogna
arma che ssarva l'arma er corpulà
vardame monno vardame città
gran pan demogno de riccrapuloni

The Ancient Word

So many among the rebels and revolting,
with the sky over their shoulders,
all planning to attempt hordes of attacks,
commanding whenever
        and wherever,
from an earthquake past remote
the world, the more it advances,
the more it retreats and falls apart.
In the squared light the lust of men,
mirambulant sounds and colors,
laughing teeth, nymphs
we glean at with quick frugal glances.
The word wounds and winds up,
and people in the world endlessly
fight with the disgust of death.
Nothing at all handed out in full,
voice of the ancient word
darkened by too much light,
caught to be born a poetaster,
a game of saying little and get one's licks.

Body and Soul

Don't even notice days for flying
in the fire of sunsets
before pitchdark,
the frying and refrying in the relief
of fresh stars and peaceful moons
where light is but a flake.
Humid human joints,
me and you and love a tryptich,
coolness turning to shiver,
frenzy that swells your sex and shame
from hairline to fingertips,
copulating, a soul-saving device,
look at me, world, look at me, city,
wild pandemonium of debauching pigs,

l'ommini a ttirà l'acqua
ciaschiduno ar su'pozzinocrepà
umanigorda ingorda umanità.

Chissacchì

Dorce e cchiara è la notte e ssenza insogni
da solo vado incontro all'arb'è ggià
se fa aria er pensiere de la luna
sfiuma la luce sfiuma l'apparì
sciameno li fantasmi de le cose
ombre nell'ombra sfangheno dar dì
medemo m'arisvejjo in un insogno
insognato dar monno e cchissacchì.

L'approdo

Gran pizzuti cervelli inquinamenti
da le menti escrescenze
da le scenze escrementi
qqui la contraddizzion che nun consente
fasse addosso a ppijjà ll'erba volaria
io n'ho vvisti cristiani
mastica-mistica allancati de sanguine
squalidi ner naufraggio mozzicà
tra mmar morto e mmarciume
terra! terra! a le viste
er mar d'esiste.

Sgommero

Tempo de siti artri
siti der tempo ito
abbrivio su l'abbisso er divenì
sull'acqua li riverberi
dell'arberi a le rive
imbracato in un'anima

men drawing water
from their own well and may him drop dead:
lovely voracious humankind.

Whoknowswho

The night is sweet and bright and dreamless,
alone I walk into the already dawn,
the thought of moon turns into thin air,
the light flows slowly, appearing flows away,
the ghostly things are swarming,
shadows pass shadows at daybreak,
and I myself wake up in a dream
dreamt by the world and whoknowswho.

Landing

Sharp brains, pollution,
outgrowths of the mind,
excrements of science,
there's the senseless rub:
crowded up to get the grass that makes you fly,
I've seen so many munchy mystic chaps
thirsting for blood
like squalid sharks bite off shipwrecks
between dead sea and rot:
"Land! land!" seeing
the woes of being.

Clearing Away

Time of other places,
places of bygone time,
over the abyss becoming pulls away.
In the water the glare
of shoreline trees,
pantalooned in a soul,

imbarcato ner vive
ossa e ssanguine un gnommero
l'omo a ppasso de gammero
s'approssima a lo sgommero.

Dubbiquità

Facce stampate su li sampietrini
culi mosci ar giardino a sfusajjà
l'amore a ddoppia schina
tutte l'ale attaccate all'omo morto
fori de porta
e ddentro un fugge-fugge
pe scappà vvia dar gnente
se distrugge la ggente
vita frommicolata sur Bellicolo
dubbiqua niunquità
zellezze verminose in vaso d'oro
sbarzato d'arubbeschi
lupa-madre-snatura
perchè ttamanto scanni li fijji tua?

Urbe callara

L'arba bbriccocola sa dde viole
er celo ignotte l'osso de la notte
er cannellino è ssole che ombriaca
ah, ll'aria chiara pelle de ciumaca
che er celo la manna!
Archi e ccolonne ar sugo de tramonto
un gran callaro l'urbe orba de luce
e cce se coce la coda der giorno
un fiotto longo è stato ommini e ccose
sur maremagno un celo marignano
indove spicca spicchio d'ajjo
luna un barbajjo.
Spine ce vonno quante a arzà una rosa!

embarked in living,
bones and blood all curled up,
slow like a crayfish
man sets off to clear away.

Doubtful-all-over

Faces printed on the cobble stones,
flabby asses in the park eating and spitting lupins,
Love back to back,
All wings hanging from the clothes-hanger
outside the gates,
and inside a stampede
of people getting killed
to run away from nothing.
Life teeming in the world's navel,
everywhere the doubtful nothingness.
Verminous filth in a gold vase
embossed with arabesque thefts.
Unnatured wolf and mother,
why do you cut your children's throat?

Medley of the City

The apricot dawn tastes like violets,
the sky swallows the bone of the night,
a shade of Cannellino gets you drunk,
ah, limpid air, heaven sent
a girl's skin!
Arches and columns in the sauce of twilight,
the City is a medley blinded by light
and in it they cook the day's tail.
The past of men and things is a long breath.
Over the city's universe an eggplant colored sky
where like a garlic clove
the moon freaks out.
You need as many thorns as you need to grow a rose!

Qualunque fine approssima un comincio
ogni notte va sposa der domani
come mme ssi pper caso m'appropincio
a ffamme bbusto e ffà ppiscià li cani.

Poesia

Femmina monna ar monno mai criata
tu ffarai tu ssarai mia vita bbella
arifrescata d'acqua sguardarella
ggiojje bbrodo de ggiuggiole bbiggiù
a ffabbricatte un grugno inciarmacore
ce vò un pò dde scordasse li dolori
un tantin de pennello intinto all'aria
e scannallo er pittor de soavità
tanto affonnà le deta ne le chiappe
un disperato smaneggià la creta
forma a la fanga femmina sperà.

Bborgo pio

Pio natio bborgo servaggio
dove senz'arte se spenné nné pparte
de me la mejjo parte.
Nell'arcincanto de ciuchi vicoli
Palline, Tre Ppupazzi, Mascherino
urione regazzino
er Brigante, Bbricchetto, Mozzicone
ggente passata sotto e ssopra nome:
quello che ffu ttraversa er daveni
giusto ar punto d'adesso
nun pòi capì ssi in quante facce nove
l'omo è ssempre l'istesso.
Tempo de fame nera a ppane e aria
voli fanelli ner borgo dell'angeli
nojjartri a ddisse la nojjartrità
Guerra ppiù gguerra doppo guerra

All ends approach a new beginning,
every night marries the next day
as happens to me when by chance I near the Pincio
to become a marble bust and have dogs piss at me.

Poetry

Pure woman, never moulded in this world,
you'll make, you'll be my beautiful life
freshened with the water of your looks,
jewels, rapture, bijoux.
To have such an enchanting snout
you've got to forget a bit the pain,
dip the brush a bit into the air
and cut the suave throat of the painter,
to sink your fingers in the butts,
desperately moulding the clay
to dig out of the human mud a womanly hope.

Borgo Pio

Wild native Borgo Pio
where good for nothing
I spent the best part of my life.
In the magic world of small alleys:
Palline, Tre Pupazzi, Mascherino,
a district tender as youth.
Brigante, Bricchetto, Mozzicone,
people known by their nicknames:
that which was crossing that which shall be right now.
You can't imagine through how many new faces
man is always the same.
The time of starch hunger
with bread and air,
children's flights in the angels' town
and us speaking of ourselfness.
War was more war after the war,

la mucchia de li ggiorni sbarajjati
ne le bbattajje de la luce, l'aria
gonfia de gonfaloni
indove l'omo s'arma e ss'armanacca
più ss'accapijja ppiù nun pijja un'acca.

the many days routed
in the battles of light, the swollen air
of banners,
where man arms himself and puzzles his brain,
the more he gets in with his hair, the more he doesn't grab a thing.

Giulia Niccolai

Translated by Paul Vangelisti

The Lockheed Ballad

Il "subconscio" del cervello elettronico che aveva
fornito ai dirigenti della Lockheed il nome in codice
di quei vocaboli, verbi, sigle ecc. che essi non
volevano per nessuna ragione essere scoperti a
scrivere o pronunciare, aveva, come è giusto, un
debole per i grandi personaggi del teatro tragico,
in particolare quello shakespeariano. Nel "libretto
nero" della Lockheed (supplemento a Panorama,
15 giugno 1976) si possono infatti ritrovare: Otello,
Desdemona, Cesare, Amleto, Porzia e molti altri.
Da parte sua e a suo tempo, Shakespeare si era
invece servito di Rumour (che in inglese vuol dire
chiacchiera, diceria, far correre voce, spargere la
voce, vociferare) e che nell'Enrico IV (di cui
riportiamo l'inizio del prologo della seconda parte)
ha il ruolo di presentatore :

INDUCTION

Enter Rumour, *painted full of tongues*
Rum. *Open your ears; for which of you will stop*
The vent of hearing when loud Rumour speaks?

...

(Penso che il lettore abbia modo di consultare il
seguito che vale la pena di essere riletto in questa
chiave). In prospettiva strutturale, esaminando
ulteriormente i vocaboli cifrati del "libretto nero",
ci rendiamo conto di poterli suddividere in altre tre
grandi categorie: nomi tratti dalla flora e dalla fauna
(antilope, lillà, leone, iris ecc.), nomi che hanno
connotazioni eroico-epiche (argonauta, cosmo,
gladiatore ecc.) e parole tipicamente sassoni,
monosillabiche e onomatopeiche che corrispondono
a volte ai "rumori scritti" dei fumetti americani,

The Lockheed Ballad

The electronic brain's "subconscious" that had
furnished Lockheed's executives with code names
for those words, verbs, initials etc, which they
under no circumstances wanted to be discovered
writing or uttering, had, as it should, a weakness
for the great characters of tragic drama, particularly
Shakespearian. In Lockheed's little black book
(supplement to *Panorama*, June 15, 1976) we can
in fact discover: Othello, Desdemona, Caesar,
Hamlet, Portia, and many others.
For his part and time, Shakespeare instead
employed *Rumour** (meaning, in English, chatter,
talk, spreading stories, not holding one's tongue,
gossip-mongering) who, in *Henry IV,*
plays the role of the announcer (here we quote
the opening lines of the prologue to part II):

INDUCTION

Enter Rumour, *painted full of tongues*
Rum. *Open your ears; for which of you will stop*
The vent of hearing when loud Rumour speaks?

...

(I think the reader might consult the
following as worth rereading in this
light). From a structural perspective, further
examining the coded terms in the little black book,
we realize they may be subdivided into three other
broad categories: names taken from Flora and Fauna
(antelope, lilac, lion, iris etc.) names with
heroic-epic connotations,(argonaut, cosmos,
gladiator etc.) and words typically anglo-saxon,
monosyllabic and onomatopoeic which sometimes
correspond to the written sounds of American comics

---

* Rumor: the name of an Italian Prime Minister involved in the Lockheed scandal.

come ad esempio: sob (che in inglese vuol dire
piangere, singhiozzare), jab (accoltellare), tap
(bussare alla porta) ecc.
Data la ricchezza del materiale presente nel
"libretto nero" della Lockheed, è chiaro che si
possono ottenere un numero infinito di testi
poetici o teatrali (epici, tragici, comici ecc.)
e che questi testi, con la traduzione simultanea
del vocabolo criptico nel suo significato reale
(o vice versa) offrono innumerevoli possibilità
di giochi di parole a due o più voci come in una
specie di battaglia navale verbale. Ma per
classificare e elaborare in tutte le loro possibili
combinazioni i vocaboli del "libretto nero" è
ovviamente indispensabile un altro cervello
elettronico. Il testo che ho scelto di scrivere
è composto esclusivamente di parole tratte
(nella loro accezione cifrata) dal "libretto nero",
si serve dei nomi dei personaggi shakespeariani
ivi presenti e può essere letto come ballata o
come epilogo a un ibrido innesto di tragedie
e commedie.

Othello's feline ire forbs his granite
Fingers; his vim hath sealed his willow
Goddess' lips. The flametree's firethorn
Doth spear the lady's reb; Desdemona
The jonquil, the ladybird, the opal oriole
Now cold and dab like flotsam upon
The tidal ebb. Woe to Hamlet, the moonbeam
Upon his silver sword, the bleak phantom's vox,
The prohpet's raven cloak, the hemlock
And the hammer hard. An ode to Juliet
To Portia, to the actors in the barnyard.

such as: *sob* (which in English means to cry, to make
a weeping sound), *jab* (to knife), *tap* (to knock on
the door),etc.
Given the richness of the material present in
Lockheed's little black book, it's clear
we might obtain an infinite number of poetic
or theatrical texts (epic, tragic, comic, etc.)
and that these texts, with a simultaneous translation
of the cryptic word into its actual meaning
(or vice versa) offer innumerable possibilities
of wordplay in two or more voices as in a sort
of naval battle of words. But to classify and
elaborate the terms in the little black book
in all their possible combinations
another electronic brain is clearly
indispensable. The text I've chosen to write
is composed exclusively of words taken
(in their coded meaning) from the little black book
it uses the names of Shakespearian characters
here present and may be read as a ballad or
an epilogue to a hybrid of tragedies
and comedies.

Othello's feline ire forbs his granite
Fingers; his vim hath sealed his willow
Goddess' lips. The flametree's firethorn
Doth spear the lady's reb; Desdemona
The jonquil, the ladybird, the opal oriole
Now cold and dab like flotsam upon
The tidal ebb. Woe to Hamlet, the moonbeam
Upon his silver sword, the bleak phantom's vox,
The prophet's raven cloak, the hemlock
And the hammer hard. An ode to Juliet
To Portia, to the actors in the barnyard.

da *Frisbees*

a Bob McB,
messaggero degli dèi di Cazadero Valley

Una volta
aprendo il frigorifero
è capitato anche a me di dire:
"C'è qualcosa di marcio in Danimarca".

*

Non si gioca a *frisbee* solo con le parole.
È bene farlo anche con le braccia e con le gambe.

*

"Beati i poveri di spirito"
dovrebbe fare in inglese :
"Blessed are the half-wits".
Invece è: "Blessed are the poor in spirit".
(Anche per questo bevo sempre parecchio.)

*

I presidenti degli Stati Uniti
(da quando televisione è televisione)
e quando parlano al popolo americano,
fissano sempre un punto sopra l'obiettivo della camera.
(Vedi: orizzonte. Vedi: infinito).
Ma, ce li hanno i piedi per terra?

*

Attenta che i *frisbees*
possono diventare nauseanti.
È importante l'ordine in cui si susseguono.
Certo che può esserci qualcosa
che ancora sfugge
sia a me che a voi in tutto questo!
Sto diventando una poetessa impegnata.
Sto diventando una poetessa impegnata?

*

from *Frisbees*

for Bob McB,
messenger of the gods of Cazadero Valley

Once
opening the refrigerator
I too happened to say
"There's something rotten in the state of Denmark".

*

One doesn't play *Frisbee* with words alone.
It's good to do it also with arms and legs.

*

"Beati i poveri di spirito"
ought to come out in English:
"Blessed are the half-wits."
Instead it's "Blessed are the poor in spirit."
(Yet another reason for me to drink a lot.)

*

Presidents of the United States
(ever since television has been television)
when they speak to the American people,
always fix on a spot above the camera lens.
(See: horizon. See: infinite).
But do they have their feet on the ground?

*

Careful that the *Frisbees*
may become nauseating.
The order in which they follow each other is important.
Certainly there may be something
still elusive in all this
be it for you or for me!
I am becoming a socially committed poetess.
Am I becoming a socially committed poetess?

*

Poter constatare
la mattina dopo,
serenamente,
alla luce del giorno
che anche la propria presunzione
e stupidità
non hanno fondo,
non hanno limite...
...
è una cosa bellissima.

*

Consiglio l'ascolto di Bach
agli artritici e ai reumatici.
Al contrario del freddo,
dell'umido
—e come gli ultrasuoni—
cura
quando ti entra nelle ossa.
Holy Bach heals.
Holy Bach makes whole. Perbacco!

*

(Rilassarsi
in modo da ascoltarne le vibrazioni
anche con le ossa).

*

Pensiamo al cervello
come a una prugna secca.
Immergiamolo in Bach.
Si gonfia e pulsa
come una spugna.

*

Bach è bello averlo nel sangue.
L'organista e clavicembalista
che suona Johann Sebastian
si chiama Janos Sebestyen.
Cos'altro poteva fare?

*

To be able to establish
the morning after,
serenely,
in the light of day
that even my own presumption
and stupidity
are bottomless
are limitless...
...
is a most lovely thing.

*

I suggest listening to Bach
for arthritics and rheumatics.
Unlike the cold,
and humidity
—and like ultrasounds—
it heals
as it enters your bones.
Holy Bach heals.
Holy Bach makes whole. By Jove!

*

(Relax
so as to hear the vibrations
even with the bones.)

*

Let's think of the brain
as a shriveled prune.
Immerse it in Bach.
It swells and pulses
like a sponge.

*

Bach is beautiful to have in the blood.
The organist and clavichordist
who plays Johann Sebastian
is called Janos Sebestyen.
What else could he do?

*

Mi sono fatta una maschera facciale
con la Toccata concertata
(in mi maggiore BMW 566)
di Bach.

*

Il modo in cui cammino
mi ha sempre fatto consumare
il lato esterno dei
tacchi delle scarpe.
Giocando a *frisbee*
vorrei cominciare a consumare un po'
anche quello interno.
Per equilibrare.
Vorrei anche che i *frisbees*
mi aiutassero
a far funzionare il cervello
in modo nuovo.
Chiedo troppo?
A questo scopo
potrebbe essere utile
cominciare a chiamarli
Frisbeezen o *Zen-frisbees*.

*

E questo cos'è?
Un *frisbee* di testa o di gambe?

*

E perché non ho scritto
un *frisbee* di gambe o di testa?

*

(I primi passi
sono sempre un po' problematici).
What about a *Porno-frisbee*?
Yeah, a dirty-minded one.

*

I gave myself
a facial
with Bach's Orchestral
Toccata (in E major BMW 566).

*

The way I walk
has always made me wear down
the outside edge of the
heels of my shoes.
Playing *Frisbee*
I wish to begin wearing down a little
the inside one too.
To even things out.
I wish also the *Frisbees*
might help
make my mind work
in a new way.
Do I ask too much?
For this purpose
it might help
to start calling them
Frisbeezen or *Zen-Frisbees*.

*

So what's this?
A *Frisbee* of head or legs?

*

And why didn't I write
a *Frisbee* of legs or head?

*

(The first steps
are always a little problematic.)
What about a *Porno-frisbee*?
Yeah, a dirty-minded one.

*

Comunque
(e qui andiamo sul liscio),
i *Frisbeezen*
suonano più tedeschi
dei *Zen-frisbees*
che a loro volta
suonano più californiani
che giapponesi.
(Siamo sempre molto lontani dal satori).

*

Non vorrei che i *frisbees*
fossero il mio testamento
Certo, però, hanno qualcosa
del cadavre exquis.

*

Chiamavo mio padre affettuosamente "Rinoceronte",
"Rinoceronte ingiallito".
Anni dopo la sua morte
ho sognato un rinoceronte
che con il lungo corno
annusava un papavero in un campo.
E si infuriava
si imbestialiva
e si incazzava
perché con il corno (otturato)
non era in grado di sentirne il profumo.
(Io, nel sogno, sapevo
che i papaveri non hanno odore
ma non osavo avvicinarmi al rinoceronte
per dirglielo).
Il rinoceronte da lontano
si dimenava e scalciava.
Poi, per rabbia, per spregio,
pisciò sul papavero.
Ci fece sopra una lunga, poderosa pisciata.
PAPAVERO
PAPA' VERO
Ciao Sigmund!

*

In any case
and here we're on easy ground
the *Frisbeezen*
sound more German
than *Zen-frisbees*
which in turn
sound more Californian
than Japanese.
(We're still a long way from satori.)

*

I wouldn't want the *Frisbees*
to be my last will.
Certainly, they have something
of the exquisite corpse about them.

*

I called my father affectionately "Rhinoceros,"
"old yellow rhinoceros."
Years after his death
I dreamt of a Rhinoceros
sniffing with his horn
at a poppy in a field.
And he got furious,
he got beastly
and pissed off
because with his horn (plugged up)
he couldn't smell the perfume.
(I knew, in the dream,
that poppies have no smell
but I didn't dare go near the Rhinoceros
to tell him.)
The rhinoceros in the distance
fussed and stamped
Then in anger with contempt,
he pissed on the poppy.
He let go on top of it a long mighty piss.
POPPY
POP PEE
Ciao Sigmund!

*

Roman Polanski.
E abbiamo un Papa Roman Polanski.
E' stato Paul Vangelisti
di Los Angeles
a farmi capire
che polacchi e italiani si assomigliano.
Petrus, dove sei?
Mi sei mancato alla *Pasticceria*.
Fanno un'ottima Torta Paradiso,
ça va sans dire.

*

Il *Goethe-Frisbee*.
C'era sul davanzale
una lattina di birra Oranjeboom.
Lattina nera che noto
guardando fuori dalla finestra
quando anche l'asfalto
è nero di pioggia.
Dico: "Quanto si assomigliano
e che belli che sono
il nero della lattina
il nero dell'asfalto".
Poi noto la piantina d'arancio
e registro
gli Orange reali d'Olanda.
Poi però
(e qui non so se sia colpa
di Marguerite Yourcenar
che sto leggendo
e che in *Les yeux ouverts*
parla di Goethe),
di colpo mi viene in mente
questo verso demente:
"Kennst du das Land wo die Oranjeboom".

*

Chiedo di pagare due rossi
al cassiere delle *Scimmie*.
"Vino?" mi chiede lui.

Roman Polanski.
And now we have a Roman Polanski Pope.
It was Paul Vangelisti
of Los Angeles
who made me understand
that Poles and Italians resemble each other.
Petrus, where are you?
I missed you at the *Pasticceria.*
They make an excellent Paradise cake,
ça va sans dire.

*

The *Goethe-Frisbee.*
There was on the window-sill
a can of Oranjeboom beer.
Black can I notice
looking out of the window
when the pavement too
is black with rain.
I say: "How much alike
and how beautiful they are
the black of the can
and the black of the pavement."
Then I notice the little orange tree
and register
the Dutch House of Orange.
But then
(and here I'm not sure if it's the fault
of Marguerite Yourcenar
whom I'm reading
and who in *Les yeux ouverts*
speaks of Goethe),
suddenly this demented line
springs to mind:
"Kennst du das Land wo die Oranjeboom".

*

I tell the cashier at the *Scimmie*
I want to pay for two reds.
"Wine?" he asks me.

(Deve essere molto politicizzato).
Dopo poco al bar
vedo il sosia di Pavese
e il sosia di Sanguineti.
Saranno mica questi allora
i due rossi del cassiere?

*

E io
quante ore dovrei rimanere al bar
quanti rossi dovrei bere
prima di vedere
la sosia di me stessa?

*

 (Ma tu guarda!
Il sesso!
Che razza di libertà si prende!
Che trasformismi!)

*

Per spiegare alle sue amiche
americane e inglesi
quanto poco sapesse l'italiano,
mia madre era solita dire:
"I give *tu* to strangers
and *lei* my husband".

*

Sono nata il 21-12-34
21 e 12 sono anagrammati
e poi abbiamo anche 1,2,3,4.
Potrebbe essere elegante morire a 56 anni
per potere fare 1,2,3,4,5,6.
Avrò 56 anni nel '90.
Il 1991 però andrebbe meglio.
Farebbe da pendant al 21-12.
In questo caso sarei favorevole
a una lapide così concepita:
Nata il 21-12-34

(He must be very politicized).
Soon after at the bar
I see Pavese's double
and Sanguineti's double.
Could these be then
the cashier's two reds?

*

And I
how many hours must I stay at the bar
how many reds must I drink
before I see
my own double?

*

(How about that!
Sex!
What liberties it takes!
What transformations!)

*

To explain to her woman friends
American and English
how little she knew Italian,
my mother would always say:
"I give *tu* to strangers
and *lei* my husband".

*

I was born on 12-21-34.
12 and 21 are anagrams
and then we also have 1,2,3,4.
It would be elegant to die at 56
to be able to make 1,2,3,4,5,6.
I'll be 56 in '90.
1991 though would be better.
It would make a pair with 12-21.
In this case I'd favor
a stone planned thus:
Born 12-21-34

Morta il 3-4-1991.
Difficile scegliere tra i 56 anni
e il 1991.
Ma Giulia,
non si può avere tutto dalla vita!

*

Ricevo il n.12 del *Cervo volante*
con una bella poesia di Sanguineti
il cui ultimo verso dice:
"ma adesso ti ho visto, vita mia, spegnimi gli occhi con due dita, e
basta:"
e per associazione
mi torna in mente
come, nel '63
Sanguineti dicesse di sè
(e molti dissero e scrissero di Sanguineti)
che in ogni città d'Italia
c'erano due o tre studenti
disposti a morire per lui.

*

Sono finita su un 7 *Bello* per Roma
e ho avuto la sensazione
che i passeggeri seduti vicino a me
non mi prendessero per una borghese.
È solo invecchiando che
che mi è venuta
quest'aria da artista.
Che lezione, mia cara, che lezione!

*

Scritto in stampatello a matita
sulla panchina dei giardinetti
sulla quale sono seduta:
LA CATARSI PURIFICA LO SPIRITO
(PROVACI ANCHE TU).
Mentre sto ricopiando la scritta nell'agenda,
un signore anziano

Died 4-3-1991.
Hard to choose between age 56
and 1991.
You know Giulia,
you can't have everything in life.

*

I receive the 12th issue of *Cervo Volante*
with a beautiful poem of Sanguineti's
the last line of which says:
"but now that I have seen you, my life, shut my eyes with two fingers,
that's enough:"
and by association
comes to mind
how, in '63
Sanguineti said of himself
(and many said and wrote it of Sanguineti)
that in every Italian city
there were two or three students
ready to die for him.

*

I ended up a Metro-liner for Rome
and I had the feeling
the passengers sitting near me
didn't take me for a bourgeois.
Only with age
I've acquired
an artistic "look."
What a lesson, my dear, what a lesson!

*

Pencilled in capital letters
on the bench in the park
where I sit:
CATHARSIS PURIFIES THE SPIRIT
(TRY IT YOURSELF).
While I'm copying this in my notebook,
an elderly man

prima di sedersi
sulla panchina accanto
compie quel gesto ormai dimenticato
di spolverare il sedile
con un fazzoletto bianco immacolato.

*

Anche la presbiopia
che viene verso i cinquanta
è un modo
di costringere la vista
a guardare lontano.

*

Christiana Cohen
è un bel gioco di parole.

*

"Facciamo che:
Dante è vegetariano
e Shakespeare carnivoro".

"E Omero?"

"Oooom-ero
a modo suo
era cannibale".

*

All'inizio
mi sono augurata
che i *frisbees*
mi aiutassero
a far funzionare il cervello
in modo nuovo.
Cosa è cambiato?

Adesso ho più paura di prima.
Peccato. Peccato.

before he sits down
on the nearby bench
makes that gesture by now forgotten
of dusting the seat
with an immaculate white handkerchief.

*

Even the far-sightedness
that comes around fifty
is a way
of forcing vision
to look far off.

*

Christiana Cohen
is a nice play on words.

*

"Let's say that:
Dante is a vegetarian
and Shakespeare carnivorous".

"And Homer?"

"Hooom—er
was a cannibal
in his own little way."

*

At the start
I hoped
the *Frisbees*
would help
my mind to work
in a new way.
What has changed?

Now I am more afraid than before.
What a shame.What a shame.

Rossana Ombres

Translated by Carmen Di Cinque

Orfeo che amò Orfeo

Un giorno accadde che

Un gruppo di musicisti sceglie quello che, tra loro, sembra il più adatto a parlare con gli dei per una missione delicata. Deve scendere nell'Ade, parlare con Proserpina, tentare di liberare Euridice. Il musicista che andrà dalla principessa degli Inferi è uno famoso per aver composto musica misterica: si dice che questo Orfeo abbia avuto segrete comunicazioni dagli angeli, tanto è vero che Giacobbe Isacco, Davide e Moshe danzavano e cantavano le sue composizioni prima ancora che egli le avesse scritte e a Lublino non c'era uomo pio che non le trovasse belle e felici...

Orfeo, che sa bene quanto prestigio goda nell'Ade, dice di sì anche se la cosa non gli sta a cuore: a lui spiace scontentare e poi pensa che è un'avventura che gli offrirà esperienze nuove, utili. Euridice, bella e tanto desiderosa di far soldi, è morta da pochi mesi in un incidente automobilistico: andava troppo forte, non vide una curva e finì così veloce nell'Ade. Tutti i giornali ne hanno parlato, perché era l'indossatrice più importante di un grande sarto. Questa ragazza era amica di tutti quelli del gruppo, prima di diventare famosa, era stata, si può dire, con tutti, con alcuni più volte e con altri una volta sola: loro ne avevano un ricordo gaio e vitale, ecco perché volevano tornasse in vita. Orfeo non se ne era mai curato, certo aveva tanto da fare per quel suo lavoro di ricerca: ma la verità è che Orfeo aveva sempre pensato che le donne fossero insolenti, buie e miserabili. Ora lui va volentieri dalla bianca principessa degli Inferi, sa bene come si fa per liberarsi dalla paura di incontrare le ombre, un suo brano per arpa parlava proprio di questo. Appena l'anima è rimasta fuori della vista del sole, lui adagio adagio si è voltato a destra: e così gli è venuto un coraggio esaltante, si è sentito come nel grande tuorlo del mondo, protetto da un guscio incorruttibile. Proserpina ha per Orfeo tante parole proprio belle: lo chiama per nome tre volte in un modo che sembra un suono d'olifante che oltrepassi un uragano, e Orfeo non trema, anzi, si sente proprio bene. Non può vederla, naturalmente, perché Proserpina non si fa mai vedere dai visitatori dell'Ade: solo i morti possono vederla. Gli insegna la

Orpheus Who Loved Orpheus

It happened one day that

A group of musicians is choosing who among them would be the best
one to go to the gods concerning a delicate mission. He would have to
descend to Hades, consult with Persephone, and try to free Eurydice.
The musician chosen to go to the queen of the Underworld is famous for
having written music for the sacred mysteries: they say that this
Orpheus received secret messages from the angels, the proof being that
Jacob, Isaac, David and Moses danced and sang his pieces before he had
ever written them, and, in Lublin, there wasn't a single holy man who
didn't think they were beautiful and joyous...

Orpheus, who is well aware of his fame in Hell, agrees to go even
though this mission isn't particularly important to him: never one to
disappoint, he's looking at it as an adventure which potentially offers
some new and useful experiences. Eurydice, beautiful and always ready
to make a buck, died a few months ago in a car wreck: she was driving
too fast, couldn't handle a curve, and just that fast ended up in Hell. It
was in all the newspapers, because she was the top model for a famous
designer. This girl was a friend of all the musicians, before becoming
famous; she'd been with, you might say, everyone, some more than
once, others only once. They all had special memories of Eurydice,
that's why they wanted her to come back to life. Orpheus never really
cared much, of course he had so much to do, with that research of his;
but the truth is that, in his opinion, women are insolent, moody, worth-
less. But Orpheus is now going gladly to the white princess of the
Underworld. He knows how to overcome his fear of encountering the
shades of the dead, since one of his harp pieces conveniently deals with
just that subject. As soon as the spirit was beyond the light of the sun,
Orpheus ever so slowly turned to the right; just like that he is filled with
an elated courage, feeling as though he were in the very yolk of the
earth protected by an invincible shell. Persephone has for Orpheus a
fine how-do-you-do; she calls him by name three times in a way that
resembles the sound of an oliphant in a hurricane. And Orpheus does
not tremble, on the contrary, he is feeling just terrific. He can't see her
of course, because Persephone never lets the visitors to Hades see her,

strada: va a sinistra—gli dice—e a uno slargo troverai una fontana
d'acqua nera e un cipresso bianco molto alto, prosegui a destra del
cipresso per la strada che porta alla Grande Palude: troverai un basilisco
stellato che ti porterà in un luogo coperto dove dovrai aspettare un po'.
Poi ti verrà aperta la sala degli Asfodeli. Orfeo fa tutto quello che la
principessa gli ha detto e arriva in una grande sala con tante fontane
intorno. Dalle fontane non esce acqua, ma un fuocherello celeste: certo,
dentro l'Ade, gli elementi hanno altri posti, diversi da quelli che hanno
sulla terra dei vivi. La Sala è tutta addobbata per un défilé, le luci sono
rosse e provocano agitazione: fa anche molto caldo, anche se la sala è
sterminata e sembra la costruzione della notte. Euridice, in stato di
avanzata gravidanza, è sulla passerella. Presenta camiciotto e slip da
"barca"

Eccola, Euridice:
ha imparato a sfilare sulla passerella
delle Arpie, presentando ciniglie
di vermi rosa shocking
e ora
la mano sul fianco
fa più prorompente
la pancia appuntita da coiti infernali.
Sul collo le cisteggia
il segno d'una lingua infocata
una coda postuma, disseccata come un fiore
tra le pagine di un libro,
ha tra le chiappe che nel mondo,
reclamizzarono gli shorts Jesus
gli occhi che erano relegati
in un buon eye line
ora hanno dentro codine e unghiette
delle talpe del centro del mondo
delle talpette cieche che cadono negli occhi
dei morti, perché li scambiano per oblò.
Oh, quella papula rossa splendente
sulla fronte di Euridice come un rubino
sulla fronte di una notabile di Calcutta! Le fu
contagiata dal Leone Marino d'Averno
durante un congiungimento anfibio.
Come le debbono pesare quegli orecchini

only the dead. She gives him directions: "go left and in a clearing you
will find a fountain with black water and a very tall, white cypress; bear
to the right of the cypress on the road that leads to the Great Swamp:
there you will find a starred basilisk that will carry you to a canopied
place where you'll have to wait a little while. Then the great Asphodel
Hall will be opened to you." Orpheus does everything the princess told
him, and he arrives at a large room with many fountains. The fountains
do not spout water but rather a blue flame: naturally, down in the
Underworld, the elements have a different order than they do in the land
of the living. The Hall is all decked out for a fashion show, the lights are
red and provocative: it is also really hot, even though the room seems
endless, the very construction of night itself. A very pregnant Eurydice
is on the runway, modeling a workshirt and sailor's shorts.

Here she comes, Miss Eurydice:
she's learned how to parade down the runway
of the Harpies, sporting chenille
of shocking-pink worms
and now
her hand on her hip
makes more prominent
her belly swollen with infernal fucking.
On her neck protrudes
the mark of a red-hot tongue;
a posthumous tail, dried like a flower
between the pages of a book,
lies between her ass cheeks, which on earth
advertised Calvin Klein shorts
her eyes which were boxed-in nicely
with a straight sweep of eyeliner
are now full of tiny tails and teeny nails
of the moles who live in the center of the earth
of the tiny blind moles that fall into the eyes
of the dead, because they mistake them for portholes
Oh, that scarlet pimple gleaming
on Eurydice's forehead like a ruby
on the forehead of some Calcutta Dame! She
picked it up from the Sea Lion of Avernus
during an amphibious coupling.
And how heavy those earrings must be

dove irrancidisce lo sperma del drago!
E quei seni! Che caglio nutriente
avrà il suo latte per i minotauri!
Si è fermata. Ora guarda con fosca
curiosità Orfeo.
Non lo ha
riconosciuto.

L'ira ha invaso Orfeo e con l'ira la ripugnanza. Che brutto posto quella
sala bollente e come è vero che i morti diventano repellenti e volgari.
Orfeo scappa via. Sbaglia tre volte la strada per tornare alla bocca
dell'Ade, dove potrà parlare con Proserpina; tre volte si ferma, si siede
nel buio e piange. La terza volta si trova intorno delle meste deucce
(sono le aiutanti di Proserpina) sentenziose e malvestite, scure in faccia
e leggermente balbuzienti:

Orfeo ora
le ha dattorno: accigliate
nelle corde vocali, di gutturale
capigliatura
e di parola alopeciosa:
"Non è bello, caro figliolo,
andare a vedere cosa fanno i morti. Sono
gli insulsi desideri di chi vive titubando.
Se il corpo di questi morti
era l'unica cosa bella che avevano
quand'erano sulla terra,
è facile che qui nella foia
di tenerselo stretto
cerchino la potente amicizia degli animali
più ributtanti
e queste luride congiunzioni li facciano diventare
gracidi labari
coperti di bigiotterie mostruose.
Credi a noi, caro figliolo,
che abbiamo cent'occhi e siamo le figlie
che l'occhiuto angelo Sammaèl ebbe dalle tre Parche
quella volta che le sorelle
andarono in vacanza con Proserpina,
trasformate in seducenti figlie di uomini...

where the semen of the dragon turns rancid!
And those breasts! What nutritious curds
that milk must have for the minotaurs!
She's stopped. She now looks with dark
curiosity at Orpheus.
She has not
recognized him.

Anger has taken possession of Orpheus and with the anger, repugnance
too. What an ugly place that boiling room is and how true it is that the
dead become repelling and vulgar! Orpheus runs away. Three times he
takes the wrong road to the mouth of Hades, where he could talk to
Persephone; three times he stops, sits down in the dark and cries. The
third time he finds himself surrounded by some woeful little goddesses
(Persephone's helpers), pompous and badly dressed, surly and slightly
stuttering:

Orpheus now
has them all around him: knitted
vocal chords, with guttural
heads of hair
and alopecian words:
"It's not nice, dear son,
to go to see what the dead do. They are
the silly desires of those who live wavering.
While the bodies of these dead
were their sole beautiful possession
when they were on the earth
it's only natural that here in the urgency
of holding themselves tight
they seek out the potent friendship of animals
most revolting
and these lurid couplings make of them
croaking standards
overlaid with monstrous jewels.
Believe us, dear son,
who have one-hundred eyes and who are the daughters
that the many-eyed angel Sammaèl sired by the three Fates
once when the sisters
vacationed with Persephone,
transformed into the seductive daughters of men...

Perché, caro figliolo, ci fu un tempo
che gli angeli si mescolarono nel mondo
ai maschi copulanti..."

Le deucce vorrebbero ancora parlare, ma Orfeo se ne va. Sono tanto
prolisse: e sembrano acrimoniose. Orfeo arriva alla bocca dell'Ade e
parla con Proserpina. Parla convulsamente, non ha le maniere gentili
che dovrebbe avere con la principessa bianca: eppure con lui Proserpina
è stata tanto gentile, non c'è niente da dire, gli ha indicato con buona
grazia tutto quello che doveva fare. Ma Orfeo è pieno di rabbia, ancora
sente un atroce disgusto per quello che ha visto. "Io non la voglio
portare sulla terra, quella troia!" grida Orfeo. "Indossa termitai e sta per
partorire un orrendo mostro. Il feto che porta nella pancia le traspare:
ha tre teste di gallo e una coda di drago che le tiene legate come un
mazzo di carciofi. La terra non deve avere più mostri! E poi, non è così
che la ricordano i compagni. Quand'era la ragazza del gruppo, non
aveva quella coda secca lunga quanto un ramo di palma che le spuntava
dal culo! Tanto è vero che pubblicizzava gli shorts in tutto il mondo. Non
ho mai visto niente di più schifoso: è già tanto che gli Inferi non la
vomitino in un posto ancora più profondo!"

Proserpina è dura: "Orfeo" gli dice "io non spreco i miei consensi. I
morti cambiano e se per un caso straordinario possono ritornare sulla
terra, tornano mutati: ma tu che hai fatto poesia e musica delle
iniziazioni, dovevi saperlo. Quando un morto arriva qui, ha la sua
iniziazione: dopo è come chi ha passato la pubertà e gli crescono peli
che prima non aveva e la sua voce cambia e il suo sesso ha fame.
Bisognerebbe, per non subire questa trasformazione, che chi vien qui
non fosse morto ma soltanto cambiato, e questo accade solo in casi
eccezionali. Abbiamo qui Elena quando era bella e suscitò guerre
terribili, e in un altro deposito c'è la Elena calva e lardosa che morì
centenaria, trasformata secondo le formule dell'Ade. Sei stato sciocco e
impulsivo: ora dovrai restare qui per sempre, questa è la punizione".

"Principessa" dice Orfeo "hai ragione e ti ho davvero offesa. Ma quanto
eri amorevole quando ho scritto la partitura dei cori infernali e te l'ho
dedicata, e la dedica diceva "Alla bianca principessa degli Inferi". Hai
toccato col tuo dito un cespuglio di note, e da brevi sono diventate nere

Because, dear son, there was a time
that the angels mingled on the earth
with copulating men..."

The little goddesses would have talked on, but Orpheus takes his leave.
They are so long-winded: and they seem caustic. Orpheus arrives at the
mouth of Hell and speaks with Persephone. He speaks convulsively, he's
not using the proper manners that one should have with the white
princess: and yet, Persephone was very nice, there's no doubt about it,
she instruced him with good grace in everything that he should have
done. But Orpheus is wrathful, he still feels an atrocious disgust for
what he has seen. "I do not want to take her back to earth, that slut!"
shouts Orpheus. "She wears termites' nests and is about to give birth to
a horrendous monster. The fetus that she carries in her belly shows
through her: it has three rooster heads and a dragon's tail that keeps
them bound like a bunch of artichokes. The earth must have no more
monsters! Besides, that's not how my friends remember her. When she
was the group's girlfriend, she didn't have that dried tail as long as a
palm branch that sprouts from her ass. The proof is that she advertized
those shorts all over the world. I've never seen anything so disgusting:
it's surprising that the Infernal gods don't vomit her into a lower depth
of hell!"

Persephone is harsh: "Orpheus," she says to him, "I do not allow my
consent to be squandered. The dead change and if for some extraordi-
nary reason they can return to earth, they return changed: but you who
have created poetry and music for the initiations, should have known.
When someone dead arrives here, she has her initiation: afterwards it is
like someone who has passed puberty and grows hair where once there
was none and the voice changes and her sex has an appetite. It would
be necessary, in order not to undergo this transformation, that the
person who comes here be not dead but merely changed, and this only
happens in exceptional cases. We have here Helen when she was
beautiful and provoked terrible wars, and in another deposit there is the
bald and chubby Helen who died at 100 years of age, transformed
according to hell's formula. You were stupid and impulsive: now you
must stay here forever, this is the punishment."

"Princess," Orpheus says, "you are right and I have truly offended. But
how loving you were when I wrote the score for the infernal chorus and
I dedicated it to you, and the dedication read, 'To the white princess of
the Infernal gods.' You touched with your finger a thicket of notes and

biscrome. E quando ho costruito un organo con tibie di santi: fu per celebrare la lucentezza dei tuoi sogni. E quando composi la ballata della morte, legando le corde dell'arpa di Davide a un cranio di liocorno, tu scatenasti un terremoto per applaudirmi. E ti ricordi, quando con una mia serenata incantai un manipolo di demoni delle miniere di Salomone e approfittando della loro distrazione portai via i tre rubini che ballano e saltano, per offrirteli?" Tutto questo, Orfeo lo dice con voce affannosa, ma poi cambia tono: ora è pacato e le sue parole hanno un suono tanto persuadente:

Quando vinsi a Pan la polvere
antimarcescenza, potevo
venderla e comprarmi tanti castelli:
invece la diedi a te
perché conservassi farfalle colorate
ombre vive della tua notte.
Un giorno —ti ricordi?—
costruii una fidula
con una mandragola svuotata
e tu, dando la tua voce
a tutte le canne dei canneti, dicesti:
"Orfeo è amico di Proserpina
perché ha svuotato la vita
ed ora suona il seme del golem!"

"Mi commuovi" gli dice Proserpina. "Torna pure nel mondo. Ma porta con te di qui qualcuno che hai amato e ami ancora e valga tutto quello che ti ho detto prima e la regola dell'Ade." Ora Orfeo dovrà trovare un morto che ha amato e che potrebbe amare ancora.

Non ha conosciuto madre né padre, e la vecchia
bàlia era una troiona (ancora si vergogna
d'averne succhiato gli slabbrati capezzoli
ancora teme d'averne accarezzato
cercando il sonno, infetti pomfi).
Coi compagni fu gentile ma timido e deluso:
non riuscì ad amarli; non ebbe fratelli
e neppure li desiderò; per le ragazze
provava un'avversione lunga e cupa
che neppure il più buio suono potrebbe descrivere.

soon they became black demisemiquaver. And when I built you an organ with the tibiae of the saints: it was to celebrate the brightness of your dreams. And when I composed the ballad of the dead, binding the strings of David's harp to the skull of the unicorn, you unleashed an earthquake to applaud me. Do you remember, when with my serenade I enchanted a maniple of demons in Solomon's mines and taking advantage of their distraction, I carried out the three rubies that dance and leap, to offer them to you?" All of this Orpheus said with a labored voice. But then he changes tone: and now it is tranquil and his words have such a persuading sound:

When I won from Pan that powder
antidote against decay, I could have
sold it and bought myself so many castles:
instead I gave it to you
so that you could save your colored butterflies
living shadows of your night.
One day—do you remember?—
I made you a fidula
from a hollowed mandrake root
and you, giving your voice
to all of the reeds in the marshes, said:
"Orpheus is Persephone's friend
because he hollowed out the life
and now plays the seed of golem!"

"You move me," Persephone tells him. "Return to your world. But take with you from here someone that you have loved and still love and who is worthy of everything that I told you before and the law of hell." Now Orpheus has to find someone dead that he has loved and that he could still love.

He knew not mother nor father and his old
wetnurse was a whore (still he's ashamed
of having suckled from the overflowing nipples
still he fears having caressed them
while seeking sleep, the infected pustules).
With his friends he was kind but shy and disappointed:
he never managed to love them; he had no siblings
nor did he desire them; as for girls
he had a long and deep aversion
that not even the darkest note could express.

C'è da disperarsi per lui! Se
una compagine di vermi andasse già
distillandogli incensi, se una cava
di smeraldi già si fosse offerta
di conservarlo nella sua foresta cristallina?
Se la sua ombra stesse per abbandonarlo?

"Voglio un ragazzo che è cambiato ma è certamente qui! Perché il
ragazzo Orfeo, in realtà, è morto, non c'è più da tanto tempo. Amo solo
quello che ero, quel ragazzo che non sono più!" Tutti gli Inferi si
scuotono, mentre la principessa gli dice di sì.

A venti passi da lui
gli viene dietro
il ragazzo Orfeo.
Se lo ricorda bene ora che sa
che gli cammina a poca distanza
come un agnello di cui il pastore è sicuro:
un chiaro spesso volto
che si stacca dall'icona esclamativo
nella punteggiatura di espertissimi tarli:
e lo sfondo dell'icona
è di un oro pieno mattino.
Come deve scorrere compiacente il sangue
di questo ragazzo! Come deve essere
tutto ripieno di cose che non ha mostrato ancora
di segni impercettibili che aspettano
di essere congiunti tra loro dal tempo
in una mappa misteriosa.
Sotto le palpebre
ci sono tante infantili bugie ghiottone
picchiettate come coccinelle
e le labbra girano insù
perché non conoscono l'amarezza;
i ricordi, imbevuti di frescure impuberi,
sono azzurri rampicanti della memoria.
Di un fresco colore sono i capelli
e si rigirano da ogni parte per la curiosità,
tutte le collinette della giovinezza
si alzano nelle sue guance—come ricorda bene!—

We despair for him. For what if
an assemblage of worms were already going forth
pouring out incense on him, what if a mine
of emeralds had already offered itself
to keep him in its crystalline forest?
What if his shadow were about to abandon him?

"I want a boy that is changed but who is certainly here! Because the boy
Orpheus, in reality, is dead, he hasn't existed for a long time. I only love
the one that I was, that boy that I am no longer!" All of the Infernal gods
tremble while the princess tells him—yes.

Twenty steps from him
there is trailing him
the boy Orpheus.
He remembers him well now that he knows
that he is walking not far from him
like the lamb of whom the shepherd is sure:
a clear thick face
which comes off the icon exclamation point
in the punctuation of most expert wood worms:
and the background of the icon
is a full morning gold.
How pleasurably must flow the blood
of this boy! How he must be
all full of things he has not yet shown
of imperceptible signs that are waiting
to be joined between themselves by time
into a mysterious map.
Under his eyelids
there are so many infantile glutton lies
speckled like ladybugs
and his lips turn up
because they know no bitterness;
the memories, drenched in puerile freshness,
are blue climbing ivy of the mind.
Fresh-colored are his tresses
and they tumble every which way in curiosity,
all the little hills of youth
rise on his cheeks—how well he remembers!—

e le orecchie sono calde
di un sonno troppo fitto
dove i sogni rimbalzano. Come è bello
questo ragazzo! La musica
che compone
è una trascrizione per flauto e tamburello
del concerto misterioso che segnò le nozze
di una galassia col primo nevaio del mondo
gli assoli per voce
glieli cantò un angelo cacciato
che, disgiunto dal bene, per dolore e per rabbia
volle rivelare misteriche armonie
imbottendone la notte del ragazzo Orfeo!
Come è bello
questo ragazzo!
Orfeo adulto è goloso del giovane Orfeo.
Si volta e si guarda. A lungo
con occhi commossi.

Ora Orfeo ha perso il bene appena ritrovato e se stesso che era quel
bene. Si dispera e vorrebbe gridare, ma la voce già è andata via da lui,
della voce gli è rimasta solo una piccola eco, chiusa nel suo petto e
incattivita. Nessuno lo può aiutare. Certo, tra poco dovrà morire.
Proserpina gli darà la terribile punizione: non si perdona due volte, tutti
lo sanno. Ora ha perso la strada, se in una strada andava. Come è tutto
annebbiato e trema, e un sudore fitto lo bagna, e i polmoni respirano
così distanti ormai, e il cuore batte dentro qualche grotta di montagna
mille parasanghe lontano da lui!

Ora cammina per una brutta campagna
solo
Orfeo senza il ragazzo Orfeo.
E dire che ha le orecchie corrette
per udire la tenebra luminosa:
sul salterio dimenticato da Metatròn
(angelo dei viaggi tormentosi e delle
benevole linfe)
ha composto un giorno la crescita dell'erba
e la pioggia di manna nel deserto,
sul flauto di Avhzia, avendolo invocato

and his ears are hot
from a sleep too deep
where his dreams rebound. How beautiful he is,
this boy! The music
that he composes
is a transcription for flute and tambourine
of the mysterious concert that signaled the nuptials
of a galaxy with the first snowdrift of the world
the voice solos
an exiled angel sang for him
who, separated from goodness, out of pain and rage
wanted to reveal the mystic harmonies
stuffing the night of the boy Orpheus!
How beautiful he is,
this boy!
Orpheus the adult is jealous of the young Orpheus.
He turns and he looks. For a long time
with tearful eyes.

Now Orpheus has lost the treasure regained, and he himself was that
treasure. He despairs and would like to shout, but his voice has already
left him, of his voice there remains only a tiny echo, closed up in his
chest and cross. No one can help him. Surely, in a little while he will
have to die. Persephone will punish him terribly. One is not twice
forgiven, everyone knows that. Now he has lost his way, if he were
following a way. How muddled he is and he is trembling, and a heavy
sweat drenches him, and his lungs breathe distantly now, and his heart
beats inside some grotto in the mountain a thousand parasangs from him!

Now he walks through an ugly countryside
alone
Orpheus bereft of the boy Orpheus.
How he holds his ears strained
to hear the luminous shadows:
on the psalter forgotten by Metatròn
(angel of tormenting voyages and of
benevolent nourishment)
he composed one day the growth of grass
and the rain of manna in the desert,
on the flute of Abishai, having invoked him

a digiuno dopo di aver letto le benedizioni,
ha composto una danza per le Sefiròth,
numeri viventi della creazione...
Per il soave Eleazar, profeta dei nomi segreti
(che il Signore lo benedica e i santi
non lo dimentichino mai),
ha trovato nell'olifante il segreto nome
del demone che resse lo sguardo del basilisco.
E ora, dopo tutto questo,
deve avere un destino così miserabile!
Orfeo è solo senza il suo Orfeo
e nessun angelo interviene a salvarlo.
(Eppure se l'iroso Mzpopiasaiel
accorresse, la principessa
non reggerebbe ai suoi segni: già un profeta
un giorno per portarsi via Adamo
spaccò le porte con un suo luminoso segno!)
Adesso Sammaèl, l'angelo che gli disse
lo sfacelo della carne quando la terra la possiede,
e i mille musici angeli apocalittici
che gli insegnarono la ballata della carne che torna
a crescere sui costati e dei piedi che tornano
a camminare,
sono lontani e muti.

Ora Orfeo vede tanti fuocherelli davanti a lui, ma sono ancora distanti,
dopo la curva. "Ecco" pensa Orfeo "i demoni delle cave. Ora mi
bruceranno perché ho rubato, ammaliandoli con la mia musica, i rubini
di Salomone. Potrei forse incantarli anche ora, ma non ho nulla su cui
suonare e la voce mi è andata lontano, le poche parole che potrei
pensare uscirebbero da me scorporate come larve." Orfeo vede delle
donne che gesticolano e saltellano attorno a quei fuochi. Ora pensa che
siano le deucce di Proserpina: certamente lo aspettano per ucciderlo e
intanto si danno alla pazza gioia, come baccanti. Non può che
avvicinarsi, perché se quella dove è ora è una strada, altre strade non ce
ne sono. Adesso che è vicino, una delle donne ride e tenta di
abbracciarlo, ma lui ha ancora la forza per divincolarsi. Ma altre tre lo
stringono in un girotondo e lui si sente soffocare. Vorrebbe dire:
"Andatevene, troione d'Averno," ma la sua voce chissà dov'è, forse è già
sulla terra, finita nella gola di un uccello o, per estrema punizione,

fasting after having read the benedictions,
he composed a dance for the Sefiròth,
living numbers of creation...
For sweet Eleazar, prophet of the sacred names
(may the Lord bless him and the saints
never forget him)
he found in the oliphant the secret name
of the demon that ruled the glance of the basilisk.
Now, after all this,
he has to meet a fate so miserable!
Orpheus is alone bereft of his Orpheus
and no angel intervenes to save him.
(And yet should the angry Mzpopiasaiel
rush up, the princess
would not yield to its signs: already a prophet
one day to carry off Adam
broke open the gate with a gleaming sign of his own!)
Now Sammaèl, the angel who told him
the collapse of the flesh when the earth possesses it,
and the thousand apocalyptic musician angels
who taught him the ballad of the flesh that returns
to grow on the ribs and of the feet that return
to walk,
are far away and mute.

Now Orpheus sees so many flames in front of him, but they are still in
the distance, beyond the bend. "Look" thinks Orpheus, "the demons of
the cave. Now they will burn me because I stole from them, charming
them with my music, the rubies of Solomon. Perhaps I can enchant then
once again, but I have nothing with which to play and my voice has gone
far away, the few words that I could think of would come out of me
disembodied like ghosts." Orpheus sees some women who are gesturing
and skipping around those flames. Now he thinks that they are
Persephone's little goddesses: surely they are waiting for him to kill him
and meanwhile they are crazed with joy, like bacchants. He can't help
but go closer, because if where he is now is a road, there are no other
roads. Now that he is close, one of the women laughs and tries to
embrace him, but he still has the strength to disentangle himself. But
another three form a ring around him and he feels himself suffocating.
He would like to say: "Get out of here, fat sluts of Avernus," but his

squittisce in un topo di chiavica. Ma Orfeo è ancora forte e due di quelle forsennate le butta a terra e con un'altra lotta. Ma ne vengono tante, sbucano da dietro i fuochi e tutte lo accerchiano in una stretta sempre più terribile: ora le ha tutte addosso e gridano e gli fanno male. "A' frocio" gli gridano "va a morì ammazzato!" Adesso una alta e grossa gli tiene un piede sul ventre e dice: "Al signorino non piace la fregna." Ora una giovane gli ficca nell'occhio la punta dell'ombrello e urla: "E prenditi questo punteruolo!" Le battone scatenate lo stanno ora facendo a pezzi. Che scena spaventosa: ci sono tutte le battone del raccordo anulare, e gridano e infieriscono su Orfeo. Ecco: ora sembrano placate. Stanno buttando intorno ciò che resta di Orfeo, come se buttassero via gli involucri delle loro colazioni. Guardate: non c'è mai stato uno scempio più terribile; neppure Erode, che già era feroce, fece queste cose con i bambini. Mai una vicenda tanto disgustosa abbiamo letto in un libro dell'orrore o nella cronaca di un giornale. Un braccio di Orfeo è finito sul cartello che indica il raccordo anulare e la sua testa è sull'orlo del fossato, vuota d'occhi. Guardate: uno dei suoi piedi...

...appeso a una quercia, mostruosa ghianda
che cola rosso umore...
Il suo ventre dilaniato
ha lasciato molle odore di pastiera
tutte spizzichi e mollichelle
sono sparse le sue cosce
e l'ombelico è schizzato via
e ora naviga sul fiumiciattolo
come uno scodellino di sorbetto.
In un bidone siglato Nettezza Urbana
è finita la mano destra
con tutte le note neonate che si portava dentro:
il mignolo in chiave di violino,
s'arriccia su una busta che conteneva pop-corn.
Una ciocca dei suoi capelli giace
nel reggipetto plaitex, sepolcro imbiancato
delle tette della puttana Lynda;
in un pezzo di carta variopinta
si è avvolto un suo occhio
come una scura caramella al caffè.
I suoi testicoli sono tutti aperti

voice—who knows where it is, perhaps already on the earth, ended up
in the throat of a bird or, as an extreme punishment, squeaking in a
sewer mouse. But Orpheus is still strong, and two of the wild women he
throws to the ground and he fights with another. But so many are
coming, they are popping out from behind the flames and all of them
encircle him in an ever more terrible hold: now they are all on top of
him and are shouting and hurting him. "Hey, faggot" they shout at him,
"go fuck yourself and die!" Now a tall fat one holds her foot on his
stomach and says, "The little gentleman doesn't like cunt." Now a
young one sticks him in the eye with the point of her umbrella and
shrieks: "and take this poker!" The unleashed whores are beating him
to pieces. What a frightful scene: all the highway hookers are there, and
they are yelling and going wild on Orpheus. Here now: now they seem
placated. They are tossing around what's left of Orpheus, as they would
throw away their breakfast wrappings. Look: there has never been a
more terrible slaughter; not even Herod, who was so ferocious, did such
things with children. Never such a thing so disgusting have we read in a
horror book or in the pages of a daily newspaper. One of Orpheus's arms
ended up on the sign pointing the way to the main highway, and his
head is on the brink of the ditch, bereft of eyes. Look, one of his feet...

...hung on an oak, monstrous acorn
that drips red sap...
His lacerated belly
has left the soft odor of pastry
all bits and crumbs
scattered are his thighs
and his navel is ripped away
and is now navigating on the little stream
like a little bowl of sorbet.
In a drum stamped Department of Sanitation
has landed his right hand
with all the newborn notes that it carried inside:
the pinky on the G clef
is curled in a bag that used to contain pop-corn.
A lock of his hair lies
in a Playtex bra: blanched grave
of the tits of the whore Linda;
in a scrap of multicolored paper
is wrapped one of his eyes
like a dark coffee candy.
His testicles are wide open

come bacche di vischio fradice! Diventeranno
accalappiamosche!
Una mucillaggine per concimare l'erba
saranno i suoi polmoni appena che piova
e la lingua che si ritorce ancora,
nel mezzo della strada,
sarà un nastro che inciderà
prosopopee di motori... Oh, ecco
che un pezzettino di Orfeo
ha attirato l'attenzione
del barbagianni sul pioppo!
Se un angelo potesse vedere queste cose
si strapperebbe l'immortalità di dosso
con rabbia.

Povero Orfeo! Quante sepolture potrà vantare! Un tumulo per
l'avanbraccio e un tunnel per la colonna vertebrale, un ossario per gli
ossicini della mano e una cappelletta naturale, al limite dell'asfalto
azzurro, per ognuno dei suoi azzurri reni:

le orecchie di Orfeo
che ascoltavano la musica ch'egli compose
(ascoltando la grande musica che si nasconde a tutti)
sul fondo del fiumiciattolo
sentiranno l'isterico metronomo delle rane!

Sono contente, ora, le puttane: tre fumano
Muratti, le sigarette delle signore
che tengono boutique; un'altra
si rassetta lo smalto di Mary Quant,
quello con le pagliuzze di metallo. Una giovane
è in bermuda verdi tirate
su chiappe che tremano irritate. Una vecchia
piscia debolmente dietro lo steccato.

Le cascate sono pietrificate e i fiumi non osano andare più verso il mare.
Frutti e bacche, che si erano appena staccati dai loro rami, sono fissi nel
punto del percorso dove lo stupore li ha colti. Gli uccelli, muti, sono
rimasti sospesi nell'aria come in un cubo di plexiglas; le campane sono
diventate di gelatina e i batacchi si invischiano nel molle

like rotten mistletoe berries! They will be
flybait!
A mucilage to fertilize the grass
his lungs will become as soon as it rains
and his tongue that still twists
in the middle of the street
will be a tape to record
the prosopopoeia of motors...Oh, look
a little piece of Orpheus
has attracted the attention
of the owl in the poplar!
If an angel could see these things
it would tear off its immortality
with rage.

Poor Orpheus! So many burial sites to boast of! A tomb for his forearm
and a tunnel for his spinal column, an ossuary for the little bones of his
hand and a little chapel, at the edge of the blue pavement, for each of his
blue kidneys:

Orpheus's ears
which used to listen to the music he composed
(listening to the great music that is hidden from everyone)
at the bottom of the stream
will hear the hysterical metronome of the frogs!

They are content, now, the sluts: three are smoking
Kools, the cigarette of choice of the ladies
that own boutiques; another
is applying Maybelline nail polish—
the kind with glitter. A young one
is in green Bermuda shorts hiked up
on ass-cheeks that are chafed, quiver. An old one
is pissing weakly behind the fence.

The waterfalls are petrified and the rivers do not dare continue on
towards the sea. Fruit and berries, which have just fallen from their
branches, are fixed in the point of their course where stupor seized
them. The birds, mute, have remained suspended in the air as in a
plexiglass cube; the bells have become like jello and the clappers are

silenziosamente. Piangete tutti, ora che è successa questa terribile cosa,
ma piangete in modo che il vostro pianto non risuoni e le lacrime non
scorrano.

I fiori che stavano per aprirsi
sono rimasti fermi a metà
corrucciati come bocche
di creature offese.
Le corde di tutte le arpe del mondo
sono andate, camminando come serpi,
a infilarsi nei pallottolieri dei bambini:
non vogliono più emettere suoni.
I sassi bianchi che Orfeo sapeva suonare
come una tastiera di denti materni
(ricavandone tanti soavi
desideri di balbettii)
per il lutto sono diventati neri
e vogliono bruciare con l'antracite.
Solo il vento ha la spavalderia
di dire Orfeo nei suoi ululati
ma così criptico è il suo linguaggio,
una carezza può essere o una feroce percossa.
Ha riempito tutte le caverne dove è entrato
di mille arcani Orfei irriconoscibili.
I cherubini rispettosi
hanno legato i loro salteri, le loro mandole
ne hanno fatto un covone,
guardate come risplende! E i flauti in alto,
li vedete bene, sembrano aste di bandiera!
Certo presto verrà Zkzoromtiel, angelo
dei tempi di distruzione:
verrà comandando al fuoco
di non crepitare
e accenderà un falò.
Un silenzio basso tarchiato
ha vinto l'alto canto di Orfeo.

ensnared in the soft ground silently. Weep all of you, now that this
terrible thing has happened, but weep in such a way that your crying
does not make a sound and your tears do not run.

The flowers that were about to open
have remained closed half-way
vexed like the mouths
of creatures offended.
The strings of all of the world's harps
have gone, walking like serpents,
to wind themselves in the abaci of children:
they no longer want to send forth sounds.
The white stones that Orpheus knew how to play
like a keyboard of maternal teeth
(coaxing from them so many soft
desires of babblings)
in their mourning they have become black
and want to burn up with the coal.
Only the wind has the audacity
to say "Orpheus" in its howlings
but so cryptic is its language
a caress it could be or a fierce blow.
It has filled all the caverns where it has entered
with a thousand arcane unrecognizable Orpheuses.
The respectful cherubim
have bound their psalters their bandoras
they have made a stack of them,
look how it shines! And the flutes on high,
you can see them well, seem flagstaffs!
Of course Skzoromtiel will soon come, angel
of the times of destruction:
he will come commanding the fire
not to crackle
and he will light a bonfire.
A silence solid close to the ground
has conquered the high song of Orpheus.

Orfeo amò Orfeo
e la morte col suo infuriato esercito
offensiva e ributtante
abolì un amore così perfetto.
Con l'anima tutta rattristata
Rossana poetessa questa storia ha scritto.

Orpheus loved Orpheus
and death with its wrathful army
offensive and revolting
abolished a love so perfect.
With her soul all saddened
Rossana the poet this story has written.

Elio Pagliarani

Translated By Luigi Ballerini and Paul Vangelisti

A spiaggia non ci sono colori

A spiaggia non ci sono colori
                            la luce quando è intensa uguaglia
la sua assenza
                    perciò ogni presenza è smemorata e senza trauma
acquista solitudine
                        Le parole hanno la sorte dei colori
                                                    disteso
sulla sabbia parla un altro
                            sulla sabbia supino con le mani
dietro la testa le parole vanno in alto
                                    chi le insegue più
bocconi con le mani sotto il mento
                            le parole scendono rare
chi le collega più
                    sembra meglio ascoltare
in due
        il tuo corpo e tu
                        ma il suono senza intervento è magma è mare
non ha senso ascoltare

                    Il mare è discreto il sole
non fa rumore
                il mondo orizzontale
                                    è senza qualità
                                                La sostanza
è sostanza indifferente
                        precede
                        la qualità disuguaglianza.

A tratta si tirano

A tratta si tirano le reti a riva è il lavoro dei braccianti del mare
la squadra sono rimasti i vecchi vecchi che hanno sempre fatto

At the Beach There Are No Colors

At the beach there are no colors
                              when the light is strong it equals
its absence
                    thus each presence is forgetful and without trauma
it acquires solitude
                        Words share their destiny with colors
                                                        lying
on the sand another speaks
                                stretched out on the sand with hands
under his head the words go upward
                                        who can follow them
face down hands under his chin
                            the words fall scarce
who can connect them
                        it seems better to listen
in two
      your body and you
                            but sound without interruption is magma and sea
it makes no sense to listen

                              The sea is discreet the sun
makes no noise
                  the horizontal world
                                    is without quality
                                                    Substance
is indifferent substance
                        preceding
                            the quality of inequality.

Tugging the nets are pulled

Tugging the nets are pulled to the shore it's the work of the sea-hands
the crew only old men are left old men who have always done

quel lavoro perché una volta non ce n'era molto di lavoro
da scegliere e vecchi che gli è rimasto soltanto quello di lavoro che dormono
    in piedi
che mangiano in piedi tirando la corda
                        Baiuchela se piove che abbia vicino la
    sposa
a tenergli l'ombrello intanto che è scalzo nell'acqua di mare
                             si tendono
i nervetti delle gambe si indietreggia ancheggiando in ritmo corale ci si sposta
    di fianco
la corda tesa come un elastico il fianco legato al crocco il tempo di ballo la
    schiena
tira da sola legati col crocco alla corda si mangia si dorme al lavoro si balla
una danza notturna di schiavi legati alla corda propiziatoria del frutto
                               dopo la
    corda
la rete dove il raccolto guizza nel fondo
                    dice che è possibile ogni volta
pescarne quintali, che l'ostinazione è quella, quella pescata quella notte a
    Classe
che rinnova delusione senza rassegnazione che non ha senso pensare
che s'appassisca il mare
             rassegnazione al peggio non è rassegnazione è
    prepotenza
se hai la coscienza di figurarlo il peggio
                 c'è la diga che taglia la corrente
cambia d'ordine ai depositi di sabbia
              perciò quando Nandi dice butta giù
    bisogna buttarle giù subito
le reti e girare quando dice gira e scendere quando dice di scendere e fare
    l'arco
quel numero preciso di metri che dice lui
            c'è la speranza che li tiene in gabbia
di pescare tutte le sbornie dell'inverno in una sola volta
              c'è la matematica
di Nandi, piuttosto, che fa le medie con la luna
            Carlo insiste che hanno gusto
a guardare nella rete ogni volta quando si accosta a riva e fanno luce
nervosa intermittente i pesci con i salti presi dentro
            ma non va creduto
            Nandi

that work because there didn't use to be much work
to choose and old men left only with that kind of work who sleep standing up
who eat standing up pulling the rope
                                        Baiuchela has his wife near is it's rain
holding his umbrella while he goes barefoot in the sea water
                                                            the tendons
tense up one walks backwards swinging his hips in choral rhythm one shifts
        to the side
the rope taut like a rubber-band the hip tide to the hook the dancing beat the
        back
pulls by itself tide with the hook to the rope one eats one sleeps at work one
        dances
the nocturnal dance of slaves tide to the well auguring rope of gain
                                                            after the
        rope
the net where the catch wriggles at the bottom
                                        he says that every time there is
        hope
to catch tons of them that is their persistence, that catch that night at Classe
that renews disappointments without resignation that there is no sense in
        thinking
the sea will wither
                        resignation to the worst is not resignation but aggression
if you have the conscience to figure out the worst
                                        there's the dike that ???
changes the order of the sand banks
                                so when Nandi says drop it you have to
        drop the net
right away and turn when he says turn and come down when he says come
        down
and circle the exact of meters he says
                                there's the hope that keeps them caged
to catch all the drunks of winter in one trip
                                there's Nandi's mathematics
instead, who goes to school when the moon is out
                                Carlo insists they enjoy
looking at the net each time when the boat nears the shore and the fish
make a nervous jittery light with their jumping caught inside
                                                yet Nandi
                                                should
        not be believed

i proverbi dei vecchi è tutto niente si tratta di sequenze il cielo la marina non
    gli importa niente
dice e passa in rassegna il mare mattina e sera per nove chilometri
    dall'Ottocento
senza fare mai previsioni sul tempo
                      adesso che si affoga nella roba
                                e Togna che
       dirà che disse mangiala
te Signore lassù che io sono stufo
                buttando in aria un piatto di minestra
                        d'erbe,
    che dirà se vivrà sotto terra
so che non vive, stia calma non sorrida, ma che grida è certo
                    dalla mia bocca
    finché ancora campo.
Tutte le notti ancora degli uomini
           si conciliano il sonno
              lustrando coltelli che
   luccicano
dormono coi pugni stretti
       si svegliano coi segni sanguigni delle unghie
                    sulle
   palme delle mani.

E invece ha senso pensare che s'appassisca il mare.

I problemi sociali

I problemi sociali certamente anch'io li sento forte forse voi
o credete di averli solo voi? io do ragione a Stalin dirò di più io faccio
come lui, è da dentro che combatto, e mi funziona il mio mestiere, aggancio
la gente al collo con la gioia
           la protesta non è del corpo umano il corpo umano
   ha fame magari il corpo umano
se si ribella il corpo umano esplode contro se stesso è la testa che dà il verso
   alla protesta è con questa
o solo con la pelle che collaboro? attivare l'inerzia della carne è già protesta
   siamo stati coinvolti e abbiamo odiato
i giorni partecipato alle ragioni dell'oscurità ma è passato e basta ora non c'è

the sayings of old men is all nothing just sequences the sky the marina none
    of it matters
he says and surveys and evening sea nine kilometers since the eighteen
    hundreds
without ever making weather forecasts
                                now that we drown in stuff
                                        and what will
    Togna say
who said you eat it Lord that I'm fed up
                          throwing in the air a bowl of soup
                                            of
    herbs, what would he say if he lived underground?
I know he doesn't, stay calm don't smile,
                      but that he shouts through me, that's
    for sureas long as I live.
Every night some men
               bring on sleep
                    polishing knives that shine
they sleep with tight fists
              they wake with blood-marks left by the nails
                                on the
    palm of their hands.

But it makes sense to think the sea is withering.

Social Problems

Certainly I too feel the force of social problems perhaps you
or do you think you alone have them? I think Stalin was right or better yet I'll do
like him, it's from within that I fight and what I do works for me, I catch
people by the throat with my joy
                        the protest is not of the human body the
    human body is hungry maybe the human body
if it rebels the human body explodes against itself it's the head that gives
    protest a sense is it with this
or only with my skin that I join in? to activate the inertia of the flesh is already
    a protest we've been involved in it and hated
the days taken part in the causes of obscurity but it's over and done now one

spreco di luce di giorno
che basta
se sospetto di luce provvisoria
                    voi con molta disciplina organizzate il vostro
        capitale detto storia
misura misurata ogni momento con il metro impassibile dei ritmi
lunghi che segnano nel tempo
                    e io che me ne faccio? il tallone d'Achille ora è la gioia
è di qui che io entro.
                    E se dicesse non ho alibi
                        e non m'importa averne
                                        Come dice
divarica le cosce volubili?
            Posso spendermi solo
            per le cose che passano
            quelle che restano
                    ci penseranno loro.
Me che lui direbbe un tramonto
dorato lungo il fiume dove l'acqua
trascorre luminosa scuote la brezza un melo carico di mele
rosse alcune cadono nel fiume rimbalzano galleggiano seguono la corrente
cantando che mele che mele oh quante belle mele
come zampillassero mele dal tramonto, nella corrente uno stronzo
segue le mele si unisce al canto cantando che mele che mele oh quante belle
        mele
finché una mela che sa far di conto gli urla taci tu stronzo

Il giovane per smuovere la terra
si trasforma in serpente, lo scopre la giovane moglie; è dema può mutarsi in
        serpente
il giovane lascia il paese c'e il mare ma non c'è canotto, state tranquilli dice
ve ne procurerò uno, subito si allunga si incurva diviene lui stesso un canotto.

Parlano di Rudi, ipotesi sul nostro? lui in ogni caso è morto
nei primi Sessanta, in Svizzera, durante una cura del sonno.

(Chi dice che era già stato segnato dalla guerra
per via di un paracadute che non si aprì nel lancio,
quindi morfina come cura prima, eccetera; chi dice che non ha retto
alla durezza dell'ultimo giochetto).

            cannot waste enough
daylight
if suspect of interim light
                              you with much discipline organize your capital called
            history
measured measurement each moment with the impassable meter of long
rhythms that mark in time
                              and what do I do with it? the heel of Achilles is now joy
it's from here that I enter
                         And if he said I have no alibi
                                               and I don't care to have one
                                                                       How

            he says
open your voluble thighs?
            I can only spend myself
            on things that pass
            they can take care of
                         those that last.
So what he would say it's a golden
sunset along the river where the water
flows brightly the breeze shakes an apple tree full of red
apples some fall in the river they bounce they float they follow the current
singing what apples what apples o so many beautiful apples
as if apples gushed from the sunset, a turd in the stream
follows the apples joins in the song singing what apples what apples o so many
            beautiful apples
until an apple who knows how to count yells shut up you turd
To break the earth a youth
turns into a snake, his young wife finds him: he is a demon he can change into a
            snake
the youth leaves the country there is the sea but there is no dinghy, don't worry he says
I'll get you one, right away he stretches and bends he himself becomes a dinghy

They talk of Rudy, hypothesis about our man? anyway he died
at the beginning of the Sixties, in Switzerland, during a sleep cure.

(They say he was already scarred by the war
because of a parachute that didn't open in the jump,
morphine as initial treatment, etcetera; they say he couldn't stand
the harshness of the final trick.)

Contatta Sagredo

Contatta Sagredo: un tanto al chilo si vende e costa questa gente
è la frase che lo fa riconoscere, domani sulla spiaggia del porto. Lo trovai
in sandali da frate e una pipa lunga bianca di schiuma in bocca
mando segnali falsi disse e lodò molto la castità della donna

> Mistura della polvere da sparo secondo Ruggero Bacone:
> gesso, formaggio, sabbia del Tago e uova filosofiche

Qui è più facile perché non c'è ragione, il movente è l'esistente, e decisi di uccide
    Sagredo.
Chi ti manda me lo chiese che c'erano le negre e Pieraccini, dissi la prima balla
    mi venne in mente
disse è una balla non mi frega niente non crederai a un vivere segreto, e fra le ri
    delle ragazze si tirò giù i pantaloni.
Pieraccini stonò subito, prima fece per andarsene poi cominciò a spogliarsi pure
ma si beccò uno stronzo da Peggy e schifoso gli disse Molly con più vocabolario.
In effetti faceva schifo
          come Sagredo era pulito
                    e decisi di uccidere Sagredo.

Nandi's Blues

(a): proviamo ancora col rosso

proviamo ancora col rosso: rosso, un cerchio intorno, poi rosso su rosso: Nandi ci fo
col rosso un cerchio di rosso un punto sette punti di rosso se fossero
la macchia a cavallo dei cerchi, di rosso che cola in un angolo, mobile rosso su ce
più stretti intasati dal rosso, che segue i bordi dell'angolo, deborda oltre l'angolo
    rosso
si sparge sul tempo di rosso, rosso fin dentro il midollo dell'osso del tempo, ross
    vento
rosso quel vento nel tempo del rosso, rosso il fiato del vento nel rosso del tempo
rosso il bosco se dirama nel bosco quel vento rosso fiori rossi
su gambo rosso con petali rossi nel bosco rosso del tempo dove il vento
è rosso: troppo rosso Nandi o troppe parole di rosso o un rosso sgomento dal ros
le piume di struzzo pittate di rosso agevole rosso di struzzo

Talk to Sagredo

Talk to Sagredo: so much per kilo we sell and these people cost
it's the phrase that gives him away, tomorrow at the harbor beach. I found him
in friar's sandals and a long white meerschaum in his mouth
I'm sending false signals, he said, and greatly praised the chastity of woman

> Mixture of gunpowder according to Roger Bacon
> chalk, cheese, sand from the Tago and philosophical eggs

Here it is simpler since there is no reason, the motive is existence, and I decided to
   kill Sagredo.
Who sent you he asked me when there were the black women and Pieraccini, I told
   the first lie that came to mind
he said it's a lie I don't give a damn don't tell me you believe in a secret life, and the
   girls laughed when he pulled down his pants. Pieraccini
was immediately out of key, first he pretended to leave then he too began to undress
but Peggy called him an asshole and Molly said you're disgusting in so many words.
In effect he was as disgusting
                     as Sagredo was clean
                                 and I decided to kill Sagredo.

Nandi's Blues

   (a): let's try again with red

let's try again with red: red, a circle around it, then red on red: Nandi if there were
with red a circle of red seven degrees of red if there were
a spot straddling the circles, red that drips in a corner, fickle red on tighter
circles choked with red, that follows the edge of the corner, overflowing the red
   corner,
it spreads over the time of red, red down to the marrow of the bone of time, red of
   the wind
red that wind in the time of red, red the breath of the wind in the red of time
red the forest if the red wind blows through the forest red flowers
on red stalk with red petals in the red forest of time where the wind
is red: too much red Nandi or too many words of red or red dismayed by red?
ostrich feathers colored an easy red ostrich red

proviamo ancora col rosso: rosso, un cerchio intorno, poi rosso su rosso:
  Nandi, ci fosse

  (b)

proviamo ancora col corpo: corpo, un cerchio intorno, poi corpo su corpo:
  avessimo, Nandi
sul corpo un viluppo di corpi un punto sette punti del corpo se avessero
la macchia a cavallo del corpo, che segna il triangolo mobile macchia su corpi
costretti nel viluppo dei corpi, che segue ai bordi il triangolo, deborda oltre il
  corpo
nel tempo, si sparge sul tempo del corpo, sul corpo scavato dal tempo fin
  dentro il midollo dell'osso
tempo del corpo nell'intreccio del plesso, avendo, Nandi, corpo e fiato del
  corpo nel corso del tempo
nel fiato del vento, corpo nel corpo, fiore del corpo sul gambo del corpo nel
  bosco
del corpo sulla spiaggia dei corpi dove il vento odora solo di corpo
troppo corpo Nandi o troppe parole sul corpo o un corpo sgomento del corpo?

proviamo ancora col corpo: corpo, perché cerchio? nessun cerchio intorno,
  corpo su corpo
c'è un cerchio: corpo, corpo

  (c)

lingua: lingua di rosso sul rosso del corpo, lingua rosso canale sul corpo fra
  essere e avere, lingua per Nandi
lingua rossa del corpo del rosso, lingua del cerchio creato da lingua e da
  lingua spezzato
mistica lingua del rosso mistica lingua del corpo mistica lingua del cazzo
(se è mistica è del privato, Nandi non sa che farsene,
se è nel codice è già incastrata, Nandi ti abbiamo fregato)
                                                    ma la tua lingua rossa
                                                                    del

  tuo corpo

let's try again with red: red, a circle around it, then red on red: Nandi, if there
    were

(b)

let's try again with the body: body, a circle around it, then body on body: Nandi, if
    we had
on the body a bundle of bodies a degree seven degrees of body if they had
a spot straddling the body, that marks the triangle, fickle spot on bodies
caught in the bundle of bodies, that follows the edge of the triangle, overflowing
    the body
in time, it spreads over the time of the body, over the body hollowed by time
    down to the bone marrow
time of the body in the tangle of plexus, having, Nandi, body and body's breath in
    the course of time
in the breath of wind, body in the body, flower of body on the stalk of body in the
    forest
of body on the beach of bodies where the wind smells only of body
too much body Nandi or too many words on the body or body dismayed by the
    body?

let's try again with the body, why circle? no circle around it, body on body
there is a circle: body, body

(c)

tongue: tongue of red on the red of the body, tongue red canal of the body
    between being and having, tongue for Nandi
red tongue of the body of red, tongue of the circle created by tongue and broken
    by tongue
mystical tongue of red mystical tongue of body mystical tongue of cock
(if it is mystical it is private, it's no good to Nandi,
if it's encoded it's already screwed, Nandi you've been had)
                   but your red tongue
                          of

    your body

Rap dell'anoressia o bulimia che sia

Non bastava la droga, adesso c'è anche questa anoressia, o bulimia che sia
No, non è la stessa cosa? anzi è l'opposto, uno s'ammazza e l'altro s'ingrassa
Anoressia non significa non aver fame ma dire di non aver fame
avendone moltissima sotto pancia, e brividi d'orgoglio per non essere
come gli altri, ma come i nibelunghi anzi le nibelunghe perché colpisce
      specialmente
le ragazze e quanti hanno imparato con diligenza dai crapuloni dell'antica
      Roma
l'arte di vomitare per distruggersi: qui è come la droga, quelli ricchi
con spese e fatica più spesso se la cavano, quelli poveri finiscono tutti male.
(Fra parentesi: all'inizio di questo rendiconto se c'era una ragazza
stramba, senza ragione apparente, si trattava di reduci quasi sempre da campi
di concentramento, da quali campi sono reduci ora?)

da *Epigrammi ferraresi*

Fanciulli voi non avete fatto ogni cosa.

Lavate via il resto tutta questa quaresima.

Lavate via l'anatema: voi avete la maledizione in casa.

(Hanno tanta roba che vi affogano dentro).

*

Se una pianta dicesse (una rosa): "Io non voglio più stare sulla terra"

(o una carota tuberosa, o la gramigna anche, erba infestante).

*

Venne una voce dal cielo che disse "Nec ego pater nec vos filii."

*

Significa el calice la passione la quale conviene che ognuno ne beva.

*

Anorexic or Bulimic Rap Whatever

Drugs weren't enough, now there's this anorexia, or bulimia whatever
No, not the same thing? the opposite? one kills the other fills you up
Anorexia doesn't mean not being hungry but saying you are not hungry
having so much in your gut, and goose bumps of pride for not being
like others, but like the Nibelungs in fact the Nibelungesses because it
    especially strikes
girls and how many have learned diligently from the gorgers of ancient Rome
the art of vomiting to destroy yourself: this is like drugs, the rich
with money and effort more often get off, the poor don't fare so well.
(In parenthesis?: at the start of this tale if there were a strange
girl, without apparent reason, it had to do with survivors almost always in
    concentration
camps, from what camps come the survivors now?)

from *The Ferrara Epigrams*

Children, you haven't done a thing.

Wash away the rest all Lent long.

Wash away the anathema: there is a curse on your house.

(They have so much stuff they drown in it.)

*

If a plant (a rose) were to say: "I don't wish to be on the earth anymore"

(or a tuberose carrot or even dogweed, infesting grass).

*

And a voice came from heaven, "Nec ego pater nec vos filii."

*

The chalice symbolizes the Passion of which everyone should drink.

*

La carne è un abisso che tira in mille modi.

Così intendi della libidine dello Stato.

*

L'eternità non ha termine o fine alcuno.

E però le poesie non hanno senso allegorico.

da *Esercizi platonici*

Accennando alla bellezza di figure,
non intendo significare ciò che comunemente si crederebbe:
esseri viventi, per esempio, o immagini dipinte.
Al contrario, parola accenna solamente
a linee particolari: la retta, la curva; così pure le superfici
e i solidi che risultano dall'opera del tornio,
o per mezzo di regoli e di squadre.

*

Nel caso in cui da tutte le arti
si tolga via quella che procede
a misurare e a pesare, di ben poco conto risulterà
quanto rimane della singola arte. Resterebbe soltanto una
capacità di congettura e di esercizio sui dati del sentimento,
una certa pratica dovuta all'uso. In tal caso,
si tira un po' a indovinare; ed è appunto quello
che molti chiamano arte.

*

Allora bisogna scegliere esistenze viziose.
Osserva i piaceri conseguenti a stati morbosi,
quando, per esempio, si debba procedere
a curare la scabbia mediante sfregagione: ci sono
i piaceri prodotti dal solletico.

E questi piaceri per ogni modo si perseguono
con tanta maggiore insistenza, di quanto più la persona
è intemperante, e ad ogni luce spirituale opaca.

Almeno per i piaceri che hanno luogo nell'organismo.

The flesh is an abyss that pulls a thousand ways.

The same applies to the lust for government.

*

Eternity has neither end nor purpose.

And thus poems have no allegorical sense.

from *Platonic Exercises*

In alluding to the beauty of figures,
I do not mean to imply what is commonly believed:
living beings, for example, or painted images.
On the contrary, word alludes only
to particular lines: the straight line, the curve; and likewise planes
and solids resulting from the work of a lathe,
or by means of rules and squares.

*

In cases where all the arts
are stripped of that which proceeds
to measure and weigh, what is left
of a single art will seem a paltry thing. All that remains
would be an ability to conjecture and act upon the data of feelings,
a certain method acquired through practice. In such a case,
one hazards a guess: which is precisely
what many call art.

*

Then one must choose a depraved life.
Observe the pleasures consequent to morbid states,
when, for example, one ought to proceed
by treating scabies with a rub: there are
pleasures produced by tickling.

And the more intemperate, the more opaque a person
to every spiritual light, the more insistently
these pleasures are pursued in every which way.

At least for the pleasures located in the body.

Sette epigrammi da Martin Lutero

I

Contro le tradizioni umane non conosco esempio migliore
del culo; non si lascia stringere, vuol farla da padrone e basta.

II

Gregorio è appestato dalle osservanze:
decretò che fare scorregge era peccato mortale. Ma quando
sono in collera con Iddio nostro Signore
e gli domando se io o lui ha torto, allora va bene per me.

III

In questo ufficio della parola, imparo che cosa è il mondo
la carne è l'odio di Satana. Prima del Vangelo credevano
che non ci fosse altro peccato che la libidine.

IV

Tutte le volte che Dio sta per punire i peccati del mondo
manda avanti la parola.

V

Tommaso Muntzer disse che cacava addosso
a quel Dio che non parlava con lui.

VI

La legge dice ogni persona
è pubblica o privata. A quella privata
la legge dice "Non uccidere",
a quella pubblica "Uccidi" dice.

VII

La carne è il mio peccato
il mio demonio, lo affronto corpo a corpo
leccami il culo gli dico, e gli piscio addosso.

Seven Epigrams from Martin Luther

I

I know of no better opponent to human traditions
than the ass; it won't be squeezed, wishing to act as your master and
that's that.

II

Gregory is plagued by religious rules:
he decreed that farting is a mortal sin. But when
I am enraged by the Lord God
and ask him which one of us is wrong, then things look good for me.

III

In this Office of the Word I learn what the world is
the flesh is the hatred of Satan. Before the Gospel they believed
there was no other sin save lechery.

IV

Every time God is about to punish the sins of the world
he sends forth the Word.

V

Thomas Muntzer said he shat on
the God who would not speak with him.

VI

The law says that each individual
is public or private. The law
tells the private man, "Do not kill,"
and "Kill" to the public man.

VII

The flesh is my sin
my devil, I face him hand to hand
kiss my ass, I tell him, and piss on him.

Antonio Porta

Translated by Pasquale Verdicchio

La lotta e la vittoria del giardiniere contro il becchino

Anno Domini 352, 6 agosto, anniversario,
la notte scende la neve a Roma
e la mattina Papa Libelius impugnando la zappa
traccia i confini della nuova Basilica che si chiamerà
Santa Maria Maggiore
lì dove il giardino ha sofferto
si parla di miracolo e la pietra prevale
la gloria del costruttore sacro.

Nell'ultima stanza a destra
l'archivio della morte con le foto dei bambini
degli adolescenti, degli sposi
scomparsi, colmi di ombra
solo ombra nel cavo degli occhi, le narici
i capelli ravviati un'ultima volta,
certo che non lo sapevano dell'addio
il presentimento non è servito a nulla,
resiste la speranza, la fede nel corpo
nell'immortalità di un'anima,
quasi tutte le orecchie sono state rase dalla stampa
sfumata, a sfondo candido.

Messe in rilievo guarda
le fosse comuni di Mathausen.
Ora brulicano di feti perduti
formicolano di nascite
di spinte nel buio
piccole talpe si fanno luce
tra ventri e mammelle
occhi rovesciati labbra socchiuse
piedi e dita abbandonati
bucano mille altri princìpi,
non chiedermi perché.

The Struggle and Victory of the Gardener Over the Undertaker

Anno Domini 352, August 6, anniversary,
at night snow falls on Rome
and in the morning Pope Libelius hoe in hand
traces the boundaries of the new Basilica to be called
Santa Maria Maggiore
there where the garden has suffered
a miracle, they say, and the stone prevails
the glory of the sacred builder.

In the last room on the right
the archive of death with the photos of children
adolescents, and missing
couples, brimming with shadows
only shadows in the eye-sockets, the nostrils
the hair brushed one last time,
surely they were not aware of farewells
premonition was useless,
hope persists, faith in the body
in the immortality of a soul,
nearly all the ears obliterated in the blurred
print on a white background.

He watches the obvious
mass graves at Mathausen.
They swarm with lost foetuses
seethe with births darkly
pushing and shoving,
little moles come to light
through bellies and breasts
overturned eyes parted lips
abandoned fingers and feet,
they pierce a thousand other beginnings,
don't ask me why.

Davanti alla vetrata il tumulo
carbonizzato, travi e cenere,
al di qua della vetrata
la stanza del museo tomba di se stessa
ma il giardiniere tranquillo
comincia a piantare la prima
di 7000 querce in programma
proprio davanti alla porta d'ingresso
dopo averla ostruita con pietre
e tronchi e terriccio e muschio
in memoria del re dei pastori,
del cervo folgorato,
delle feci sparse nel prato.

Amore fulmina nell'aria
con la freccia in fiamme mentre l'uomo
con il cappello di feltro grigio
urla da coyote, bramisce
grugnisce, eppure
rimane un uomo con un cappello di feltro grigio
gli occhi celesti e pochi mesi da vivere.

Tra poco dunque sarà folgorato
antico cervo regale
membra sparse e feci perdute intorno
brandelli d'intestino, zoccoli, rami di corna,
del fulmine rimane l'odore strinato
e si capisce più tardi che il re
dei pastori non è stato risparmiato,
giace con la testa staccata
dal busto privo di braccia e di gambe
sacrificato dal gregge
davanti alla capanna incendiata dalla freccia.

Nella ferita del costato
è infissa ora una gemma
così che sul cartiglio si può leggere:
«Hai messo una gemma nella mia ferita
e la pelle del costato
la tiene fissa nel punto dolente».

In front of the glass partition
the carbonized tumulus, beams and ashes,
on this side of the glass
the museum room tomb of itself
but the quiet the gardener
begins to plant the first
of a planned 7000 oaks
right in front of the entrance door
he has obstructed with stones
and trunks and humus and moss
in memory of the king of shepherds,
of the deer struck by lightning,
of the feces scattered in the field.

Love flashes in the air
with its arrow in flames while the man
with the gray felt hat
screams like a coyote, snorts
and howls, nevertheless
he remains man with a gray felt hat
blue eyes and a few months to live.

Shortly he will be struck
ancient regal deer
scattered limbs and droppings lost around
tatters of intestines, hooves, antlers,
only the singed smell of lightning
is left and later it is clear that the king
of the shepherds has not been spared, he lays
with his head severed
the trunk without arms and legs
sacrificed by the herd
in front of the shack the arrow set on fire.

In the wounded ribcage
a gem has been mounted
so that the scroll reads
"You placed a gem in my wound
and the skin of my ribcage
holds it fixed at the point of pain."

È la notte di San Giovanni
con i fuochi sulle colline
e la danza delle ombre.

Questo è il paradiso
o il suo giardino aperto,
nello spirito del tempo,
di quale tempo?
di quale tempio?
soffiano, quei due,
l'un contro l'altro,
sgombrano il campo, il prato.

In mezzo ci passano un uomo e una donna
scalzi, con le scarpe in mano
diretti verso un altro giardino recintato, più lontano,
cinturato dalle pietre, una tomba con le radici
nel ventre.

C'è una tomba preparata tra gli alberi
al centro del prato rasato di fresco
scavata con la zappa e il badile,
un semplice cippo di granito, senza nome
ma dentro quel perimetro crescono un ontano,
una betulla, forse, e una minuscola quercia.
Passa un uomo di corsa con un cappello di feltro grigio,
fa volare il suo aquilone giallo e rosso
urla come un coyote e stride da falco.

Con un movimento della mano
un segnale delle dita arcuate
il mimo crea l'oggetto che non c'è,
invita a salire su una bici
esistono le ruote fruscianti
solo nel suo cenno d'invito
e la ragazza accetta e chiude la sella
con le cosce strette nella gonna nera,
gli occhi socchiusi nel godimento.

It is the eve of Saint John
fireworks in the hills
and the dance of the shadows.

This is paradise
or its open garden,
in the spirit of time,
which time?
which temple?
they hiss, those two,
one against the other,
they clear the camp, the field.

Down the middle walk a man and a woman
barefoot, shoes in hand
heading toward another enclosed garden,
farther away, surrounded by stones, a tomb
with roots in its belly.

There is a tomb prepared among the trees
at the center of the freshly mowed field
dug up with hoe and shovel,
a simple nameless slab of granite,
and within that circle grow an alder,
a birch, maybe, and a very small oak.
A man in a gray felt hat goes by
very quickly, flies his red and yellow kite
yelps like a coyote and screeches like a hawk.

With a movement of his hand
a signal of arched fingers
the mime creates the object that is not there
invites you to ride a bike
the rustling wheels exist
only in his invitation
and the girl accepts and encloses the seat
with her thighs tight in the black skirt,
eyes half closed with pleasure.

Mille slitte già pronte
con coperte, torce e una borraccia a testa
per affrontare il pack, vuota,
tutto inutile per chi si trasforma
in sabbia e cenere e nebbia.

«Abbiamo da tirar fuori la vita
da troppi cumuli
di morti
ma ci affondiamo le mani
e tiriamo fuori».

Arrivano con l'elicottero
portano via uova di folaga in salvo,
arrivano vive e vitali, dentro
l'embrione si muove, preme
per questi uomini di pace.

Così poi si interrano, si seminano
7000 querce o 70.000
aranci e melograni
e tutti i frutti del giardino del paradiso
di quello che abbiamo detto che è il paradiso:
vogliamo scommettere che nascono tutti,
che i frutti maturano in pochi mesi
anche in pieno inverno?

Lì giace assassinato, la testa nell'elmo
staccata dal corpo con la corazza,
il re dei pastori. Il suo popolo
si disperde nei boschi
non più uomini non più animali.

La montagna tagliata a metà
scioglie il suo liquido femminile
delira nella cascata, trionfa.
Il giardiniere ammira di lontano,
ricrea l'immagine nel parco
la ripete e alimenta
mille specchi, laghi in miniatura.

A thousand sleds at the ready
with blankets, torches and a canteen
each to brave the pack,
all useless for those who turn
into sand and ash and fog.

"We have to pull our life out
of so many heaps
of dead
but we sink our hands in
and pull."

They arrive by helicopter
take away rescued coot eggs,
which arrive alive and vital inside
the embryo moves,
pressing for these men of peace.

And so 7000 oaks and 70,000
orange and pomegranate trees
are planted and seeded
and all the fruit of the garden of paradise
of that which we have said is paradise:
I will bet you that all of them blossom,
and the fruit will ripen in a few months
even in the heart of winter.

He lies there, murdered, his head in the helmet
severed from the body with the armor,
the king of shepherds. His followers
scatter through the woods
no longer men, no longer beasts.

The mountain cut in half
loses its feminine liquid
raves in the waterfalls, triumphs.
The gardener admires from a distance,
recreates the image in the park
repeats it and feeds
a thousand mirrors, miniature lakes.

Tam tam all'ingresso di un tempio
tamburi protetti dal timpano
una ragazza insegue il suo ritmo,
la felicità è lontana
sognata dove nascono i tamburi.
Poi arrivano i cuccioli d'uomo
si impadroniscono dei tamburi
e la musica cambia tutti i suoi ritmi,
la felicità è a portata di mano
quando i bambini inventano il mondo.

Dalla sedia a rotelle alla posizione
orizzontale del letto, posati sopra,
poi di nuovo la sedia per muoversi
guardare, osservare, i capelli ben pettinati
una bocca avida, spalancata, onnivora,
un motore elettrico, frusciante.

Prende due arance e le depone
all'incrocio della luce, illuminano
il calice di vino paglierino,
più a destra un piccolo con un giocattolo
a due ruote trasporta sul carrettino
il frutto del melograno infuocato
in dono a un altro piccolo sulla sinistra,
il giardiniere guardando dalla finestra
pensa che gli alberi hanno dato buoni frutti,
deride la sicurezza del becchino.

Della chiesa bombardata sono
rimaste due finestre e un'altra parete cieca
intorno una staccionata, una gabbia di legno
per nascondere la ferita, per
metterla in evidenza, una gabbia
da cui uscire, senza odio
ma difficile superare lo sgomento
all'improvviso riesplode
come se la bomba fosse scoppiata
un minuto fa, per miracolo

ANTONIO PORTA

Tam tam at the gates of the temple
drums guarded by the tympanun
a girl chases its rhythm,
happiness is far
dreamed where drums are born.
Then the man cubs arrive
take possession of the drums
and the music changes all its rhythms,
happiness is close at hand
when children invent the world.

From the wheelchair to the horizontal
position of the bed, placed upon it,
then again the chair to move about
look, observe, the hair well groomed
an avid mouth, wide open, omnivorous,
an electric motor, rustling.

Takes two oranges and places them
where the lights cross, they illuminate
the goblet of straw-colored wine,
a little to the right a youngster with
a two-wheeled toy carries on his cart
the fruit of the flaming pomegranate
as a gift to another youngster on the left,
the gardener watching from the window
thinks that the trees have given good fruit,
laughs at the undertaker's confidence.

Two windows of the bombed out church
are left and another blind wall
around a fence, a wooden cage
to hide the wound, to
display it, a cage
from which to exit, without hate
but difficult to overcome dismay
it suddenly explodes again
as if the bomb had exploded
a minute ago, miraculously

un vivo con le mani premute sulle orecchie
grida per comunicarlo
ai passanti assassinati.

Ma è lui, il giardiniere, dietro
l'angolo, insieme
agli altri giardinieri della città,
a colpi di accetta abbattono la gabbia,
dentro il recinto della chiesa svuotata
seminano 7000 querce più cinque
palme da datteri per farci
giocare i cuccioli.

Sulla parete di fondo
una tavola fatta di libri
tenuti insieme dal cemento
mattoni illeggibili.
Infinite piccole slitte là dietro,
con equipaggiamento risibile, pronte
a scivolare sul pack della fine,
ma prima devono attraversare il presente,
condurre i viventi dentro un buco bianco,
con l'assistenza della Croce Rossa.
Che cosa fai, giardiniere?
Hai gettato le armi?
Sei impaurito dalla neve, dal gelo?
Prendi una delle vanghe da trincea,
lo sai che scavando un poco
sotto la neve non va sottozero,
tu conosci l'invisibile materiale
l'utero di ogni seme.

Il becchino sta seduto in cucina nella casa
del giardiniere, beve il suo caffè bollente,
gli strumenti lasciati fuori della porta,
il gelo sta facendo il suo mestiere,
il giardiniere pensa che tra un mese
comincerà a potare,
come il becchino.
Sa che la lotta è finita,
la vittoria decisa,
il becchino sta seppellendo se stesso.

a survivor with hands over his ears
screams to inform
the murdered passers-by.

But it's he, the gardener, around
the corner, with the other
gardeners from the city,
with ax blows they knock down the cage,
inside the fence of the emptied church
they plant 7000 oaks
plus five date palms for
the pups to play.

On the far wall
a table made of books
held together by cement
illegible bricks.
Infinite little sleds back there,
with laughable equipment, ready
to slide onto the pack of the end,
but first they have to cross the present,
lead the living into a white hole,
with the help of the Red Cross.
What are you doing, gardener?
Have you thrown down your weapons?
Are you frightened by snow and frost?
Take one of the trench shovels,
you know that by digging a little
beneath the snow it is not below zero,
you know the invisible material
the womb of every seed.

The undertaker is sitting in the kitchen
of the gardener's house, he drinks his coffee
piping hot, the tools left outside the door,
the cold is doing its job,
the gardener thinks about the pruning
that he will do within the month,
like the undertaker.
He knows the struggle is over,
the victory decided,
the undertaker is burying himself.

ANTONIO PORTA

Salomè, le ultime parole

Ecco le tue labbra servite
pronte palpitanti sanguinanti
servite su un piatto d'argento
da baciare da mangiare da ingoiare
di chi sono le tue labbra
adesso di chi sono
Giovanni tu non sei vittima
Giovanni carnefice la vittima
sono io costretta a ingoiarti
costretta a credere alla tua storia
dietro di te il Salvatore?
Tu l'hai battezzato, Giovanni
me non mi hai battezzata
mi hai voluta dannare, Giovanni?
Ma ho le tue labbra, finalmente,
tutta la tua bocca
la spalanco tutta la tua bocca
bacio la tua lingua morta
perché non mi guardi, Giovanni
perché non ridi con me
mentre facciamo l'amore
io sopra di te, Giovanni
guarda la velocità della luna
guarda il colore rubino del vino
guarda il vino trasparente di sangue
tu sei di quelli che adorano
un Dio che non si vede
io adoro il visibile
io ho adorato la tua voce, Giovanni
ti ho fatto uscire dal pozzo
ti ho resuscitato dalla tomba
e tu non mi guardi
io voglio mangiare le tue labbra
voglio mangiarti i seni, Madre
quando me li hai tolti per sempre
restituiscimi la mammella, Madre
qui su un piatto d'argento
voglio qui gli occhi di tuo marito

Salome, Her Last Words

And your lips served
ready pulsating bleeding
served upon a silver platter
to be kissed eaten swallowed
who do your lips belong to
now whose are they
John you are not the victim
executioner John I am
the victim forced to swallow you
forced to believe in your story
is the Savior behind you?
You baptized him, John, me
you did not baptize, John
did you mean to damn me, John?
I have your lips at last
all of your mouth
I open it wide, your mouth,
kiss your dead tongue
why don't you look at me, John
why don't you laugh with me
as we make love
me over you, John
look at the speed of the moon
look at the ruby color of wine
look at the transparent wine of blood
you are one of those who adore
a God who cannot be seen
I adore the visible
I have adored your voice, John
rescued you from the well
resuscitated you from the tomb
and you will not look at me
I want to eat your lips
want to eat your breasts, Mother
when you took them from me for good
return your breasts to me, Mother
here on a silver platter
here I want the eyes of your husband

sepolti tra le farfalle bianche
sepolti nei capelli di Giovanni
senti come battono ancora le ali immense
senti la danza delle ali mortali
nel tuo corpo, Madre, nella tua gola
hanno fatto il nido gli scorpioni
mentre la tua voce, Giovanni
era il suono di un flauto dolce
stai lontana, Madre, scorpione
adesso scivoli nel sangue
tagliati le mani, Madre, pungiglioni
qui c'è sempre troppo vento
qui si ha sempre molto freddo
sì, immergerò i miei denti, Giovanni
nelle tue labbra come se fossero frutti
voglio inghiottire il frutto della tua lingua
gettate pure il suo corpo ai cani
mi bastano le sue labbra
voglio la sua lingua
vuoi un po' di vino?
nulla era bianco come il tuo corpo
volevo il tuo corpo
ma ora lasciatelo ai cani affamati
dal nostro paese gli dèi sono fuggiti
si sono rifugiati sulle montagne più lontane
lì sono morti e sepolti
lo hanno scoperto finalmente: li hanno chiamati
fatti uscire dalle baracche, denudati
per igiene, hanno detto
li hanno accompagnati dolcemente all'orlo
e sotto c'era un lago e hanno cominciato
hanno sparato a lungo e quelli
sono caduti tutti nel lago di sangue
li hanno lasciati ai pesci e un falò
hanno preparato e acceso
con i loro vestiti
e questa scena si è ripetuta mille volte
mille e mille altre volte
nulla al mondo era più bianco del tuo corpo
niente più rosso delle tue labbra

buried among the white butterflies
buried in John's hair
listen how the immense wings still flutter
listen to the dance of the mortal wings
in your body, Mother, scorpions
have made their nest in your throat
while your voice, John
was the sound of a soft flute
stay away, Mother, scorpion
now you slip in the blood
cut off your hands, Mother, pincers
here there is always too much wind
here one is always cold
yes, I will sink my teeth, John
into your lips as if they were fruit
I want to swallow the fruit of your tongue
go ahead throw his body to the dogs
his lips are enough
I want his tongue
would you like some wine?
nothing was ever as white as your body
I wanted your body
but now leave it to hungry dogs
the gods have run from our land
they have taken refuge in the most far-off mountains
there they died and are buried
it was finally discovered: they called them
had them leave their shacks, stripped them
for hygienic purposes, they said, they gently
escorted them to the edge
and there was a lake below and they started
the shooting went on for a while and
they all fell in the lake of blood
they left to the fish and a bonfire
was prepared and lit
with their clothes
and this scene was repeated a thousand times
a thousand and a thousand more
nothing in the world was whiter than your body
nothing redder than your lips

niente più dolce della tua lingua
solo a te, Madre con la coda,
pareva velenosa, invidiosa
guarda la velocità della luna che cerca
di raggiungerci, Giovanni
mentre ti cavalco e ti incito
qui, bagnale qui le tue labbra
qui, dove ho versato il mio vino
stai ferma, Madre
che scivoli nel sangue
quest'uomo ha visto Dio
l'invisibile Dio
e anch'io voglio vederlo, adesso
nel nostro sangue
il dio della danza
il dio del vento
il dio della montagna
dove sono morti tutti gli dèi
dove il sangue prende forma di rosa
io smetto di guardare nei tuoi specchi, Madre
io guardo le cose
io mangio le tue labbra, Giovanni
io mastico la tua lingua
finalmente ti bacio, Giovanni
là dov'era il palazzo di Erode
ora c'è un lago
e ho voglia di nuotare, adesso
fa sempre troppo freddo
e gelide sono le sue acque
io non mi specchio, io nuoto
le acque del lago sono le mie acque
ora le puoi bere, Giovanni
io voglio bere le mie acque
io voglio nuotare dentro me stessa
io sono liquida
liquida come il tuo Dio, Giovanni
ma l'acqua è sempre più fredda
l'acqua mi imprigiona le braccia
nuoto come un cane, con la testa fuori
avanzo sempre più lentamente

nothing sweeter than your tongue
only to you, Mother with a tail
did it seem poisonous, envious
look at the speed of the moon that tries   '
to reach us, John
while I ride and incite you
here, wet your lips here
here, where I poured my wine
stand still, Mother
you'll slip in the blood
this man has seen God
the invisible God
and I too want to see him, now
in our blood
the god of dance
the god of wind
the god of the mountain
where all the gods died
where blood takes the form of roses
I will stop looking in your mirrors, Mother
I look at things
I eat your lips, John
I chew your tongue
at last I kiss you, John
there where Herod's palace stood
now there is a lake
and I feel like swimming, now
it's always too cold
and the waters are freezing
I do not look at myself, I swim
the waters of the lake are my waters
now you may drink them, John
I want to drink my waters
I want to swim in myself
I am liquid
liquid like your God, John
but the water gets colder
the water traps my arms
I swim like a dog, with my head out
my progress is slowed

il ghiaccio mi stringe, Madre
portami qui la mammella su un vassoio
è troppo tardi, Madre
dammi un po' di vino
sei solo un fantasma
io sono ancora un corpo
assediata dal gelo
come stringe le sue dita invisibili
mi ha preso al collo, adesso
con le dita a ghigliottina
osserva, Madre, la mia decollazione
non ho più corpo
ho solo le labbra, per poco
e gli occhi spalancati sul candore del gelo
il bianco del tuo corpo, Giovanni
la mia testa scivola via
apro la mia bocca per te, Giovanni
e non posso più chiuderla
il mio ultimo soffio è per te
terra della desolazione
che non accada, che non
accada quello che mille volte
i miei occhi di ghiaccio
hanno visto e non vogliono
vedere mai più.

the ice tightens around me, Mother
bring me your breast on a platter
it's too late, Mother
give me some wine
you are only a ghost
I am still a body
besieged by the cold
tightening its invisible fingers
it has grabbed my neck, now
with its guillotine fingers
look, Mother, my beheading
I no longer have a body
I have only lips, for a while
and eyes wide open over the candor of the cold
the whiteness of your body, John
my head slides away
I open my mouth for you, John
and cannot close it again
my last breath is for you
land of desolation
let it not happen, let it not
happen that which a thousand times
my eyes of ice
have seen and never wish
to see again.

Amelia Rosselli

Translated by Lucia Re and Paul Vangelisti

Cos'ha il mio cuore che batte sì soavemente
ed egli fa disperato, ei
più duri sondaggi? tu Quelle
scolanze che vi imprissi pr'ia ch'eo
si turmintussi sì
fieramente, tutti gli sono dispariti! O sei muiei
conigli correnti peri nervu ei per
brimosi canali dei la mia linfa (o vita!)
non stoppano, allora sì, c'io, my
iavvicyno allae mortae! In tutta schiellezze mia anima
tu ponigli rimedio, t'imbraccio, tu,—
trova queia Parola Soave, tu ritorna
alla compresa favella che fa sì che l'amore resta.

*

Perché non spero tornare giammai nella città delle bellezze
eccomi di ritorno in me stessa. Perché non spero mai ritrovare
me stessa, eccomi di ritorno fra delle mura. Le mura pesanti
e ignare rinchiudono il prigioniero.

*

Ti vendo i miei fornelli, poi li sgraffi
e ti siedi impreparato sulla scrivania
se ti vendo il leggiero giogo della
mia inferma mente, meno roba ho, più
contenta sono. Disfatta dalla pioggia
e dai dolori incommensurabile mestruazione
senilità che s'avvicina, petrolifera
immaginazione.

*

Cercando una risposta ad una voce inconscia
o tramite lei credere di trovarla—vidi le muse
affascinarsi, stendendo veli vuoti sulle mani
non correggendosi al portale. Cercando una risposta
che rivelasse, il senso orgiastico degli eventi
l'ottenebramento particolare d'una sorte che

414

What's with my heart that beats so tenderly
and desperately makes, maketh
the hardest testings? you Those
xtures that I imprinted on before he
tormented himself so
fiercely, and are vanished for him! O mye six
rabbits coursing throughte nervies he for
musty canals of this here lymph (o life!)
they don't stop, then yes, tha' I, me
getso close to this death! In all sinceauity my soul
may you remedy it, I ambrace you, you,—
may you find dat Tender Word, may you return
to the clear tongue that lets love here to stay.

*

Because I do not hope to ever return to the city of beauty
here I am back inside myself. Because I do not hope ever to find myself
again, here I am back between walls. Heavy and unaware
walls shut in the prisoner.

*

I sell you my cooking stove, then you scratch it
and sit unprepared on the desk
if I sell you the light yoke of
my diseased mind, the less stuff I have, the
happier I am. Undone by the rain
and by sorrows immeasurable menstruation
senility approaching, gaslight
imagination.

*

Searching for an answer to an unconscious voice
or pretend, through it, one's found it—I saw the muses
dazzle, spreading empty veils on their hands
not comporting themselves at the gate. Searching for
an answer to reveal, the orgiastic meaning of events
the particular obfuscation of a fate

per brevi strappi di luce si oppone—unico senso
l'azione prestigiosa: che non dimentica, lascia
i muri radere la pelle, non subisce straniamenti
e non rivolta, contro questo male stritolante
e singhiozzante, che è la mia luna sulla faccia
l'odore di angeli sulle braccia, il passo certo
e non nascosto: la rovina lenta ma adempiuta:
un non staccarsi dalle cose basse, scrivendone
supina.

*

Sortono gli angioli
bianchi e blu
e io seggo al balcone
bianco e nero

Crisi di bovarismo
crisi di impoverimento!
crisi di fiori
crisi di lavoratori

Il dialogo si fa a quattro
come una diagonale
descrivo autobus
mi rimetto in moto
altre preghiere
perché gli alberi sono blu?

(Le cose stesse
seminano il mio cuore di luce)

*

Come se sapessi cosa vuol dire l'opposto
cose lontanissime nella piccola patria
outside la foresta, e dai tropicali mucchi
nel beige del tricolore
morgana dalle ali incorrotte
nella povertà divenuta oramai orrido canile
vittima che eterna il suo male
come se da questo rinascesse verità stonando

counteracting brief rips of light—the only sense
this prestigious act: that does not forget, and lets
the walls graze the skin, suffers no estrangements
and does not rebel, against this shattering
and sobbing hurt, that is my moon on the face
the smell of angels on my arms, the step firm
and not concealed: the ruin slow but fulfilled:
an undetachment from lower things, writing of them
supine.

*

The angels exit
white and blue
and I sit at the balcony
black and white

Crisis of bovarysm
crisis of impoverishment!
crisis of flowers
crisis of workers

Dialogue takes four
like a diagonal line
I describe buses
I start up again
more prayers
why are the trees blue?

(Things themselves
sow my heart with light)

*

As if I knew what the opposite means
things quite remote in the small homeland
outside the forest, and from the tropical heaps
in the beige of the tricolor
morgana with uncorrupted wings
in the poverty turned by now into a horrid kennel
victim that perpetuates her pain
as if truth were reborn from this clash

con l'aria putrida di queste facce perse
nell'ora non romantica della tardissima mattina
e se ora tu dicessi
quel che non convenientemente si dice
in poesia?

*

Tento un mercato—poi ne tento un altro
sorvolo sulle difficoltà e poi vi rimango
impantanata: è come dire, sì, se mi volete
sarò come voi: la stessa pasta ai vostri
affetti da ventriloqui!

Poeticamente si scansa, tenta il massimo
ancora più ambigua: non ha fine la ricerca
di chi sta bene.

Dieci scellini all'anno assicurano la
sopravvivenza, se bene accalappiata,
destreggiata servirvi come se lavorassi.

Soldi situati nel minimo organizzabile
per commentare poi la situazione da voi
spalancata, su questi abissi che sono
l'urlare in punto di morte per non morire
di inedia o di scoraggiamento: nessuno

vuole i tuoi sporchi versi: mentre fai
il verso a Fidel, o a qualche altra scelta
d'eroizzare la tua esistenza appena tracciata.
Tenti altri eroi, altri sacrifici finché
t'accorgi che non ti vogliono, e la rivoluzione
poi non esiste, è tutta da farsi, non

certo da noi. Allora anzi decidi di separarti
fra due assurdi è preesistente il primo
fra due stranezze scegliere la meno bella

with the putrid air of these lost faces
in the unromantic hour of the very late morning
what if now you said
what is not suitably said
in poetry?

*

I try to work a deal—then I try another one
I cruise over the problems and then get
stuck: it's like saying, yes, if you want me
I will be like you: the same stuff to your
ventriloquist affections!

Poetically stepping aside, trying the utmost
even more ambiguous: the search is endless
of those who are well.

Ten shillings a year ensure
survival, if properly trapped,
managing to serve you as if working.

Money down in the least organizable
to comment then on the situation you
threw wide open, over this abyss that is
the scream at death's door to not die
from hunger or discouragement: nobody

wants your filthy poems: while you
mimic Fidel, or some other choice
to heroicize your existence barely outlined.
You try other heroes, other sacrifices until
you realize they don't want you, and besides
the revolution does not exist, it's all to be done, surely

not by us. Then rather you decide to split up
between two absurdities the first is pre-existent
between two oddities to choose the least beautiful

e spiegarti così, come se te lo chiedessero
(e infatti oggi tutto è mercato). Ma
se tutto è stato e sarà sempre mercato?
Se volendo il mercato ti ritrovi rivoluzionario
e volendoti rivoluzionario-capo ti ritrovi

mercato? Nulla volle la volontà ma si
spostò da un canale all'altro, misteriosamente
la Sua volontà si fece, a cambiar l'altro
(il mondo intero fa come te, se può) perché
certamente ciò che aveva deciso era ciò
(come se per caso). Esitante ti riscrivi
o riiscrivi all'aristocrazia-élite dei
cervelli artistici: nessun conto in banca
ma quel minimo assicurato ti predestina
al forgiarsi rivoluzioni dei contenuti
e tentativi di rivoluzione *nei* contenuti.

*

Quando su un tank m'avvicino
a quel che era un *tango,* se

la misericordia era con me
quando vincevo, o invero

se la tarda notte non fosse
ora ora di mattino, io non

scriverei più codeste belle
note!—Davvero mi torturi?
e davvero m'insegni a non
torturare la mente in agonia

d'altri senz'agonia, ma mancanti
al sole di tutti i splendidi

soldi che hai riconosciuto
nella Capitale del vizio

and explain yourself this way, as if they asked you
(and indeed today everything is business). But
what if all was and forever will be business?
If aiming at business you find yourself a revolutionary
and aiming at leading a revolution you find yourself

in business? Volition asked for nothing, but it
moved from channel to channel, mysteriously
His will was done, to change the other
(the whole world does as you do, if it can) because
surely that was what was decided
(as if by chance). Hesitating you re-write
or re-register in the aristocracy-élite of the
artistic brains: no bank account
but that minimum guaranteed predestines you
to the forging of revolutions by the contents
and attempts at revolution *in* the contents.

*

When on a tank I get close
to that which was a *tango*, if

mercy was with me
when I won, or instead

if the late night were not
now the morning hour, I would

write no more these beautiful
notes!—You really torture me?
and really teach me not to
torture the agonizing mind

of others without agony, though
missing in the sun of all the

splendid money you recognized
in the Capital city of vice

che era Roma? E tu frassine
oh lungo fratello d'una volta
chiamato Pierpaolo, un ricordo

soltanto ho delle tue vanaglorie
come se in fondo fosse l'ambizione

a gettar l'ultimo sguardo
dall'ultimo ponte.

*

Non stancarsi, non spalmarsi
di quel sole che oramai non
ho visto più: da quando tu
mi licenziasti m'abbevvi
di tè, quale è il colloquio
ripido di cui mi ricordavate

sostenendone la tesi, *sipping,*

or *drilling,* sollevando insomma
il labbro la tazza al mento

che contiene ogni vostra
parola alle vostre memorabili
cause, ch'io ancora tengo
strette al mio arso cuore

che ora quasi dubitativo
anota, che voi m'abbandonavaste
non per me, ma per voi.

*

Lo spirito della terra mi muove
per un poco; stesa o seduta guardo

non l'orologio; lo tasto e lo
ripongo al lato della testa, che

non sonnecchiando ma nemmeno
pensando, si rivolse al suo dio

that was Rome? And you ash-tree
oh long brother of once
called Pierpaolo, a memory

is all I have of your vainglories
as if in the end the last gaze

from the last bridge
were cast by ambition.

*

Not to get tired, not to be smeared
with that sun that by now I have no
longer seen: since you
fired me I slake my thirst
on tea, such is the steep
colloquy you reminded me of

upholding its thesis, sipping

or drilling, raising in short
the lips the cup to the chin

that contains your every
word to your memorable
causes, which I still hold
close to my burnt-out heart

that almost doubtful now
notes down, that you had abandoned me
not for me, but for yourselves.

*

The spirit of the earth moves me
for a while; lying down or sitting I look

not at the watch; I touch it and
put it at that side of my head, that

not dozing off nor thinking
addressed its god as if

come fosse lui nelle nuvole! Rinfiacchita
l'infanzia muraria di questi versi
non sono altro che pittorica immaginazione
se nel campo di grano rimango

a lungo stesa a pensarci sopra.

*

Soffiati nuvola, come se nello
stelo arricciato in mia bocca
fosse quell'esaltazione d'una
primavera in pioggia, che è il
grigio che ora è era appeso nell'aria...

Quando vinti ci si esercita in
una passione, d'ingaggiarsi per
altri versi che non questa miopìa
non si sente l'uomo che è donna
coi pantaloni piuttosto sul grigio
che se non fossero al dunque lavati

per quel forzato amore che è
la detronizzazione: quando vinta
rispècchiati nella vittoria, che

è l'indifferenza per tutto ciò
che riguarda la Storia, di quell'ebete
femmina ingaggiata per una storia

d'amore di cui mi racconterai
pur ancora un'altra volta, quando
l'avrai vista storta. E se paesani
zoppicanti sono questi versi è

perché siamo pronti per un'altra
storia di cui sappiamo benissimo

faremo al dunque a meno, perso
l'istinto per l'istantanea rima

it were he who was in the clouds. Enfeebled
the walled-in infancy of these lines
are nothing but pictorial imagination
if in the wheatfield I remain

lying down long to think it over

*

Blow cloud, as though in the
curled stem in my mouth
that exaltation was of a
springtime in the rain, which is the
gray that now is was hung in the air...

When defeated we get exercised in
a passion, to engage ourselves
other wise than this myopia
we do not feel the man who is a woman
with trousers more on the gray side
than if they had not been washed in the end

for that forced love that is
dethronement: when defeated
mirror yourself in victory, which

is indifference for everything
that concerns History, of that idiot
female engaged in a love

story you will tell me about
for sure another time, when
you will have it wrong. And if these
verses are lame bumpkins it is

because we are ready for another
story which we know quite well

and in the end do without, the instinct
for instantaneous rhymes lost

perché il ritmo t'aveva al dunque

già occhieggiata da prima.

*

La mia anima a brandelli
dovette
per forza farsi te.

Vinta dalla tua anima
la mia anima disinteressandosi
si fece te.

Vinta da te ti ho donato
un corpo forte,
desideri che non hanno nessuna rabbia,
inganni forse.

Il sarcofago in cui erano rinchiusi i
miei desideri non s'apre più.

*

Sembrare agli altri
se stessi
sembrare se stessi
le piccole ferite sono le peggiori
mutare questo che
separa la esistenza
finché in puro amore navigo
cordoglio che tutto finge di amare
pur essendo (rabbrividendo) una essenza
la travagliata esperienza.

*

Follie fantascientifiche
valorose malattie
impedimenti a scrivere
totalità da descrivere

because rhythm had in the end

looked you over before.

*

My soul in shreds
had to
of course become you.

Won by your soul
and losing interest my soul
became you.

Won by you I gave you
a strong body,
desires that carry no rage,
maybe deceptions.

The sarcophagus in which were shut my
desires no longer opens.

*

To seem to others
ourselves
to seem ourselves
small wounds are the worst
to change this that
separates existence
until in pure love I sail
mourning that pretends to love all
though being (shivering) an essence
toilsome experience.

*

Science-fiction folly
valiant sicknesses
impediments to writing
totality to describe

volontà di scrivere
volontà di sopravvivere
volontà d'impedire
la tirannide.

*

Partecipo al vuoto che colorandosi di
tarda primavera torna a riempire di
festa la nostra vita in bilico.

Rimuove il vuoto il troppo pieno insignificante
riempire di motori queste strade sdrucciole.

Non ho mai visto così lucida la mano
estesa di un dio che non è ombra severa
ma canto ambiguo di luce.

Rovine di luce! e vi sono mura ancora
che fanno da diaframma a questa luce
così stridente e confortante così violenta
e rivale...

Quale luce svolta sui tetti e quel celeste
è forse una vecchia coperta?

Luce è ed è veloce e ha qualcosa nella
fisionomia che ricorda a noi una valigia
che non si chiude.

E ha un canto nel suo spazio che è
infine tutto ciò che cercavamo quel pomeriggio
stancato.

Ed è vulcano ed è prigione ma in essa
è anche un'intuizione di zolfo verace
che ci sfugge.......................

*

will to write
will to survive
will to impede
the tyranny

*

I take part in the void that coloring
with late spring once again fills
with joy our dangling life.

It removes the void the too full insignificant
filling in with engines these slippery roads.

I never saw so shiny the extended
hand of a god who is not a stark shadow
but an ambiguous song of light.

Ruins of light! and there are walls still
that are diaphragm to this light
so strident and comforting so violent
and rival...

What light turns on the roofs and that blue
is it maybe an old blanket?

It is light and it is quick and has something
in its physiognomy that reminds us of a suitcase
that won't close.

And in its space is a song which is
finally all we were looking for that tired
afternoon.

And it is a volcano and it is a prison but
within is also an intuition of true sulphur
that escapes us.....................

*

Luce bianca livida o viola
è ciò che resta
dopo tanti lividi sonni
tante piccole cupole.

Si desta per ricapitolare
poi si mangia vivo
di vuoto o stizza
sempre in lizza.

Ha fratelli giocondi
sono chiari e non bui.

Ma buio s'è fatto
nel mio cuore evanescente
indisciplinato maestro
della poesia.

Lettera al fratello

Nelle tombe le orgie si fanno da sole
se sole sono le bianche immagini,
io con
la mia parentesi che non doveva durare
i quaderni
della mia mente avvolta al tuo pastrano
lo sfruttamento
al suo colmo: a te invio
queste brevi denuncie, nessuna
spiegazione può farti tenere il tempo
se il ballabile è questo cratere spento.

Non volli
scrivere nella lontana montagna
altro che opere di me:

vieni con me e ti descriverò l'inferno.

White light livid or violet
is all that's left
after so many livid slumbers
so many small domes.

It wakes up to recapitulate
then eats itself alive
of emptiness or anger
always in the lists.

It has playful brothers
they are clear and not dark.

But it has grown dark
in my evanescent heart
undisciplined master
of poetry.

Letter to Her Brother

In the tombs orgies go on by themselves
if the white images are alone,
I with
my parenthesis that was not supposed to last
the notebooks
of my minds wrapped up in your winter coat
exploitation
at its peak: to you I send
these brief charges, no
explanation can make you keep your time
if the dance tune is this extinguished crater.

I did not want
to write in the mountain far away
anything but works of mine:

come with me and I'll map you out hell.

Giovanna Sandri

Translated by Jeremy Parzen

dalla casa dell'Ascolto   :

prima di allontanarsi gli Dei
lasciarono in dono agli esseri umani
la casa dell'Ascolto
: la chiamavano
Poesia

perché l'ascolto non sia perduto
emergono dalla memoria come respiro ed onda
il ritmo delle tracce
il mantello del
viandante   :

creazione illimitata

             attraversando
             il come
             per discontinuità e
             fluttuazione

             :

né puro inizio
                         né pura fine   ma
             eterno
                    (irreversibile)
                                   mutare
             nel
             suo avanzare
             la freccia
             del
             Tempo
             com
             pensa
             quel
             che
             la
             scia
             cader
             e

from the house of Listening   :

before they went away the Gods
gave human beings
the house of Listening
: they called it
Poetry

so as not to lose listening
the rhythm of trails   the wayfarer's mantle
must emerge from memory
like breath
and wave   :

unlimited creation

        crossing
        the way-by-which
        through discontinuity
        and fluctuation

        :
neither pure beginning

                nor pure ending   but
        an everlasting
           (irreversible)
                changing

        in
        its advancing
        the arrow
        of Time
        com
        pens
        a
        tes
        what
        its trail
        lets fal
        l

da sé

un
coagularsi da sé
dalle gocce del Tempo

(connessioni   correlazioni
)

da un futuro anteriore
ipotesi   per inchiodare
il caso

Hellas

nell'ordito dei miti
una trama di   rimandi

: profumo di antiche sere
nella brezza del
Tempo

l'intensità

uscendo dal bosco   il silenzio aveva
l'intensità del noncolore
puro della pace

il ronzio di
un insetto   lo rende
tattile

del/di

avvolto
nella ruggine dei
      tempi un tallero verde

by itself

a
self-coagulation
from drops of Time

(connections   correlations
)

from a future perfect
hypotheses   to rivet
chance

Hellas

in the fabric of myth
a weft of   references

: scent of ancient evenings
in the breeze of
Time

intensity

upon leaving the woods   silence had
the intense pure noncolor
of peace

an insect buzzing
makes it
tactile

of the/of

wrapped
            in the rust of ages
    a green taler

sulla bilancia del
grano un sasso di
rapine

mare

   nel
fondo
    degli abissi
             muta è la corrente
         e nera
               strappata è
                la rete dei ricordi
          :
       un groviglio
    di nord
        est
           sud
             ovest
                   senza
               più
           sestante

tra/di

                  una bottiglia
             gettata nel mare
         del futuro
fluttua
      tra i flutti
        di correnti senza
              rotta
      :   nella notte
     una forma
        cerca l'
           orizzonte

on the wheat scales
a stone of
robbery

sea

     at
the bottom of abyss
       mute is the current
              and dark
      torn is
             the net of memories
       :
    a tangle
of north
      east
         south
           west
                no
            more
        sextant

among/of

           a bottle
       flung into the sea
    of the future
floats
    among the billows
       of errant
         streams
  :   a form
 seeks out
    the horizon
      in the night

incontro

la traversata fu
          tormentosa   e
                    densa di
                              scricchiolii

                              nelle parole
                    che incontra
                              non trova
                                        che frammenti

e

          il mare si
                    allontanava
                              verso l'orizzonte

                         : perplessa   sulla riva
                              raccolse la propria ombra
                    e
                              imparò a
                                   nuotare

come il

                              , muta
                                   come il
                                        centro del
                                             cerchio
                                                  Sirio
                                                       rendeva
                                                  curva
                                             la notte

                              cristallina
                    pietra   sul
primordiale asfalto   :

meeting

the crossing was
      tormentous and
           dense with
               creakings

                  in the words
                she meets
                she finds
                   just fragments

and

the sea was
   turning away
      towards the horizon

         : perplexed on the beach
           she picked up her shadow
           and
             learned
               how to swim

like the

       , mute
     like the
   center
 of the circle
Sirius
 gave
the night
  its curve

     a crystal
       stone on
          primordial asphalt   :

Edoardo Sanguineti

Translated by Richard Collins

da *Rebus*

I

ogni destinazione, qui, è un destino:
           il primo è stato un angelo (a Zaragoza è azul,
dove è faticoso unratizzarsi sufficientemente): (ma dove si può apprendere,
      comunque,
dai rockeros dei Golpes Bajos, che mali tempi corrono, deo gratias,
      e grazie alla Madonna
del Pilar, para la lírica, in genere): (e dove il poetico si incarna in un
      urneronillo,
che si disagrippinò al primo strillo, e che si spera, naturalmente,
      assassino d'assalto,
un'altra volta un tanto, che è un pochino):
           si vocalizzò, popputo e luminoso, gigantesco
sciantoso, nell'archeologico retablo della Plata, nel Tubo, tra gli
      hysterostudenti
e i protorustici:
    (perdura un'incertezza: è se finire dentro un degrado o una degradazione)

2

scopro dovunque i sosia più diversi di smarriti e dispersi:
           tra il Micalet e il Mercado
(se ti tagli due baffi e, come a caso, un naso, se ti ritocchi gli occhi, ti scorci
due ginocchi), tu li rinvieni all'ingrosso e al minuto: (sono quasi svenuto):
(perché è pazzesco, se qui sdoppiarsi, se ci pensi, è niente: ci riesce un
      indifferente
simpatico, un cordiale burocratico: gente spaventosamente asincronizzata):
      (e asintopizzata
e asintonizzata): (e sformata, anche in meglio):
           tu non ci sei, tu che mi manchi, l'unica

15

il concetto di fase iniziale del socialismo sviluppato mi è stato
      concettualmente
sviluppato (e datato sfasato) dalla bocca del presidente Tolkunov, in una
      stanza

from *Rebus*

1

each destination, here, is a destiny:

        the first was an angel (in Zaragoza it azul,
where it is tiresome to defegulate sufficiently): (but where one can learn,
    however,
from the rockeros of the Golpes Bajos, that bad times are at hand, deo gratias,
    and thanks to the Virgin
of the Pilar, para la lirica, in general): (and where the poetic embodies the
    urneroling,
who disagrippined himself with a primal scream, a hitman we naturally hope,
once again that much, which is just a little):

        it vocalized itself, breasted and luminous, gigantic
songster, in the archeological retablo of the Plata, in the Tubo, among the
    hysterostudents
and the protorustics:
(an uncertainty lingers: it is whether to finish within a degrading or
    a degradation):

2

I discover everywhere the most diverse doubles of the bewildered and the
    missing:

        between the Micalet and the Mercado
(if you trim a moustache and, as if by chance, a nose, if you retouch your eyes,
    your knees
give way), you find them wholesale and retail: (I almost fainted):
(because it is crazy, whether to split here, if you think about it, is nothing:
    someone simphatetic and
indifferent, a cordial bureaucrat: people frighteningly asynchronized):
    (and asyntopated
and asyntonised): (and deformed, even for the better):

        you are not here, you that I miss, the only one:

15

the concept of the initial phase of advanced socialism was conceptually
explained to me (and dated out of date) from the mouth of President
    Tolkunov, in a room

del Cremlino, un mattino:
     siamo al perfezionamento dell'esistente: (ma lento, ma
prudente): (perché anche Lenin lo diceva che, sovente, per tirare al
  futuro, c'è
chi si perde il presente, di sicuro):
      (un infimo campioncino dell'esistente, allora,
sarà questa perfezionabile boccetta di acqua rosata, marca "rosa rossa",
  la più
economica dell'intiero Gum, sopravvissuta per mia figlia, per assoluta
  combinazione,
alla distribuzione dei regalini, nel congedo):
       quanto alla Musa, poi, che umanamente
mi apprezzava, pare, non mi ha insufflato niente, e niente ha avuto: (mi
  si è chiusa,
naïve, dentro il Pushkin, con tutto un altro lirico, a due passi dal
  Montsouris):

27
che cosa fai? (mi dicono sovente): io non rispondo niente (qualche volta):
  oppure
rispondo invece (qualche volta): niente:
      e certe volte dico: troppe cose, per dirtele:
(niente però che importa: e niente poi nemmeno che mi importa):
  (considerato che,
tira e molla, non mi importa di niente): (seguo soltanto, tante volte, appena,
questo basso bisbis di un bisbidis, che mi ronza qui dentro, debolmente,
  senza,
neanche più, diventarmi parola, frase, verso):
      cerco una conclusione, finalmente:

L'ultima passeggiata: omaggio a Pascoli

a mia moglie

1
ti esploro, mia carne, mio oro, corpo mio, che ti spio, mia cruda carta nuda,
che ti segno, che ti sogno, con i miei seri, severi semi neri, con i miei teoremi,
i miei emblemi, che ti batto e ti sbatto, e ti ribatto, denso e duro, tra le tue
  fratte,

in the Kremlin one morning:

we have reached the perfection of the existent (but slowly, but
prudently): (because even Lenin used to say that, often, in aiming at the future,
there is
he who loses the present, to be sure):

(an infamous example of all that exists, then,
will be this perfectible bottle of rosewater, brand "red rose", the most
economical of the entire Gum, survived for my daughter, by absolute chance,
at the distribution of gifts, at our departure):

with respect to the Muse, then, who humanely
appreciated me, it seems, did not insufflate anything in me, and nothing did she
receive: (she closed herself
naive, within Pushkin, with another lyric altogether, just a short walk from
Montsouris):

27
what are you doing? (they often ask me): I do not respond, (sometimes): or else
I (sometimes) respond: nothing:

and certain times I say: too many things, to tell them to you:
(nothing however of importance: and nothing that would even concern me):
(given that,
push and shove, nothing is of importance to me): (it is only that I follow, so many
times, at least,
this low bisbis of a bisbidis, that buzzes round me here within, weakly, without,
not anymore, becoming word, sentence, verse to me):

I look for a conclusion, finally:

The Last Walk: Homage to Pascoli

to my wife

1
I explore you, my flesh, my gold, my body, that I spy on you, my raw naked paper,
that I mark you, that I dream of you, with my serious ones, severe black seeds,
with my theorems,
my emblems, that I beat you and I shake you, and I beat you again, thick and
firm, between your bushes,

con il mio oscuro, puro latte, con le mie lente vacche, tritamente, che ti
      accendo,
se ti prendo, con i miei pampani di ruggine, mia fuliggine, che ti aspiro, ti
      respiro,
con le tue nebbie e trebbie, che ti timbro con tutti i miei timpani, con le mie
      dita
che ti amano, che ti arano, con la mia matita che ti colora, ti perfora, che ti
      adora,
mia vita, mio avaro amore amaro:
                          io sono qui così, la zampa del mio uccello, di quell
che ti gode e ti vigila, sono la papilla giusta che ti degusta, la pupilla che ti
      vibra
e ti brilla, che ti tintinna e titilla: sono un irto, un erto, un ermo ramo, io che
ti pungo, mio fungo, io che ti bramo: sono pallida pelle che si spella, mia
      bella, io,
passero e pettirosso del tuo fosso: io la piuma, io l'osso, che ti scrivo: io, che ti
      vivo:

2

alta si alza, con l'alba, l'ala, in fretta, della mia allodoletta perfetta,
mia diletta brunetta, per la tua gioia e foia, incontro al saggio raggio
del tuo messaggio e massaggio, in un mixaggio di clamori e vapori, di tepori
e sapori e sudori, di odori concolori e rubacuori: vedo la vena in fuga,
vedo la ruga, con la verruca che ti bruca, con la cancrena: vedo, con pena, la
      radice
della varice, l'occhio della pernice, la zampa della gallina, la spina coinquilin
che ti inquina:
          e poi ti cado a piombo, nel nostro rombo e rimbombo, e qui mi spezz
grezzo, di schianto, nel mio pianto, dentro i tuoi vecchi specchi, che lùccican
e lùcciolano, e mi lùcidano: qui precipito giù, di lassù: volando basso, io pass

3

la nostra prole, i nostri polli molli, che ti ballano e ti bollono, al sole soli,
che ti beccano e saltabeccano, e ti mordono e non demordono, per noi grami
      tu che li ami,
si ingozzano, ci singhiozzano, si ingrassano, ci invecchiano: mi piange il
      cuore,
se ci penso, amore, e se ti penso, che a stento mi pento, e se mi penso, che m
      porta

with my dark, pure milk, with my slow cows, hackneyed, that I ignite you,
if I catch you, with my rusting tendrels, my soot, that I inhale you, I breathe
    you,
with your mists and thrashers, that I stamp on you with all my timbals, with
    my fingers
that love you, that plow through you, with my pencil that colors you, pierces
    you, adores you,
my life, my miserly bitter love:
                    I am here like this, the leg of my bird, the one
that enjoys you and keeps watch over you, I am the taste bud that savors you,
    the pupil that makes you quiver
and shines you, tinkles and titillates you: I am a bristle, a steep hill, a lone
    branch, I who
prick you, my mushroom, who covet you: I am the pale skin which molts, my
    beautiful, I,
sparrow and robin-redbreast of your ditch: I the feather, I the bone, that
    inscribes you, I, who live you:

2

high it rises, at dawn, the wing, in haste, of my perfect little skylark,
my beloved little brunette, for your joy and intense desire, towards the savy ray
of your message and massage, in a mixture of clamors and vapors, of warmths
and tastes and perspirations, of colorful heartbreaking odors: I see the blood
    vein in flight,
I see the wrinkle, with a wart which grazes you, with gangrene: I see, with
    pain, the root
of the varicose, the eye of the partridge, the crows foot, the neighboring spine
which pollutes you:
        and then I fall directly on you, in our thunder and echoes, and here I
    break myself
coarsely, crashing, in my weeping, in your old mirrors, which sparkle
and glow, and shine me: here I plunge down, from above: flying low, I pass:

3

our offspring, our soft poultry, who dance and boil you, alone in the sun,
that peck you again and again, and bite you and never let go, for us wretched,
    you who love them,
they stuff themselves, they sob to us, they fatten themselves, they age us: it
    grieves my heart,
if I think about it, my love, and if I think of you, with hardly a regret, and if I
    think of myself, with the wind

il vento: strillano adulti e stridono, scheletri con la cresta, con la corona
in testa, in festa, commestibili irresistibili, indefinibili, agili e fragili,
interminabili, nostri animali morali, mortali:
                                        ma la pulcina tenerina, l'ultima,
la bambina, quella gallina ruspante, rampicante, nostra cosa gaudiosa,
        strepitosa,
tutélala, mia sposa, tu, mia chioccia: la vita goccia a pioggia, piove a doccia:

    4
io sono il soffio asmatico, fantasmatico, meccanico e automatico e patetico, e
        parodico
patologico, psicologico pneumatico, di una voce vivace in controluce, con
        filigrana
onesta, di mesta e grana e trama, e grama, arcaico tanto, e apotropaico tanto,
da rimanermi impigliato, impagliato, fossilizzato, tra le chele delle tue
        ragnatele
telegrafiche, olografiche, oleografiche, grafiche, per atterrirti i tuoi morti
        contorti,
spaventapasseresco fonema fresco, antipipistrellesco epirrema picaresco,
        faunesco
furbesco grottesco, poetema piratesco, pappagallesco, gallesco, parlante in linea
e punto, in punto e virgola, perturbante compunto, provocante logorante
        gongolante,
diarroico logorroico, alfabetico stoico, estetico emetico, erpetico energetico,
        erotico
ermetico, arpa sonora sinora vibrante, carpa canora timidamente abboccante,
        e per
fortuna, al tuo lamo, al tuo richiamo, in una malora molto andante di volto di
        luna
galante calante, colante pesante:
                                        così dicevo e, dicendo così, la mia voce svanì:

    5
io ti farò cucù e curuccuccù, ragazzina lavandarina, se mi bacia il tuo bacio
a chi vuoi tu: ti farò reverenza e penitenza, questa in giù, quella in su,
suppergiù: e tra i tonfi dei miei gonfi fazzoletti poveretti, ti farò, con le mie
        pene,

that carries me: the shrieking and screeching adults, skeletons with a cock's
    comb, with a crown
on the head, on the feast, irresistibly edible, indefinable, agile and fragile,
interminable, our moral animals, mortals:
                             but the tender little chick, the last one,
the girl, that untamed little hen, climbing, our happy object, our awesome
    subject,
lullaby her, my bride, you, my mother hen: life trickles like rain, it rains like a
    shower:

4
I am the asthmatic breath, ghostly, mechanic and automatic and pathetic, and
    parodic
pathologic, psychologic pneumatic, of one vibrant voice against the light, with
    an honest
filigree, of churning and grain and weft and wretched, very archaic, and
    apotropaic,
by remaining entangled, stuffed, fossilized, between the pincers of your
    telegraphic
spider webs, holographic, oleographic, graphic, you take fright your twisted
    dead,
scarecrowish fresh phoneme, anti-bat-like picaresque buffoon, fawn-like
cunning grotesque, poetic pirate-like, parrot-like, rooster-like, speaker in line
and period, in semicolon, perturbing regretful, provoking chuckling eroding,
diarrhetic logorrheic, alphabetic stoic, aesthetic emetic, herpetic energetic,
    erotic
hermetic, until now a vibrant resounding harp, singing carp timidly biting,
    and with
luck, at your hook, at your call, in a ruin much like the face of the flattering
waning moon, sinking heavily:
                this is what I was saying and, as I was saying it, my voice faded:

5
I will coo and cuckoo for you, little laundry girl, if your kiss kisses me
whom you want: I will do for you reverence and penitence, this one down-
    ward, that one upward,
more or less: and among the thuds of my poor swollen handkerchiefs, I will
    do for you, with my suffering,

cantilene e cantilene: e ti farò cracrà, crai e poscrai, in questa eternità
del nostro mai, e poscrigna e posquacchera, da corvo bianco, e stanco, e
    sordo,
e torvo:
      ma tu, prepara qui, al mio picchio, la nicchia del tuo nicchio: di più,
prepara, al mio domani, i cani nani delle tue umane mani, le viti dei tuoi diti
mignolini, le microsecchie delle tue orecchie, le arance delle tue guance, il
    mini-
vaso del tuo naso, l'albicocca della tua bocca, i corbezzoli dei tuoi capezzoli:
e con entrambe quelle tue gambe strambe, preparami anche le anche stanche
    tue, qui,
per noi due: per me, vecchio parecchio, prepara, nei tuoi occhi, uno spicchio
    di specchio:
io ti farò così, lo sai, lo so, vedrai, lì per lì, il mio cocoricò e chiricchicchì:

6

questo cane incantato e incatenato, incimurrito e incancrenito incretinito, che
    sogna
di sognarti e di leccarti, e che ti morde, in sogno, e che ti zompa, con le sue
    zampe,
e che ti impiomba e ti inchioda, con la sua coda, e che ti incastra e ti
    impiastra,
idrofobo domestico, anfanante lunatico e frenetico, e ansimante pesante,
    ahimè,
che sono me, tanto tremante:
        tirami tutti i sassi, o tu che pazza passi, sopra il fieno
del tuo carro che corre, mia luna e mio ramarro, mia torre e mia fortuna, mio
    vitale
veleno: ma succhiami, tu almeno, questi versi perversi, queste fiale di
    inchiostro
bestiale, di fiele e di miele, che dall'aia ti latra e ti abbaia il tuo mostro fedele:

7

a quella reginella ridarella, a quella raganella griderella, la bella sopranella
in sottanella, a quella stella bianca, stella nana, unica mia sovrana disumana,
alla sua bianca mano, al piede bianco e stanco, e storto, e morto, a quel suo
    buco

singsong singsong: and I will make for you caw caw, caw and poscaw, in this
    eternity
of our never, and poscraw and posqruack, as a white crow, and weary, and
    muffled,
and grim:
but you, prepare here, upon my pecking, the nook of your nookery: and
    furthermore,
prepare, for my tomorrow, the dwarfed dogs of your human hands, your vine-
    like little
pinky fingers, your tiny bucket-like ears, your orange-like cheeks, your tiny
vase-like nose, your apricot-like mouth, your cherry-like nipples:
and with both of those quaint legs of yours, prepare for me also, your tired
    hips, here,
for the two of us: for me, rather old, prepare in your eyes, a sliver of the
    mirror:
I will do this to you, you know, I know, you'll see right away, my cluck-a-cluck
    and cock-a-doodle-doo:

6

this dazed and chained dog, distempered and gangrened demented, who
    dreams
dreams of you and of licking you, and who bites you, in a dream, and who
    jumps you, with his paws,
and who plumbs you and nails you down, with his tail, and who squashes you
    and smears you,
domestic hydrophobe, restless moody and frenzied, and panting heavily, alas,
that's me, trembling so much:
    cast all your stones at me, o you crazy one who passes, on top of the hay
of your cart which runs, my moon and my lizard, my tower and my fortune,
    my vital
venom: suck out of me, at least you, these perverse verses, these vials of
    beastly
ink, of bile and honey, which come from the fields snarl at you and bark at you
    your faithful monster:

7

to that little laughing queen, that screaming little rag doll, that beautiful
    soprano
in petticoats, to that white star, tiny star, my only inhuman sovereign,
to her white hand, to her white and tired foot, and crooked, and dead, to that
    black

nero, buco vero, dunque io parlo, e così parlando dico:

                              felice la tua faccia

di vinaccia, felici le tue braccia di focaccia, principessina di uvaspina,

manducabile inconfutabile, amabile potabile: felice, mia selvaggia, chi ti
       assaggia,

candeggiante albeggiante, sola, tra due lenzuola: felice il tuo sensibile
       cannibale,

felice chi ti inghiotte in una notte, chi ti concuoce veloce, e ti digerisce

e smaltisce, e ti chilifica e chimifica: felice chi ti dice, e ti nientifica:

hole of hers, the real hole, so I speak, and speaking this way I say:

happy is your face
of grape pulp, happy are your arms of bread pie, little princess of gooseberry,
indisputably edible, drinkable loveable, happy, my savage one, who tastes you,
bleached dawning, alone, between two sheets, happy is your sensible cannibal,
happy he who swallows you in one night, who quickly concooks you, and digests
and excretes you, and chymifies you and chemifies you: happy he who says you,
    and nullifies you:

Adriano Spatola

Translated by Paul Vangelisti

Materia, Materiali, recupero dei

per Bianca Maria

Verso la luna alta sconvolta reciproca
al manganese fragile duro splendente
convenzionale come gli aforismi sul mare
oscuro vasto selvaggio con pelle di serpente
guizza strisciando oscilla si distende
ma da questo ansito si muove l'ansimare
si agita la competenza del cosiddetto fuoco

Verso la terra gommosa tenera curvata
sull'arco gutturale del motore imballato
nell'atmosfera salata acida lattescente
banale come la febbre dal caos primordiale
indubbiamente pulsante nella sua devozione
ai rottami ferrosi che sostanziano il fango
le cui contrazioni aumentano le contrazioni

Verso i quattro punti cardinali rovesciati
da proiezioni distorte liquide asimmetriche
nella schiuma turbata da vento crepuscolare
sotto segni automatici di linguaggi magnetici
l'occhio li consulta su tabelle elementari
li trasforma in figure con impulsi ciliari
imbevuti di raziocinio o meglio di cloroformio

Verso l'obiettivo stabilito alla quota rimossa
dall'orizzonte deforme in fase organoplastica
necessitante di prove di sieri e di scosse
un piccolo elettroshock per farlo sussultare
sul visore incrinato dal rimbalzare elastico
un colpo di rasoio il raffio la radioattività
la mente raffinata che si lascia auscultare

Matter, Materials, Recovery of

for Bianca Maria

Toward the high stormy reciprocal moon
with brittle hard shining manganese
conventional as aphorisms on the sea
murky vast savage with skin of a serpent
quivers creeping wavers as it spreads
but from this gasp grows the gasping
the competence of so-called fire stirs

Toward the gummy tender curved earth
on the guttural arc of the gunning engine
in the salty acid milky atmosphere
banal as the fever of primordial chaos
undoubtedly throbbing in its devotion
to scrap iron that substantiates the mud
whose contractions increase the contractions

Toward the four cardinal points turned upside down
by crooked liquid asymmetrical projections
in the foam troubled by crepuscular wind
under automatic signs of magnetic languages
the eye consults them on elementary tables
transforms them to figures with ciliary impulses
imbued with reasoning or better with chloroform

Toward the target set on remote distance
of the deformed horizon in organoplastic phase
necessitating proofs serums and jolts
a little electroshock to make it leap
on the viewfinder cracked by the lively bounce
a stroke of the razor the grapnel the radioactivity
the refined mind that lets itself be monitored

Verso l'autocontrollo lo stile del falsario
col tremito alle mani e la vista confusa
per schede sistemate dentro lo schedario
l'esperienza del controllo la sua metratura
la gabbia al morfinomane intento a galoppare
in un ballo campestre svelato dall'accusa
alla santa infermiera che dosa le iniezioni

Verso la città dai percorsi placentali
sfiorati dalla merce abbondante dei fiorai
dei farmacisti dotati di ricordi prenatali
nel rombo dorato che sembra ingrossare
dualistico come il profitto degli interessati
dalla percezione corretta e tridimensionale
anche l'aspetto è importante per fare affari

Verso il freddo glaciale l'astenia genetica
dell'erosione indolore formale
che si sospetta all'interno dei massi erratici
oppure tra le formiche dall'anima frenetica
con l'ingegno vivace la forza dei belligeranti
ma la fresatrice esegue la fresatura
mai la ferita è stata così semplice e pura

Verso il buio la fine delle scorte alimentari
per il sangue la sua caccia al nutrimento
dall'argine il fiume l'insegue eternamente
nella pesca notturna dal barcone ancorato
al rettile anfibio che ha bisogno di mangiare
la macchina macina rifiuti e spazzatura
sulla carne stopposa scarsa tagliuzzata

Verso il mito del viaggio perduto tra i pianeti
dalla stazione morta sommersa dalla nebbia
dipinta o scolpita sulle rozze traversine
un treno lontano si allontana tra i canneti
l'attività dei transistor serve alla trasfusione
dell'acqua macerata succhiata dalla sabbia
soltanto i carri armati fanno confusione

Toward self-control the style of the forger
with shaky hands and muddled sight
for cards arranged in the card index
the experience of control his footage
the cage for the morphine addict intent on taking off
in a country dance unveiled by accusation
for the blessed nurse who measures out injections

Toward the city of placental byways
brushed by the plentiful wares of florists
of pharmacists endowed with prenatal memories
in the gilded bass that seems to swell
dualistic like the profit of the parties interested
by the correct and three-dimensional perception
even the look is important in doing business

Toward the glacial cold the genetic weakness
of the painless and formal erosion
which we suspect inside erratic boulders
or among the ants of the frenetic soul
with a lively wit the force of belligerents
but the grindery executes the grinding
never had the wound been so simple and pure

Toward the dark the end of the basic reserves
for the blood its hunt after nutrition
from the bank the river follows eternally
in night fishing from the anchored scow
for the amphibious reptile which has to eat
the machine munches waste and garbage
on the stringy scant shredded meat

Toward the myth of the lost voyage among planets
from the dead station submerged in fog
painted or sculpted on the rough ties
a remote train fades away among the reeds
the working of transistors helps the transfusion
of wasted water sucked from the sand
only the tanks create any confusion

Verso la zona acre che brucia in combustione
dietro l'incendio sparso fino al vecchio tappeto
di erba triturata con cingoli raspanti
la cometa descrive la sua orbita ellittica
con il terrore demenziale nel cielo traforato
la traiettoria sprigiona vapori di salnitro
mentre ambulanze si occupano degli abitanti

Verso le grandi navi smantellate nei porti
sventrate da rollio impercettibile che le accarezza
ma al largo singoli tuoni percuotono l'aria
per sfiatatoi che respirano tanfo e ribrezzo
tra le meduse tranquille che aspirano nafta
dall'orifizio vibratile nell'orlo contorto
che palpa nel marinaio la ghiandola pituitaria

Verso l'ecatombe degli organismi inorganici
scatole colme di pensieri non sempre pertinenti
magari inquinati da orgogli diabolici
inquartati nell'insegna con doppie file di denti
sarà il pupazzo dal risveglio stentato
il fantoccio purgato da ogni colpa o peccato
tuttavia non immune dal suo solito lezzo

Verso le marce militari la regolazione del passo
in relazione fisica numerica di velocità relativa
per universi che si specchiano nel pozzo
in comunione di odio e di carenza affettiva
le azioni dell'impresa tendono dunque al ribasso
sgonfiandosi il satellite comincia a sgocciolare
questo farmaco spinge soprattutto a vomitare

Verso sciroppi zuccherini pianti nevrastenici
in scaglie di nichelio scariche igroscopiche
con i fili d'acciaio tesi per allacciamento
tiranti che supportano carichi mediante trazione
o uccelli scagliati via da molle a compressione
le ruote girano lievi con tragica armonia
nel contrasto tra la pressione e lo svenimento

Toward the acrid zone burning with combustion
behind the scattered fire far as the old rug
of grass crushed by rasping tracks
the comet describes its elliptical orbit
with demented terror in the punctured heavens
the trajectory frees vapors of saltpeter
while ambulances are busy with the inhabitants

Toward the great ships dismantled in port
disemboweled by the imperceptible roll that caresses
but offshore single thunder drums the air
through vents that breath stench and repugnance
among the tranquil jellyfish which inhale diesel
from the vibratory orifice in the twisted rim
that palpitates the sailor's pituitary gland

Toward the hecatombs of inorganic organisms
boxes brimful of thoughts not always pertinent
maybe polluted by diabolic envies
quartered in the insignia with double rows of teeth
it will be the marionette of a labored revival
the puppet purged of any guilt or sin
nevertheless not immune to his usual stink

Toward the military march the keeping in step
in physical numerical relation of relative velocity
for universes that mirror themselves in a well
in a communion of hate and lack of affection
the shares in the enterprise tend thus to drop
the satellite deflating begins to drip
this remedy above all forces vomiting

Toward sirups sugar plums neurasthenic sobbing
in discharged hygroscopic nickel scales
with steel wires taut for fastening
ties that support loads with traction
or birds hurled by compressed springs
the wheels turn gently with tragic harmony
in the contrast between pressure and swooning

Verso le vasche asciutte i portelli scardinati
nella polvere finissima dagli sbuffi repentini
in deposito di caolino la mandibola prognata
è la saldatura della scienza o la scannatura
per esseri pietrificati incapaci di fuggire
fanno compassione per gli umori essiccati
prima floridi rigogliosi ottimi da leccare

Verso le tormentate caverne le torride buche
torpide nella sabbia strinata dal cherosene
macchiata dalla bile dei prigionieri eviscerati
per la consolazione di nere scimmie stupite
dall'evidenza degli intestini aggrovigliati
in sintonia con la potenziale degenerazione
dei microfilm della vita dei processi investigati

Moskovskaya (Vodka)

per Paul Vangelisti

Il ventilatore il suo fatato movimento
da film con attori cortesi leggendari
isole tifoni vulcani idrovolanti
il balcone fiorito si scuote lento
con la ringhiera stampata sulle colline
è il cocktail decorato con foglie
di menta di tiglio di acero o di gelso
con petali di rosa se la vodka è rosa
effetto che si ottiene con il succo di pesca
spruzzato per macchiare la distesa di neve
accanto ai grandi fiumi fiorenti di caviale
meglio mangiarlo con patate bollite
un po' di burro e di fresca cipolla
il prezzemolo sta invadendo il terrazzo
giungla adatta ai trionfi giapponesi
dell'aviatore stressato che diventa pazzo
del prigioniero felice che grida di star male
eiaculando ha sognato la moglie
appoggiata a un pianoforte scordato

Toward the dry ponds the doors off their hinges
in the finest powder from sudden puffs
in a deposit of kaoline the prognathous mandible
it's the soldering of science or the slaughtering
for petrified beings incapable of escape
they arouse pity for their desiccated whims
once florid luxuriant excellent for licking

Toward the tormented caverns the torrid pits
sluggish in the sand singed by kerosene
strained by the bile of disemboweled prisoners
for the consolation of black astonished monkeys
by the evidence of tangled intestines
in tune with the potential degeneration
of microfilm of the life of investigative procedures

Moskovskaya (Vodka)

for Paul Vangelisti

The fan its enchanted movement
from films with gracious legendary actors
islands typhoons volcanos seaplanes
the balcony in bloom slowly stirs
with the railing printed on the hills
is the cocktail decorated with leaves
of mint of lime of maple of mulberry
with petals of roses if the vodka is rosy
effect obtained with the juice of a peach
sprayed to mark the expanse of snow
next to big rivers blossoming with caviar
better to eat it with boiled potatoes
a little butter and some fresh onion
the parsley is starting to invade the terrace
jungle suited to Japanese triumphs
of the overwrought flyer who goes mad
of the happy prisoner who screams he feels bad
ejaculating he dreamed his wife
leaning on a piano out-of-tune

nel lezzo di sudori tropicali
ronzio di insetti e urla di animali
un po' di sollievo lo dà il ventilatore
con il suo sensato girare per ore e ore
nel cocktail il ghiaccio si sta sciogliendo
la vodka è pallida come sangue denaturato.

Gli assassini innamorati

> ...sono sei con Adriano Spatola
> che mai non ebbe un solo buon mestiere
> se non di stampare le canzoni
> dei suoi amici anche i più sfiatati
> —NANNI BALESTRINI

Tirato su dall'acqua per le gambe
ricomposte a compasso sul tappeto
bagnato con limacciose umidità
attraverso le finestre e le porte
socchiuse per la sua felicità
di pesce boccheggiante intelligente
lo sguardo vitreo è solo una finzione
una funzione della macchina da scrivere
tra libri accatastati lungo il corridoio
per la corrispondenza devastata
dal calore fisiologico del buio
che è anche un sistema di ridere
o ghignare nella faccia emulsionata
splendida di liquida inconsistenza
di corda scivolosa e sfuggente
attorcigliata intorno alle caviglie
del medico legale gonfio di animazione
che fischia e canta con voce stonata
qui si riprende il tema dell'esecuzione
l'analisi del fato e delle circostanze
per l'annegato che erutta spiegazioni
di fronte agli assassini innamorati
attento a nulla tralasciare
di quello che ancora gli dovrà capitare.

in the stench of tropical sweat
buzz of insects and cries of animals
a little relief the fan gives him
with its sensible turning hour after hour
in the cocktail the ice is melting
the vodka is pale as denatured blood.

Assassins in Love

> ...there are six with Adrian Spatola
> who never did an honest days work
> except to print the songs
> of his friends even the most wasted
> —NANNI BALESTRINI

Pulled out of the water by the legs
recomposed like a compass on the rug
soaked with a slimy humidity
through windows and doors
left ajar for his happiness
as a gasping intelligent fish
the glassy look is only a fiction
a function of the typewriter
among books heaped along the hallway
for a correspondence devastated
by the physiological heat of the dark
which is also a system of laughing
or sneering in the emulsified face
splendid with liquid inconsistency
of a slippery and elusive cord
tangled around the ankles
of the coroner swelling with activity
who whistles and sings out of tune
here we resume the theme of the execution
the analysis of fate and circumstance
for the drowned man who erupts explanations
in front of the assassins in love
alert to neglecting nothing
of that which is yet to happen to him.

Mancata identificazione

C'è un punto una formula ripetuta
bruciata ai piedi con le mani scritte
data per scomparsa dalla stampa
la notizia è la stessa un inventario
un argomento adatto a un diario
alle chiavi usate da un uomo in tuta
estratto legato con i suoi elenchi
senza criterio senza obiezioni evidenti
scarse citazioni appena trapelate
false strade mancati appuntamenti
c'è una riga una versione adattata
errati particolari cassetti sfasciati
considerati perduti dagli esperti
volti pieni di terra e di sospetto
marcati dagli occhiali e dalla pece
sono sopiti è bestiame che tace
per la trasmigrazione che se ne deduce
sotto un cielo scarsamente conosciuto
l'ucciso appariva un dilettante
oscure le sue origini o i suoi scopi

Il complesso della preistoria

Nelle circostanze più diverse
della materia nascosta per vendetta
dei mezzi di spiegazione e d'esperienza
o fra tutti gli esercizi della risonanza
in questa festa più che nella sofferenza
e portarli in campagna sogno ad occhi aperti
ruvido davanti al piacere delle caverne
davanti al mito del ventre della digestione
questa dialettica nevrotica nevralgica
la vibrante armatura lo stato primitivo del fuoco
che vomita le fiamme per gli alchimisti
lo stomaco produce il calore necessario
e il pezzo di legno tra i denti del vulcano
musica tzigana osteria amore bivalve
sensazioni commensurabili in far tacere.

Missing Identification

There is a point a repeated formula
burned at the feet with written hands
given up for missing by the press
the news is the same an inventory
a subject suitable to a diary
to the keys used by a man in coveralls
abstracted handcuffed by his lists
without criterion without obvious objections
few citations barely leaked
false roads missing dates
there is a line an adapted version
mistaken details drawers torn apart
considered lost by the experts
faces full of earth and suspicion
marked by glasses and by pitch
they doze it's livestock keeping quiet
for the transmigration deduced from it
under a sky scarcely known
the murdered man appeared a dilettante
his origins or motives obscure.

The Prehistory Complex

In the most diverse circumstances
of material hidden for revenge
of means of explanation and experience
or among all the exercises of resonance
in this holiday more than in sufferance
and taking them to the country daydreaming
crude before the pleasure of the caverns
before the myth of the belly of digestion
this dialectic neurotic neuralgic
the vibrating armor the primitive state of fire
that vomits flame for the alchemists
the stomach produces the necessary heat
and the piece of wood between the volcano's teeth
gypsy music tavern bivalve love
sensations commensurate to silencing.

Emilio Villa

Translated by Pasquale Verdicchio e Chris Juzwiak

Omaggio ai sassi di Tot

> *"Scale, idest rudimenta*
> *graduum, seu phraspicae*
> *exercitationes in sonitus*
> *cymbalicos, vulgo sarabanda"*

Venere geometrica, vergine corrosa,
madrepora sposa delle ere mesolitiche
Venere di Willendorf, vergine a ruota,
avorio cariato nel manico e nel cuneo;

Venere di Savignano sul Panaro,
dove la metropoli fluviale nel cumulo dei detriti
gemina obliqua per 4000 tronchi fradici la trota
dalle scaglie cromate di pervinca,

e Venere maltese per la filibusta fenicia, e Venere
senza vene, Venere acefala, Venere callipigia,
all'ombelico di Milo di Cirene di Butrinto,
Venere dalla rotula nostalgica, Ciprigna
rododattila panrodia rodopormia.

Ah, non per puro caso è stato, non per pura
inclinazione la Kore dell'erechteion ha germinato
la sua docile statura, o Venere
del Giorgione del Picasso dei profeti alle foci del silenzio,
e degli amministratori del corrente mese
femmina del mangiatore di fuoco di petrolio di lampadine accese,
signorina balneare di Biarritz e di Palmbeach, dai coloriti
equinuziali, Eva del cinema americano delle cattedrali
degli ebdomadari in rotocalco, Eva del Friuli
con le pianelle di cordame e gerla sulle scapole
ad aggetto e Sulamita e Salomè di lunghe dita
e barbariche cornee di palta bruna o marna
o di velluto di smalto di mandorla di erba.

Homage to Tot's Stones

"Scale, idest rudimenta
graduum, seu phraspicae
exercitationes in sonitus
cymbalicos, vulgo sarabanda"

Geometric Venus, corroded virgin
madrepore bride of mesolithic ages
Willendorf Venus, wheeling virgin,
decayed ivory on handle and wedge;

Venus of Savignano on the Panaro,
where a fluvial metropolis in heaps of rubble
engenders obliquely through 4,000 water-logged trunks
the trout with periwinkle chrome-plated scales,

and Maltese Venus for Phoenician pirates and veinless
Venus, headless Venus, callipygian Venus,
at Milo's Cyrene's Buthrotum's umbilicus,
Venus of the nostalgic kneecap, Cyprian
rododactyl panrodic rodopormic Venus.

Ah, it wasn't by pure chance, not by pure
inclination that Herecteion Kore engendered
her docile height, o Venus
of Giorgione of Picasso of prophets at rivermouths of silence,
Venus of current month's administration
female of the fire-eater, eater of petrolium of lit bulbs,
bathing beauty at Biarritz and Palm Beach, with equinoctial
complexions, Eve in American movies, in cathedrals
of photogravured hebdomadaries, Friulian Eve
with rope slippers and basket on the protruding
shoulder blades and Shulamite and long-fingered Salome
and barbarous corneas of brown mud or loam
or velvet or enamel or almond and grass.

Adolescente d'indole fosforica, nadì omè ne,
Eva fuoruscita dal rapido deliquio del maroso o da siderea
cruna, Eva domenicale e di ogni qualsivoglia
mese nei pubblici giardini o negli stagni quando scarna
l'azzagola dopo il bere
autunnale stride il transito levando verso nord.

Eva rosa sulla soglia
sulla pista delle barricate delle materasse
delle jacqueries e dei colpi di Stato a mano armata,
Eva degli stabilimenti e delle etichette
con la colla arabica, sensuale
pollice, stakanovista nella foglia crepitante
dei cuscinetti a sfere
Venere del brigadiere carnale di Pubblica Sicurezza,
al mattatoio di basalto, e irrigua
trifola a sventaglio etereo pollice che spruzza arati
e sterri nella brezza pomeridiana,

Africo Ipogeo degli Orgasmi, Vase Electionis
al ritmo della Singer presa a rate
e in tandem sulle strade di provincia,

Turris eburnea sita al meridione, eco
rotante delle superne miniere e sottoterra, casta
diva che inargenti, la Susanna tra i commendatori
dell'ultima legislazione dentro l'alto speco

Foederis arca, hortus conclusus, de deserto
virgula fumi et sicut dies verni
i femminei tuoni popolati di termini maestosi
et sicut dies verni circumdabant eam balenando
flores rosarum sicut dies verni in campo aperto

Originalis macula macula virgo
potens virgo prudens tota pulchra,
Mimì Pinsson nella primavera delle saponette
Frufrù bal Tabarin, Mimì Bluette

Phosphoric-natured adolescent, nadì omè ne,
Eve risen from the quick swoon of the wave, from the starry
eye of the needle, Sunday Eve and of any month
whatever in public gardens in ponds when the teal
thins out after autumnal drinkings
shrieks the route rising to the north.

Pink Eve on the threshold
on the path of barricades of mattresses
of jacqueries of military coups,
Eve of factories and labels
with gum arabic, sensual
thumb, Stakanovist in the crackling leaf
of ball-bearings
Venus of the carnal police officer,
at the basalt slaughterhouse, and water-drenched
fan-shaped beaver ethereal thumb that sprays plowland
and diggings in the afternoon breeze,

African Hypogeum of Orgasms, Vas Electionis
to the rhythm of a Singer bought on time
and in tandem along country roads,

Turris Eburnea of the South, rotating echo
of celestial mines and underground, *casta diva*
who sheds silver light, Susanna
in the lofty crypt among the latest batch of commendatores

Foederis Arca, hortus conclusus, de deserto
virgula fumi et sicut dies verni
the feminine thunders peopled by majestic boundaries
et sicut dies verni circumdabant eam balenando
flores rosarum sicut dies verni in an open field

Originalis macula macula virgo
potens virgo prudens tota pulchra,
Mimì Pinsson in the springtime of toilet soap
Frufrù bal Tabarin, Mimì Bluette

Il fino calcagno sopra l'aspide grigia e lungo il basilisco preme
aspide e basilisco leccando un corallo ialino senza rughe
donnaragnodonnalianadonnamatricefontepadreseme
eri l'Astarte alla stazione centrale con la valigia
e le negre portavano la concolina del latte le lattughe
nei mattini di arancio amaro in piena stagione

O, naufragate insieme con i piroscafi trafitti nel liquore
bagnato dell'atlantico sereno, verde luce
per le vertebre piovendo della spina ed il profondo
pesce e le profonde uccelle d'amaranto a serpentina
mirano in saecula saeculorum tremolare snelle
le anche tremolare nel nugolo balordo delle
piantagioni subacquee

le mogli facevano il sugolo rosso sui fornelli nel tondo
sgargio anfiteatro delle verande europee e nelle logge,
nelle logge fumando dai gerani dei gerani

e pubblicana sulla spalletta dei pozzi perché Gesù Cristo
con la flemma
e donne sbattute nell'orgia dei travertini fissi
o dentro il secchio

donne abbracciando l'obelisco che staglia le scalmane
d'agosto, casalinga allarmata dall'eclissi
se brucia la cipolla nell'arrosto e il rosmarino o se lo specchio
si frantuma sulle mattonelle,
donna del madrigale e Venere dell'apotema,
signora dello stemma e illustre fontana dei perimetri
donna ab ovo
tirata con calibro livella a gibigiana e gran compasso
di tungsteno, femmina ab ovo
figurata nel seno della calla Zantedeschii,
donna di cartilagine di gusci d'arachidi e polpa d'albicocche

The fine heel above the gray asp and next to the basilisk
presses asp and basilisk licking hyaline unwrinkled coral
spiderwomanlianawomanmatrixwomanspringfatherseed
you were Astarte with suitcase at Grand Central Station
and the Negro girls carried the little milk bowl the lettuce
in mornings of bitter orange in full season

O, ladies shipwrecked with steamers pierced in the wet
liquor of the serene Atlantic, green light
raining down the vertebrae of the spine and the deep
fish and the deep birds of serpentine amarinth
gaze in saecula saeculorum slender trembling
haunches tremble in murky clouds of
submarine plantations

wives were making red wine pudding on stoves in the round
gaudy amphitheatre of European verandas, in the loggias,
in the loggias misty with geraniums of geraniums

and the publican woman of the wells so that Jesus Christ
with phlegm
and women thrown in the orgy of fixed travertines
or inside the bucket

women hugging the obelisk that sculpts the August
hot flashes, housewife alarmed by the eclipse
when onions burn in the roast and the rosemary or when the mirror
shatters on the tiles,
woman of the madrigal and Venus of the apothem,
lady of the coat-of-arms and illustrious fountain of perimeters
woman ab ovo
drawn with calipers and sunbeam level and big tungsten
compass, female ab ovo
figured in the bosom of calla Zantedeschii,
women of cartilage of peanut shells and apricot pulp

concepita con la pomice sui spalti di Gomorra, sbattono
i lenzuoli incendiati nella valle dei templi e un milione
di vangeli che non passa più
ragazza da marito, ctonia ispiratrice dei corredi regionali
femme entraîneuse donna mannequin Frau Weltschmerz,
e donna possibile non ancora pensata
nella polimorfosi degli attributi, e lampaneggio
del sasso delle caviglie tornite e rasente
i polsi il basso vino viola rifluente dalle vigne d'Engaddi,
oh, i polmoni stracciati e l'alabastro di madame Chauchat,
aspicite et videte filii Sion, aspicite
forse la profetata bellezza nel filo di ferro
che dal Texas oscilla sulla brina recondita, sul ronfo
degli equilibri fantastici, che titubante avventura
che onnubila l'algebra di Calder!

donna nubile assegnata ai cieli opachi, e spastica begonia
nei specchi avariati, sette nastri
legavano i ciuffetti, donna nello spazio senza cielo,
nel musico brontolo dei tuoni, spazio in cielo
senza donne al sorteggio dell'ebete connubio,
la donna inventata da Tot tra sassi e sassi secchi
tra Tevere e Danubio e Babilonia insonne.

Cuori della Madonna, così:
così sui muri sulle tele nel gesso nelle zanne
nelle ostriche striate nell'argilla che dimentica
le profluvie e tutti gli astri e l'orme
dei passi furtivi nei giardini notturni e la frequenza
diafana delle lune a giostra così
baldoria vegetante di nugoli concentrici

così nella mente nelle viscere nel sangue nelle canne
così nel mondo lungo il gran fantasma
nelle aule solenni nei dirupi lungo le scarpate
così dietro arenili nelle tebaidi nella nebbia alata
nelle metropoli nei paesi nei vagoni
così nel mondo inalterabile,
vergine salata, adultera notoria, nuda
garibaldina dalle volpi argentate, così

è nel mondo del mondo questo frutto che ti plasma
che ti scortica che ti inventa la tua storia.

conceived in pumice on the bastions of Gomorrah, the fiery
sheets billow in the valley of temples and a million
gospels that no marriageable girl passes
here anymore, cthonic muse of regional trousseaus,
femme entraîneuse mannequin woman Frau Weltschmerz,
and possible woman not yet thought of
in the polymorphososis of her attributes, and lightning flash
of the stone of the well-turned ankles and grazing
the wrists the cheap violet wine from the vineyards of Cadiz,
oh, the lacerated lungs and Madame Chauchat's alabaster,
aspicite et videte filii Sion, aspicite
perhaps the prophesied beauty in the wire
from Texas that oscillates on recondite frost, on snoring
of fantastic equilibriums, what faltering adventure
that clouds Calder's algebra!

nubile woman allotted to opaque skies, and spastic begonia
in spoiled mirrors, seven ribbons
bound the forelocks, woman in space without sky,
in the thunder's grumbling music, space in sky
without women at the lottery of connubial retardation,
the woman invented by Tot between stones and dry stones
between Tiber and Danube and sleepless Babylon.

Hearts of the Madonna, thus:
thus on the walls on canvasses in plaster on tusks
in streaked oysters in clay forgetting
floods and all the stars and the prints
of furtive steps in nocturnal gardens and the diaphanous
frequence of merry-go-round moons thus
vegetating binge of concentric clouds

thus in the mind in entrails in blood in reeds
thus in the world along the great phantom
in the solemn halls in the ravines along the slopes
thus behind the sands in hermitages in winged fog
in metropolises in countries in railcars
thus in the unalterable world,
salty virgin, renowned adulteress, naked
vixen with silver fox, thus

in the world of the world is this fruit that molds you
that flays you that invents your story.

Le parole

Una stagionaccia di tumescenti avvoltoi,
svignate le mogli per mancanza di cibarie di scandali di orgasmi
e d'altre storie, toccherà dimenticare con indifferenza, e con sentita
espressione, i campi spremuti dagli amici intimi, i terreni
recinti, i verdi trapezi con i lampi pomeridiani, i tiepidi
screzi della primavera nazionale dietro i terrapieni, e le fontane
occulte del sapere grano a grano le similitudini dei fiori
dei venti dei trafeli nei luoghi non segnati, e le settimane
che nei chiasmi risorge la carne unanime-inanime nei chiasmi

e massacrare il gallo forbito tra i brughi lombardi
il gesto che trafughi alla notte il sangue fresco gli alberi e le alte
quote degli astri vanitosi, e la polare che valica i sentieri
delle ascisse, e risospingere proprio così

contro i drastici orizzonti frantumati dai tamburi i candidi fantasmi
e sfogliare le direzioni ortogonali e nelle vuote
sfere annusare le ferraglie tra le rose paniche e il sentore
di rugiada dai poderi avversi e il crudo
raziocinio delle millesime angolature divelte nel guizzo delle trote,
le cuspidi sonore degli shrapnell e il cielo nudo

lento delle azalee,
vero che tu vedevi nel liquore dell'atlantico con gli occhi
della vita intera, e concepivi le termiche metafore
e le ipotesi grandi ottemperare alle medesime
cause influenti delle maree, e delle volte
climatiche che accadono nello sperma degli squali bianchi?

quindi in un impeto unanime bevemmo in coro
gli insiemi, e uno per uno il soffio amato della sola inquietudine
che rapinava l'ombra e decimava i fatui
semi delle consuetudini verbali, i risplendenti
rameggi dell'uranio e il vero ulivo
d'oro nella più cheta tenebra del quarzo, e il fiume

vivo delle arterie che risale il lume-lavoro degli scheletri.

The Words

A lousy season of tumescent vultures,
wives run away for lack of victuals scandals orgasms
and other stories, one ought to forget with indifference, and deeply felt
expression, the fields squeezed by intimate friends, the lands
fenced-in, the green trapeze with afternoon lightning, the tepid
streaks of the national springtime behind embankments, and occult
fountains of knowledge grain by grain the similes of flowers
of winds of pantings in unmarked places, and weeks
that in chiasms the unanimous-inanimate flesh rises in chiasms

slaughtering the polished rooster among Lombardy heathers
the gesture that would steal from the night fresh blood of trees and high
tops of boastful stars, and the polar star that crosses the paths of
abscissas, repelling exactly like this

white ghosts against drastic horizons shattered by drums
and leafing through orthogonal directions and smelling
in empty spheres the scrap iron among millet roses and the scent
of dew from hostile farms and the raw
rationality of the thousandth angle uprooted in the darting trout,
the noisy cusps of shrapnel and the naked slow

sky of azaleas,
is it true you looked into the Atlantic liquor with the eyes
of an entire life, and thought thermic metaphors
and great hypotheses would abide by the same
effectual causes of tides and the climatic
turns occurring in the sperm of the white shark?

in this unanimous impulse we drank all together
the sets, and one by one the beloved breath of the only restlessness
that robbed the shade and decimated fatuous
seeds of verbal habits, the resplendent
arabesques of uranium and the true golden olive
in the quietest gloom of quartz, and the live river

of arteries returning to the lamp-work of skeletons.

da *Diciassette variazioni su temi proposti*
per una pura ideologia fonetica

1

imprestami una battaglia di suggestioni tassative, di zanzare di
allegrie di classiche maniere o impetuose, decise,   non timide né tenere

e caratteristici contatti con tutto quello che il presentimento
accumulato nel futuro accumula di relativamente straordinario e di
inconsueta potenza nell'ordine, diciamo così, per paura, per ipotesi,
per noia terrestre

calde congetture in più e di grandezza inimmaginabile
liberamente misurata nell'orbita delle frenesie   come
se uno guarda dritto sull'asse dei capofitti: come a dire,
press'a poco, strabico, sguercio, o simili, di sbieco, e via

beh, spirami speculazioni apparenti e sperimentate nel chiasmo
dei tagli e delle congiunture   la piena ragione del distante
coniugato con l'ubiquo

cedimi, prego, la fulminea consulenza protestata dal simbolo
temerario   cedimi le tue pause solenni
(aumentate, magari!)   e cantami sul pallottoliere
                                         la materia magnifica
                                         delle parabole senza materia
                                         delle occhiate senza ragione
                                         delle vacanze
                                         delle sbadataggini infernali

cantami i disastri accertabili che s'incontrano di solito
nell'incolume spettrale della intensità   lo squarcio
sui fianchi del sudario, velum templi
prex (orphica) pex (perspectiva)

intensifica la dimensione algebrica del lacero   le forme
più gentili più scaltre più esaltate più generali del gesto
finalizio, dies irae

from *Seventeen Variations on Proposed Themes
for a Pure Phonetic Ideology*

1

lend me a battle of peremptory instigations, of mosquitoes and
joys of classical or impetuous, assertive manners,   neither timid nor tender

and typical contacts with all the relatively exceptional
and that which, ordered, has unusual power, let us say, out of fear,
hypothetically, out of terrestrial boredom, all that
premonition piled up in the future piles up

warm extra conjectures and of unimaginable magnitude
freely measured in an orbit of frenzies   as
if one were to look straight at the headlong axis: in other words,
more or less, cross-eyed, one-eyed, or similar, askance, and so on

well, breathe me speculations apparent and tested in the chiasmus
of cuts conjunctions   the full reason of distance
coupled with ubiquity

yield me, pray, your lightning-fast advice protested by the daring
symbol   yield me your solemn pauses
(increased perhaps)   and sing me on the abacus
                                             the magnificent matter
                                             of immaterial parables
                                             of purposeless glances
                                             of holidays
                                             of infernal carelessness

sing to me of the ascertainable disasters usually encountered
in the unharmed ghastliness of intensity   the tearing
of the shroud along the sides, velum templi
prex (orphica) pex (perspectiva)

intensify the algebraic dimension of laceration   the gentlest
most cunning most exhalted and general forms of the
final gestures, dies irae

e concentra gli ultimi frantumi di umano intelletto
in un cavo inaccessibile di improperi   come in un
palmo di mano o in un lago di aria ragionata
o musicata aria mentre stridono

sul disco della divinità orizzontale forbice e lesina
coltello punteruolo pece e spago

2

gli alberi si sposavano
le pietre erano gli dèi
il mare possedeva corpo e capo.

le immagini erano il silenzio
inquinato. le figure erano la polpa
dell'invisibile. e le labbra
forti come le scapole e le mascelle.

seme era il vento.
la voce un processo di idrogenazioni.
il linguaggio erano le stagioni
estreme, non eliminate.

gli odori erano gelo e notte,
e il tempo che. tale che.
l'anima era lontananza per uguaglianza,
e il numero follia purissima follia.

la musica era il nodo era
la stuoia. e lo sforzo
era l'ombra fissamente considerata
in inconcepibili moltipliche
incroci attriti giustapposizioni

forza per forma era il cuneo
e l'anima futura era l'anima
dell'anima senza divisione.

and condense the last fragments of human intellect
in an inaccessible hollow of insults   as in a
palm of the hand or in a lake of reasoned air
air set to music while scissors

and awl knife needle pitch and string
screech on the disc of the horizontal divinity

   2
trees did marry
rocks were gods
the sea possessed both head and body

images were polluted
silence figures were the pulp
of the invisible. and lips
as strong as shoulder blades and jaws.

seed was the wind.
the voice a process of hydrogenations.
language was extreme,
uneliminated seasons.

the smells were chill and night,
and the time that. such that.
the soul was distance for equality,
and the number folly the purest folly.

music was the knot was
the mat. and exertion
was the shadow poignantly mused upon
in inconceivable multiplications
crossings attritions juxtapositions

strength yielding form was the wedge
and the future soul was the soul
of the undivided soul.

e così leggemmo insieme
l'enuma eliš i rancori
teogonistici e le sciocchezze
senza scampo di Kierkegaard
e le maledizioni dell'antico
testamento.

   3
Il caffelatte finito, le freguglie ai piedi delle prealpi rosa
et tuae quidquid lubidinis per ora
al primissimo piano la foglia odorosa dell'arrosto con le guglie
del rosmarino al secondo ripiano il fruscio del raion
e i muscoli di ilaria spezzano l'ago inossidabile
allo sbocco delle vitamine (*lume morto e fum ki dura*)
e le pianelle e i pomodori e i peperoni al terzo uscio
anche dopo dentro in pancia i pesci voglion acqua
al quarto il soffio del borotalco sciorinato per la figlia
delle azzurre marinare (*al disco ki stravaca la scuidella*)

scroscia l'acqua al quinto piano palpita
contro le piastrelle la maniglia di porcellana a sterzo
sotto la coscia d'albicocche gorgogliano le tubature e sbatte l'asse
al sesto piano ribolle il lume elettrico davanti al Sacro
Cuore nella nicchia e raschia la radio «primavera
d'ogni cuore» nelle tenebre sgargianti e i baccalà
non si lasciano a mollo per dei secoli e dei secoli
mens optuma quaeque mens optuma

in terrazzo le rane sciacquano lenzuola e picchia
nell'umido fumo in qualche andito il ferro da stiro
un becco malinconico da preda la mamma non mi strilla
ma che vacca di una signora, ma che vacca di una,
(ma che vacca) ventata di cibarie veneziane
e ferraresi di spezie di colonie e matriciana

ma che sentano scottare la tua lagna come una spilla
fino in fondo alla strada l'acquetta dei tuoi occhi rosa
nelle adiacenze e in tutta la nazione mera
che sentano! lustri con l'acquetta della rilla rosa nel tondo
la maniglia le chiavistelle i pomi frusti d'ottone e il fondo a sera

and so we read together
the enuma elis the theogonistic
rancours and Kierkegaard's
inescapable silliness
and the curses of the old
testament.

3
after coffee, breadcrumbs at the foot of the pink Pre-Alps
et tua quidquid lubidinis per ora
on the very first floor of the odorous leaf of pot-roast with rosemary
shafts on the second landing the rustle of rayon
and Ilaria's muscles break the stainless needle
at the outlet of vitamins (*lume morto e fum ki dura*)
and slippers and tomatoes and the peppers at the third door
even inside the belly fish demand water
at the fourth the whiff of talcum powder sprinkled for the daughter
of navy blues (*al disco ki stravaca la scuidella*)

water pours on the fifth floor throbs
against the tiles the porcelain knob
underneath the apricot thigh the pipes gurgle and the board bangs
on the sixth floor the electric light boils in front of the
Sacred Heart in its niche and a radio crackles "spring in every
heart" in the gaudy darkness and salted cod
should not be left to soak for centuries and centuries
mens optuma quaeque mens optuma

on the terrace the frogs rinse their sheets and
in the humid smoke somewhere the iron beats
a melancholic beak of prey my mother does not yell at me
but what a whore that woman, but what a whore that one,
(what a whore) gust of Venetian and Ferrarese
dishes of colonial spices and matriciana

let them hear your whinings burn like a needle
all the way down the street the moisture in your pink eyes
in the surrounding areas and all around the mere nation
let them hear! shining with pink rill moisture in the round frame
the handle the latches the worn-out brass knobs and the background at night

nous aimions tous beaucoup ça

delle padelle scoppi il buco delle serrature e varie
filiture d'aria nel frastuono di cicli e motocicli e nella carie

tu potresti rivelare a tutti quanto veramente buona
è la febbre! quanto l'ira è breve e l'ebrietà e di che cosa
vivi di che pane usuale di che cure di che fame quando suona
il campanello alla porta e non aspetti nessuno di usuale

perché la anziana bagnarola si è smaltata nel bieco
serale il tripode è caduto con fracasso
nelle adiacenze e in tutta la nazione mera (mamma
se fosse mamma capirebbe, se lo fosse!) che palpitazioni
cardiache cor aestuans cor tremitans cor videns

grande dolcezza di senso a somiglianza del vento prealpino
negli specchi rosa dentro i bronchi e nella tromba nell'anima
delle scale il cielo è andato in alto! alto spreco

(se fosse mamma capirebbe!) ahi, polvere di rondoni
scapicollanti, sù, al cielo! non volate così sotto, tanto basso,
così qui! lo specchio incrinato da una ruga risolleva
la scarogna, ruggini e iridate le gronde
raccolgono una vuota eco e un secolo di ricordi

e i secoli ricordi in fuga a onde verso il vicolo cieco,
e il simbolo dei ricordi è l'acciuga appesa ai travi
e là saltavi per intingere la mollica e la Natura va
più dolce e più filata nei seni dei bambini

se non che il cuore se si è molto fini
il cuore quando è perso è perso non lo prendi più.
Piangi. La stanga di nickel e il vento
il vento, semplicemente il vento.

nous aimions tous beaucoup ça

nous aimions tous beaucoup ça

let the keyholes of the frying pans blow up and various
threads of air in the din of cycles and motorcycles and in decay

you could reveal to all how fine fever really is!
how shortlived ire and intoxication and on what
you live what usual bread what cures what hunger when the door-bell
rings and you are not waiting for anyone usual

as the old tub has been enamelled in the sullen
evening the tripod fell with a noise
in the surrounding areas and all around the mere nation (mama
mother would understand, if she were a mother!) what cardiac palpita-
tions cor aestuans cor tremitans cor videns

great sweetness of sense in resemblance of pre-alpinc winds
in the pink mirrors in the bronchia and the well in the soul
of the stairs the sky has gone on high! high waste

(if she were a mother she'd understand!) alas, dust of foolhardy
swifts, up, to the sky! don't fly so low, down so close,
so here! the mirror cracked by a wrinkle brings back
bad luck, rusted and rainbowed eaves
gather an empty echo, a century of memories

and centuries memories in flight in waves toward the blind alley,
and the symbol of memories is the herring hanging from the beam
and there you jumped to dip your bread and Nature
is sweeter and finer in the breasts of children

except the heart if one is very subtle
when the heart is lost it's lost you can't get it any more.
Cry. The nickel staff and the wind
the wind, simply the wind.

nous aimions tous beaucoup ça

4
it is world of the back hune wone it is
it is world of the horse half heart head
it is world of the workwork it is is
it is father of the snakewife
it is world of the tree and tree and
and it other is father of the other
and of the all all all all other.

what is it? native. what and why?
why, christ, why, we tell. alien.
I tell: yes. I. native and alien. Signe
vivant. I. signe signe signe. with mien
with deep mien and dark drag.

what is it and what other? what
between it-rock-ruin and all other (water,
fire, air)? between I and me
is *water*, fire, air and all streaming chaos?

it is work of work and it
is world of the world of the horse
upon tree as fragrant breath

as pleasure. revolves and dies. I
see. now and plus tard. plus
tard de la lune.

words wind wife blowing
espace tombé d'après nature:
what it is? christ! what is time?
I felt what. I felt what
all kingdom is workwork
of the snake-abyss, as native
olives and all alien things.

and gimme a tickling spring, christ,
with wings and with
hushed rumbles and exquisite resemblances.

4

it is world of the back hune wone it is
it is world of the horse half heart head
it is world of the workwork it is is
it is father of the snakewife
it is world of the tree and tree and
and it other is father of the other
and of the all all all all other.

what is it? native. what and why?
why, christ, why, we tell. alien.
I tell: yes. I. native and alien. Signe
vivant. I. signe signe signe. with mien
with deep mien and dark drag.

what is it and what other? what
between it-rock-ruin and all other (water,
fire, air)? between I and me
is *water*, fire, air and all streaming chaos?

it is work of work and it
is world of the world of the horse
upon tree as fragrant breath

as pleasure. revolves and dies. I
see. now and plus tard. plus
tard de la lune.

words wind wife blowing
espace tombé d'après nature:
what it is? christ! what is time?
I felt what. I felt what
all kingdom is workwork
of the snake-abyss, as native
olives and all alien things.

and gimme a tickling spring, christ,
with wings and with
hushed rumbles and exquisite resemblances.

and talk to me and tell dark hours
dark oblivions dark trees dark
leaves dark darkness and
whitening water. it is
a world in intumo semine.

5
seme nelle rotaie al capolinea sotto le traversine tarlate
semente sulle selci della capitale
un grano sulla coda del passero
un protone (come si dice oggi) un quantum gonfio d'ombra
nell'isotopo
o (supponiamo) un bacillus aestheticus subtillimus
nelle mucose mascellari del lupo o nell'orifizio
                    anale della balena
un seme (qui si dice) che lievita, della Giustizia
una briciola (o freguglia) magari seccolita, appunto,
di Giustizia banale in fondo alla saccoccia del vecchio
                    ministro farabutto in altalena
una goccia (mettiamo, per caso) dentro il lavabo tutta notte
                    oh, il tempo è una falsità che irriga
                    l'epidermide nelle zone di attrito
una proteina snella e gentile come un postulato per le bisce
un lampaneggio in un crepaccio celestiale, simbolico,
o una istantanea delusione che veleggia nel cranio
                    del cane senza padrone, per cui

questo stabilito e confermato, noi dementi verticaloidi
e intelligenti perlomeno una volta
e mezza, rotolando un po' qua un po' di là sul terreno
trebbiato dalla furia dei molteplici
e non generati sensi di energia, noi
nutriti della semenza alacre della genialità mortale, di noialtri
chi e per quale mai festività ha piantato nelle crepe questo
seme morbido in un luogo di non attenzione, dove è fiato
che viva e serpeggi nel popolo delle foglie la Giustezza
analitica? noi consumiamo insieme la Natura
e il Terrore fino a che una resurrezione qualsivoglia
nella trama degli abissi e dei fiorami, nell'aria
segreta come quella di stamani alle 8 e 35 circa,
taglierà l'ultimo colloquio e ne trarrà, invisibile
numero, illimite ipogeo, in balìa
del liquore solenne senza seme e senza cenere

and talk to me and tell dark hours
dark oblivions dark trees dark
leaves dark darkness and
whitening water. it is
a world in intumo semine.

5
seed in the rails at the end of the line under moth-eaten sleepers
seeds on the capital's pavements
a grain on the sparrow's tail
a proton (as they say nowadays) a quantum swelling with shadow
in the isotope
or (let's suppose) a bacillus aestheticus subtillimus
in the maxillary mucous membranes of the wolf or in the anal
                              orifice of the whale
a leavening seed (as they say here), a morsel
(or crumb) of Justice maybe dried-out, of course,
of banal Justice deep in the old Minister's
                    pocket, that crook on a swing
a drip (let's suppose) in the sink all night
                    oh, time is a lie that irrigates
                    the skin in areas of friction
a slender protein and gentle like a postulate for snakes
a flash of lightning in a celestial, symbolic cleft
or an instantaneous disappointment sailing in the cranium
                    of the masterless dog, for which

this being established and confirmed, we demented verticaloids
intelligent at least one time
and a half, rolling a little here a little there on the ground
thrashed by the fury of the multiple
and ungenerated senses of energy, we
nourished with the active seed of mortal ingenuity, which one of us
and for what celebration planted in the cracks this
soft seed in a place of inattention, where is the breath
that lives and winds analytical Rightness throughout the population of
leaves? we consume both Nature
and Terror until any resurrection whatsoever
in the weave of the abysses and floral designs, in the secret
air like this morning's at about 8:35,
will cut the last conversation and will draw from it, invisible
number, limitless hypogeum, at the mercy
of solemn liquor without seed and without ashes

6
nous aimions tous beaucoup ça

aurais-je du parvenir aux clameurs
absolus, aux ressources indifférenciées,
par l'art, par l'art sonore,
ou sur l'échelle ronde des grands avions
transatlantiques, mamelles roulantes
dans la calme blonde, notre chair
inattendue ou multiple.

à chercher des instruments simples
et indeterminés, des instruments
proportionels et drôles

on rencontre un étranger dans l'extase
si consequemment sinistre et secret,

le puits des conséquences oubliées
ou refoulées dans un bagne immémoriale

dans les pommes de terre dans les laves
d'éruptions dans des dollars couverts
d'une pâte subtile démence algébrique
dans les fulgurations sexuelles
dans les opacités successives
dans toutes les entrâves héréditaires.

pas d'orguedenisation nationale—et alors
pas d'orguedeuil rational—et alors
pas d'abîmes intentionnés—pas de
                                    et alors

7
pas d'huile—pas des grandes matières
intérieures—pas de denrées sonores
pas donc de réhalité—pas grand nombre
de tonnes de vibrations méque-aniques
pas de grandes affirmations de douleur
pas de nuit de négations parfaites
pas de mots bruts pas de mots bruits

6

nous aimions tous beaucoup ça

aurais-je du parvenir aux clameurs
absolus, aux ressources indifférenciées,
par l'art, par l'art sonore,
ou sur l'échelle ronde des grands avions
transatlantiques, mamelles roulantes
dans la calme blonde, notre chair
inattendue ou multiple.

à chercher des instruments simples
et indeterminés, des instruments
proportionels et drôles

on rencontre un étranger dans l'extase
si consequemment sinistre et secret,

le puits des conséquences oubliées
ou refoulées dans un bagne immémoriale

dans les pommes de terre dans les laves
d'éruptions dans des dollars couverts
d'une pâte subtile démence algébrique
dans les fulgurations sexuelles
dans les opacités successives
dans toutes les entrâves héréditaires.

pas d'orguedenisation nationale—et alors
pas d'orguedeuil rational—et alors
pas d'abîmes intentionnés—pas de
                                        et alors

7

pas d'huile—pas des grandes matières
intérieures—pas de denrées sonores
pas donc de réhalité—pas grand nombre
de tonnes de vibrations méque-aniques
pas de grandes affirmations de douleur
pas de nuit de négations parfaites
pas de mots bruts pas de mots bruits

pas de quoi pas quoi pas
d'éléments généraux reculants
généreuse au fond des abîmes intentionnés
pas de sublimes économies pas
de régularités absurdes constituées
pas d'idéalisations hybrides pas de quoi
                                                          et alors

[dia]thèmes sur l'air adhaesit anima, vivificavi secundum

    8
deum deum deum dixit
mais rien ne prouvant que

a dit le a dit que le prééêtre romon
pour égorger la pierre[re]
oxidïane sous la lune dernière
le pépêtre va tromber trom trom

ah bien, bien bien, ça
la lamière coule des mamelles
du soprano Dodoro telles
telles que: "no! non erubescam!
cur erubescitis?" elle
chanchantait voix vive fanatisme

et ce n'est pas ce que je crois que ce ne soit pas
pas parce que les lions fébricitants à Mycène
ont changé ses accents ses couleurs ses temps!
ont changé: "deus dixit
non erubescam! cur erube
scitis?" flâneurs bien élevés,
faquirs fatalistes, dénoncez

et la flumvière coule des veines
des mamelles du soprano
sur le néophites obstrués
par l'hygiène sucrementale
des sexes des vieux-cesexes

pas de quoi pas quoi pas
d'éléments généraux reculants
généreuse au fond des abîmes intentionnés
pas de sublimes économies pas
de régularités absurdes constituées
pas d'idéalisations hybrides pas de quoi
                                        et alors

[dia]thèmes sur l'air adhaesit anima, vivificavi secundum

   8
deum deum deum dixit
mais rien ne prouvant que

a dit le a dit que le préêtre romon
pour égorger la pierre[re]
oxidïane sous la lune dernière
le pépêtre va tromber trom trom

ah bien, bien bien, ça
la lamière coule des mamelles
du soprano Dodoro telles
telles que: "no! non erubescam!
cur erubescitis?" elle
chanchantait voix vive fanatisme

et ce n'est pas ce que je crois que ce ne soit pas
pas parce que les lions fébricitants à Mycène
ont changé ses accents ses couleurs ses temps!
ont changé: "deus dixit
non erubescam! cur erube
scitis?" flâneurs bien élevés,
faquirs fatalistes, dénoncez

et la flumvière coule des veines
des mamelles du soprano
sur le néophites obstrués
par l'hygiène sucrementale
des sexes des vieux-cesexes

9
desire between powers and quiet

if here he known
if flames down
all white you when future speak
all white with smell
all white legitimate confusion people
all white thoughts
all white singing
all is cause of movement of
all white herself and

a line agonize on the earth and
a flame too agonize on the
a poem only recognize upon limb
of white airless
or no-air

e pigro segno delle sonore agonie il tardo
separare sé da sé e udir fina
marmorea onda e nebbie delle partizioni straniere
e dolce fiamma inglese o beduina.

[dia]thèmes sur l'air adhaesit anima, vivificavi secundum

10
Il panico spoglio degli dèi dell'acqua di tutti i giorni
delle pietre del cemento dei pensieri dei pozzi dei rioni
della velocità non sai mai se dove si comincia
e se dove si finisce è ora e dove la prudenza
è come una lettera cancellata dalla lunga pioggia
fine, e la cavi di saccoccia e ti viene la follia,

come pezzi sudici di richieste confidate a venti
persone senza leggerezza senza rimorsi autentici
accomiatandosi affezionatamente, e non giova
a gran che il sussidio della comunità, e c'è chi piange
irresistibilmente, e chi è di leva e non ci vuole
andare, e la zingara intanto legge chi sa cosa
sulla mano trasandata in via Lombardia a Roma

9
desire between powers and quiet

if here he known
if flames down
all white you when future speak
all white with smell
all white legitimate confusion people
all white thoughts
all white singing
all is cause of movement of
all white herself and

a line agonize on the earth and
a flame too agonize on the
a poem only recognize upon limb
of white airless
or no-air

and lazy sign of the sonorous agonies the late
separation of self from self and hearing fine
marbled wave and mists of foreign partitions
and sweet English or Bedouin flame.

[dia]thèmes sur l'air adhaesit anima, vivificavi secundum

10
the spare panic of the gods of everyday water
of stones of cement of thought of wells of districts
of velocity you never know if where one begins
and if where one ends is now and where prudence
is like a letter erased by the long fine rain
and you take it from your pocket and madness comes over you,

like dirty pieces of requests confided to twenty
people without lightness without genuine remorse
taking leave affectionately, while the subsidy
from the communities is no great benefit, and there are those
who cry irresistibly, and who have been drafted and do not want
to go, and the gypsy woman in the meantime reads who knows what
on the neglected hand in Rome, in Via Lombardia.

sulla mano vecchie anatomie civilizzate
o nomadi, cadute in avaria, o stravaganti
diagrammi di allegorie sentimentali per maramaglia,
o come sillabe ribattute da cicale palestinesi,
o di prudenze casalinghe, di mortali
delicatezze, o forsennate eleganze
che abitano qui in questi paraggi, e irritazioni

da sconcio madrigale tutto istintivo, tassativo
anzi, e cortesie mostruose; e rudimentali, proprio
appena appena in punta, divinazioni, e miracoli
a bellapposta esagerati senza sentimento, tutti
in un pettine di nailon per pudicizie; e curiose
fiabe morali da ripassare al tempo
futuro o condizionale, tra forbice trinciapolli

e bulloni di turbìne seminati e tiranti e sestanti
e madreviti e reperti preistorici d'arte vasaria; e
dipinte un po' per tutto a scie fosforiche le tenebre
dei galli dei passeri e delle bisce e raffiche
di porpora, la vaniglia di ossa bianche e polpe
di brina e architetture di zucchero frantumano
orizzonti promiscui meccanici vegetali come un filo
unico di refe in attese di profetiche gare e di un ozio
colorito, familiare, ospitale, volante, salato.

Oh, filo di refe perduto dalla sottana zingara
pronuncia in pubblico il morso pio, rituale,
della corrosione liturgica, della quotidiana
ma quotidiana redenzione, e togli di dosso
al mondo rionale il tempo, come togli
la camicia a un bambino dopo la cerimonia.

on the hand old civilized anatomies
nomadic ones, falling with dead engines, or extravagant
diagrams of sentimental allegories for riffraff
or like syllables repeated by Palestinian cicadas,
or of domestic wisdom, of mortal
refinements, or frantic elegances
that live here in this neighborhood, and irritations

from obscene, all instinctual and indeed peremptory
madrigals, and monstrous courtesies; and rudimentary, really
really just on the edge, divinations, and miracles
purposely exaggerated with no sentiment, all
in the modesty of a nylon comb; and curious
moral fables to be reviewed in
future or conditional tenses, among poultry-shears

and sown turbine bolts and tie-rods and sextants
and lead screws and prehistoric finds of ceramic art; and
painted a little everywhere with phosphorescent bands the darkness
of roosters sparrows and snakes and purple
blasts, the vanilla of white bones and pulp
of frost and sugar architectures break down
promiscuous mechanical vegetable horizons like a single thread
of yarn awaiting prophetic races and a colored, familiar,
hospitable, flying, salted idleness.

Oh, thread of yarn lost from the gypsy slip
pronounce in public the pious, ritual bite
of liturgical corrosion, of the daily
but daily redemption, and lift time
from the shoulders of the local world,
as you take the shirt off a child's back after the ceremony.

Cesare Viviani

Translated by Paul Vangelisti

da *Merisi*

XIII

Non è quello che è stato il gran dolore
della deposizione le ferite
come le labbra chiuse e la virtù
d'averti addormentato poco prima
che l'aria si fermasse: l'altra vita
Girolamo l'ha vista è qui l'aveva
presa un ragazzo

la scena del mendicante che s'avvicina
t'accarezza e ti preme, degnamente,
sorride e ti colpisce, la preghiera
si muta nella presa dei polsi invoca
l'offesa e la pena dura
della catena

che corre dal suo viso la fede ai santi
ai donatori e Jacopo ha lasciato
questa predella tanto che portasse
nei secoli dei secoli l'ornato
del busto e della chioma come allora
la ricca gioventù s'è messa in posa
segno della virtù, tu l'hai abbracciata
nel sogno dei colori d'ogni cosa

dopo la posa lei
dicesse come posso
fermare quel che cede
il bello e si scompone
lungo i navigli aperti
ai campi sulla strada
dove mi vide e chiese
di rivedermi

from *Merisi*

That is not what has been the great pain
of the deposition the wounds
shut like the lips and the virtue
of having lulled you to sleep just before
the air stopped: Jerome has seen
the other life it's here
a boy had it

the scene of the beggar who draws near
caresses you and squeezes you, worthily,
laughs and strikes you, the prayer
changes into locking your wrists invokes
the injury and the hard pain
of the chain

that pours from his face the belief of saints
of donors and Jacob left
this predella he may bear
century upon century the ornament
of the torso and mane as in those days
rich youth was posing
as a sign of virtue, you embraced it
in the dream of the colors of each thing

after the pose would
she say how can I
stop that which beauty
yields and breaks up
along the canals open
to the fields on the road
where he saw me and asked
to see me again

dame e damine luci e villanelle
si fanno intorno a lei lungo la siepe
e siede l'agghindata e quando s'alza
sorprende le fedeli e segue un lampo;
mentre si fa il bagliore c'incontrammo
oscuri portantini

XXIV

Mi avvicino e gli dico: è pronta la cena,
ti aspetto in casa, ti precedo,
non fare come il tuo nemico che finì
per assomigliare al suo nemico.
Non c'è altro che i pochi passi del ritorno
e, vi assicuro, un gesto d'amore.
Nessuno spettatore.

Confesso che non la vidi
Le mando i regali, i gioielli
che scopro nelle praterie;
e curo l'involucro, piego
il foglio raccomandato,
l'amore si è ritirato
a quello che chiudo e lego.

Non la chiamare, viene da sé, a distanza,
fingendo di non vederci per essere vista.
Ora si ferma alla fontana, annusa,
si affaccia al prato e si ritrae.
Sembra la serva che spera di sentirsi dire
di mangiare anche il dolce.
La volontà di una che guarda
nel piatto altrui, la religiosa.
La notte invade silenziosa
quel che ritarda.

XXVI

Nel giro del parco quello che mi salvò,
l'albero fisso al centro dove si videro
uomini di tante nazioni arrivare
e posare le ali:

ladies, little ladies lights and villanelles
they circle around her along the hedge
and all decked out she sits and when she rises
she surprises the faithful and lightning follows;
while the flash spreads we dark
litter-bearers met

XXIV

I draw close and tell him: supper is ready,
I'll wait for you in the house, I'll go before you,
don't be like your enemy who ended up
looking like his enemy.
There's just the few steps of coming back
and, I assure you, a loving gesture.
No spectators.

I confess I didn't see her.
I send her gifts, jewels I find
on the prairies;
and I take care with the wrapping, fold
the registered sheet,
love has withdrawn
to what I close and tie.

Don't call her, she'll come by herself, at a distance,
pretending not to see us to be seen.
Now she stops at the fountain, sniffs around,
she faces the field and pulls back.
She seems the servant who hopes to hear
she can eat even the cake.
The willingness of one who watches
another's plate, the pious woman.
Night invades silently
him who delays.

XXVI

Within the park that which saved me,
the tree fixed in the center where we saw
men of many nations arrive
and rest their wings:

sono qui, in cerchio,
sono diventati una cosa che fecero
con le loro mani.

da *Preghiera del nome*

Avevano ragione a dirci: non spingetevi oltre,
arrivate fino alla vigna grande e tornate.
Guardate le cose che già conoscete,
i tigli del viale,
la fila dei salici lungo il fossato,
l'orto della fonte vecchia, il boschetto,
dopo compaiono le case di San Romolo e proseguite
fino alla cappella e ai filari.
Fate il sentiero di sempre, fate
una passeggiata.

*

Con due piccoli scoppi ha ucciso la vecchia,
s'è affacciato sulle scale con l'arma in mano
quasi paralizzato ebete
"è un film, è un film—gli gridiamo—scendi,
è venuto bene, rallegrati".
Venne così di fare della tragedia un film,
a un tratto, appena uditi i colpi, un attimo prima
eravamo lontani da quel pensiero.
"Oh allora—balbetta lui procedendo assente—
ditelo anche alla vecchia di scendere".

*

E non è lei la nostra madre superiora
che indica Roma e sbuffa con il dito alzato?—
animaletto chiamano alcuni giovanissimi o
statua i pensieri di altri, no
nient'altro che lei
come è sempre stata
autentica.

they are here, in a circle,
they have become something they made
with their own hands

from *The Prayer of the Name*

They were right to say: don't push ahead,
go as far as the big vineyard and turn back.
Look at things you already know,
the linden trees on the road,
the row of willows along the ditch,
the garden at the old fountain, the grove,
then the houses of San Romolo appear and continue
all the way to the chapel and the string of vines.
Take the same path as always, take
a stroll.

*

With two small bursts he killed the old lady,
he showed up on the stairs with gun in hand
almost paralyzed out of his wits
"it's a movie, it's a movie—we yell at him—come down,
it came out fine, cheer up."
It so happened we made a movie out of the tragedy,
suddenly, right after hearing the shots; a moment before
we were far from that thought.
"So then—he mumbled going on absently—
tell the old lady too to come down."

*

And isn't she our mother superior
who points to Rome and snorts with a raised finger?—
the thoughts of others some very young children call them
little animal or statue, no
nothing else but her
as she has always been
authentic.

Eccola, appena fermo il mezzo, a prodigarsi
protesa nel bagagliaio e a un tratto
scatta indietro colpita, diciamo subito
morsa da un serpente.

*

Fu la rossa chioma che creò il mondo—
diranno: della figlia di un cavatore—
no, la sola chioma, staccata,
vagante all'altezza giusta degli sguardi,
passante scolpita, tenuta, tinteggiata, lei
che inaugurò il poema.
Come dire: puoi lavorare e qualunque cosa tu faccia,
gli arnesi o gli sciroppi, i confetti o le paste,
i personaggi e le polpe e le calze tramate
e i brutti ceffi che passano sui carri e guardano—
sei nel vero di una contrada. E quello che segui,
l'errore riparato nel corso dell'opera,
l'imitazione e molto di più l'azione
finalmente vederla in pieno, ecco colei
che porta gli acquisti a casa, presa dai fatti,
e un po' memore di un poeta, Francesco, comparso
nella sua vita o sui libri, no, nella vita!
a passeggiare sotto il suo balcone e a cantare.

*

Mi aggrappo, mi sostengo con le immagini
dei miei antenati e oggi mi hanno detto che uno
fuggì davanti al nemico, rincorso
vinse nella fuga in velocità perché i nemici
si fermarono a ridere.
Ho domandato il seguito.
Allora ho saputo che da quel giorno
non faceva altro che chiedere,
interpellava tutti per cose minime, disturbava.

*

Vengo al tuo castello per essere
morso dai cani.
I balzi di quei mostri e il lancio finale,

There she is, the vehicle barely stopped, doing all she can
to lean out of the luggage compartment and all at once
snaps back wounded, right away shall we say
bitten by a serpent.

*

It was the redhead created the world—
they'll say: a quarryman's daughter's—
no, the one head, removed,
wandering at just the right height of glances,
sculpted, well-kept, tinted, a passerby she
who dedicated the poem.
As if to say: you can work and whatever you do,
tools or syrups, confetti or pastries,
characters and meat and fishnet stockings
and the ugly mugs that pass by on the floats and stare—
you're in the heart of the district. And that you pursue,
the error repaired in the course of the work,
the imitation and moreover the action
finally to see it in full, there she is
bringing home her shopping, caught up in events,
and somewhat mindful of a poet, Francesco, who appeared
in her life or her books, no, in her life!
strolling under her balcony and singing.

*

I grab on, I sustain myself with images
of my ancestors and today they told me that one
fled before the enemy, pursued
won the chase in speed because his enemies
stopped to laugh.
I asked for the rest.
I then knew from that day on
he didn't do anything but ask,
consulted everyone over the smallest thing, a nuisance.

*

I come to your castle to be
bitten by dogs.
The bounds of those monsters and the final lunge,

una furia latrando, un volo di qualche metro e non sbagliano,
affondano nella carne e strappano col loro peso,
mi sono accorto è quello che ho sempre cercato
e che prima chiamavo amore, felicità, fortuna.

*

a Antonio Porta

La vita pratica insegna
le posizioni delle cose morte. Ora capisco
le parole del generale: "È secondario
il problema della salvezza dei soldati". Oggi nessuno,
nemmeno i familiari, vuole sentirsi dire
che eri al mio fianco e il colpo
prese te al petto, alzasti
le braccia urlando,
io mi salvai fingendo la stessa fine.

Dai movimenti degli uccelli, sempre gli stessi,
ne ricavano un'opera, un balletto, che tocca
migliaia di invitati nel cuore.
Un uomo—è presto detto—regola con una macchina
il variar di luci e paesaggi che gli attori
attraversano con parole e gesti.
Ma ora vengano gli astri con le loro influenze
a bruciare i dialoghi e i cori,
a sfondare le quinte e gli apparati,
a strappare il sipario, a far salire i mari,
ad annegare tutta una generazione.

Ora capisci perché la bambina, da giorni, non pensa
che al legno, e lo nomina invano.

Ogni pensiero, tutta la sua vita,
dedicherà a quella ferita,
ora appannata ora lucida,
nera e scarlatta,
calda che va a richiudersi,
ma nulla vuole sapere
del corpo che l'ha subita.

a snarling fury, the leap of a few meters and they don't miss,
they sink into the flesh and rip with their weight,
I became aware it was what I'd always looked for
and that I used to call love, happiness, luck.

*

to Antonio Porta

Practical life teaches
the position of dead things. Now I understand
the words of the general: "The safety
of soldiers is a secondary problem." Today no one,
not even family, wants to hear
that you were at my side and the blow
you took in the chest, raising
your arms yelling,
I saved myself faking the same end.

From the movements of birds, always the same,
they get an opera, a ballet, that touches
thousands of guests in the heart.
A man—it's easy to say—with a machine controls
the changes of light and the landscapes actors
cross with words and gestures.
But now let the heavenly bodies come with their influences
to burn the dialogues and the choruses,
to smash the wings and the scenery,
to rip up the curtain, to raise the seas,
to drown a whole generation.

Now you understand why the little girl, for days, doesn't think
of anything but wood, and takes its name in vain.

Each thought, all his life,
he will dedicate to that wound,
now foggy now shiny,
black and scarlet,
warm that shuts itself in,
but wants to know nothing
of the body which suffered it.

Dimmi, Maria, tu che sai per intercessione,
perché temo tanto che questo vaso si spezzi?
"Esso abbellisce", rispondevi.
E perché temo tanto
che un bambino possa danneggiare, distruggere?
"Sai quanto male facciamo! Rovine, disastri,
le peggiori azioni. Mentre sei a casa tranquillo
e riposi o lavori, la tua vera natura è altrove.
Così non è lui, quello colto in flagrante, l'assassino.
E quell'altra morte, inspiegabile, non fu una disgrazia."

Chi passerà vedendo quel filo nero,
quel segno illeggibile, era stato il corpo di un marinaio,
di un giocatore, trascinato, sepolto?
Fa bene a non fermarsi il signore, "chi sa cos'è"
dice un istante e ha già lo sguardo altrove:
perché qui non ci fu un barlume di verità, e non c'è
in nessuna scomparsa, lo sai, in nessuna memoria,
solo il dominatore dei vivi e dei morti
solo il vuoto cielo.

E tu che sei stata sepolta dalla furia del mare,
una notte di vento ritrovata riversa,
una povera aveva le vesti lacere, vecchia,
lasciata finire,
prega per la nostra gente, e le tradizioni gloriose,
per la vita di questa nazione, e i suoi capi.

Tell me, Maria, you who know by intercession,
why am I so afraid this vase will shatter?
"It embellishes," you'd say.
And why am I so afraid
that a child might damage, destroy?
"You know how much harm we do! Destruction, disasters,
the worst actions. While you're at home quiet
and you rest or work, your true nature is elsewhere.
He's not like that, the assassin, caught in the act.
And that other death, inexplicable, was not an accident."

Who will cross seeing that black thread,
that illegible sign, had been the body of a sailor,
of a player, dragged, buried?
The gentleman does well not to stop, "who knows what it is"
he says for a second and already is looking elsewhere:
because here there wasn't a glimmer of truth, and there isn't
in any disappearance, you know, in any memory,
only the ruler of the living and the dead
only the empty heavens.

And you who were buried by the sea's fury,
a night of wind found face-down,
a poor woman with ragged clothes, old,
allowed to end it,
pray for our people, and our glorious traditions,
for the life of this nation, and its leaders.

Paolo Volponi

Translated by Bradley Dick

Vista sull'anno parallelo

L'anno parallelo non conduce e non seleziona,
eroga; non ha corso né foga e batte
solo lo spazio, immagine e persona
in cui appare: fuliggine di casa, latte
che brucia, spiga e specchio di notte, corona
di granati e di sepolta ruota, paglia, piatte
medaglie della porta contro la neve che suona,
le barche, le piante, la vetrina, l'afona cruna
dell'ago rovente sulle putrefatte
ghiandole o cancrene, il taglio della luna
via dalle finestre caduta tra le fratte
incendiate d'agosto, minuta duna
di polvere, ruina, tesoro delle ratte
mandibole di una pulce, essenza, cuna
di febbre e di ogni infetto carico e varco
                                    parallelo:
varco e carco di sé, spazio che aduna
tempo e tempo spazio nello stesso arco
istantaneo: lampo, volta, arluna
di sera o di mattina, pulsante, imbarco,
vello, argo, dardo, grembo di una
pelosissima nuda nel peplo allo stearco
lucore materno che traspare e sduna
ombra da ombra, velo, pelo, scarco
gomito o seno: gusto, colpa, niuna
come in preghiera verità, ossa e il parco,
se disonesto, sangue, con età veruna,
occhio palato neri, lo scatarco
di muco che agglutina, il languido che zuna
e rizuonando stringe e con un marco
di fuoco fende fobica matruna
in lingua, corda, vista e nel plutarco
da prendere e sentire, ragione in runa
tutta che brucia e rima e nello starco
della cronica sfida, segna, azzuna,

A Glimpse of the Parallel Year

The parallel year doesn't lead and does not choose,
it dispenses; it has neither a path nor passion and crosses
only the space, image and person
in which it appears: homey soot, milk
that's burning, the spike and speculum at night, a garland
of granite stones and a buried wheel, straw, flat
medals on the door resounding under snow,
the boats, the plants, the shop window, the aphonic eye
of a red-hot needle on putrefied
glands or gangrene, the sliver of the moon
fallen away from the window among the August's
scorched thickets, minute dust
dune, ruin, treasure of a flea's
rapacious mandibles, essence, cradle
of fever and every infected burden and parallel
                                    passage:
a bridge and burden to itself, space bringing together
time and time space in the same instantaneous
arc: flash, turn, to the moon
in the evening or the morning, pulsing, embarkation,
fleece, argo, arrow, bosom of a
hirsute nude in peplos in the stearic
transparent maternal splendor that shining cleaves
shadow from shadow, veil, hair, unburdened
elbow or breast: gusto, guilt, no
truth as in prayer, bones and the miser,
if dishonest, blood, with some age,
black eye and palate, the expectoration
of agglutinating mucus, the languid one who buzzes
and grasps buzzing again and with a firebrand
cleaves the phobic matron
in the tongue, vocal cord, face and in the parallel lives
to be taken and heard, reason in rune
that completely burns and rhymes in the crap
of the chronic challenge, brands, resounds,

taglia nel flusso, sgozza nell'indarco
del presente; slunga, mena, acclatuna
il simile e il compagno, l'uguale, il patriarco
calore del diverso...il parallelo truna
nel guado, nell'indarno, sullo sbarco
che fiotta e schiuma, trova l'opportuna
ignorata repulsa, occlude, nega il varco:
Dante non passa oltre Arno e arcuna,
non passa fiume e sponda indarno e sarco
di sé, sapiente, dritto alla fortuna
della lingua, del nuovo rapido impatarco
di gente e di dottrina, reale per ciascuna
cosa, frutto, persona, quel turrarco
azzurrino murato borgo, alla zattuna
tavola dell'osteria, sterro, zurammarco
agreste, gregge e campo, colca saluna,
messe di menta e di trifoglio, falastarco
di legna e di pali, mucchio e sfarinuna
di villa, ostello comunale, pozzo e accarco
di voltule vinarie, d'anfore in raduna
di sanse e candelabri, moli nell'esarco,
barche sacchi torce pece da laguna
oltre pianure e spiagge, esilio patriarco...

Il parallelo a Ravenna a quella untuna
boiata in technicolor, in quell'inarco
battere di primi piani nell'intonta gruma
di acidi e di vernici...parallarco
al formato, al passo con Dora che imbruna
il porto, Montale ed il suo Marcus...
parallelo, vuoto e pieno, ingruna
materia inerte treno, boroscriptin suttarco
di glutammato, singolo, canzone avanguarduna
e versi avanguardanti, desideri, rogne, sdarco
parallelo celato o atteso, ignaro all'inveruna
letteratura o testo del plus plutarcus
valore d'ogni forma... e che nessuna
concede al parallelo rima con varco:
per non entrare né uscire, né una
qualsiasi trovare misura ad arco

cuts into the stream, bleeds into the inundation
of the now; it spurs, leads, welcomes
the fellow and the companion, the equal, the patriarchal
warmth of the different...the parallel thunders
in the ford, in the Arno's current, on the landing
that spurting and foaming reveals the opportune
ignored repulsed vision, it occludes, it denies passage:
Dante does not pass beyond the Arno nor any other,
he does not pass river and shore in vain and sure
of himself, mindful, straight to the treasure
of language, of the new swift splattering
of people and doctrine, realism in every
object, reward, person, that turreted
bluish walled quarter, to that raft of a
table in the tavern, diggings, bucolic
frolic, flock and field, salty sole,
harvests of mint and clover, scythe
of wood and stakes, farmhouse heap
and chaff, communal abode, well and load
of vine bundles, of amphorae holding
olive pulps and candelabras, quays in the exarchate,
boats sacks torches pitch from the lagoon
beyond plains and beaches, patriarchal exile...

The parallel at Ravenna in that greasy
mess in technicolor, in that curved
hammering on the first layers of that insensible encrustation
of acids and enamels...parallel
to the format, to the passage with Dora that darkens
the port, Montale and his Marcus...
parallel, empty and full, encrusted
matter inert train, boracic extract
of glutamate, single, avant-garde canzone
and forward-looking verses, desires, nuisances, unbent
parallel hidden or expected, unaware of genuine
literature or text of the most universal human
value of every form... and that no one
concedes to the parallel a rhyme with crossing:
neither for entering nor leaving, nor
to find any measure at all in linkage

di sé, solo con quella finta luna
accesa e concessa per lo sbarco
solo di sé, lampo che aduna
immagine figura penna farco
di propria piuma, volo nell'ala, bruna
merula, loquace becco e zampa di sterco
merdula sua o alterula, sgaggio, stuna
che strepita e sgavazza ancora nell'inverno
lucida d'estate zozza inopportuna
parlante stolta intima al perno
sapiente di sé, avvolta fobica singola cracuna:
cracuna cracuma il verso a scherno
o silente chiusa nello stormo screzio di fortuna
bruco rasente la collina su per l'averno
badiale, a torre campanaria, rosa, summa
fraternale, portale, battesimale, terno
ordine capriale altare per altare e columna
rosata, lustra e pianta, che all'esterno
trasuda e sbianca...passero in prigiuna
di strombi ed alabastri, di raggi nell'eterno
giro di liliacei gialli, densa spuma
di ocre tiberine, striati fanghi in serno
di palude, verde di calanchi e storta luna,
lancia punta spina per l'interno
contrario ma scarpito accanto, funa
che penzola, canapo o dito spinto nello sterno
della reliquia, intransitabile ogni lustro e cruna
del fumo e dell'odore, nel tondo absiderno
sgretolato e scuro dove più fitta si raduna
l'ombra e la chiusura...paterno l'esterno
impeto d'aria e di sortita, l'ansiatuna
battuta della gola: il disastro che eterno
perenne, rimandato, inseguito, attuna
attunità, attonita, tonta, cascata e scherno
d'acqua; passata di guanti tra molte e una
mano, dentro tutti fermatasi, indice, quaderno
collo collare fodero di pelliccia, collanuna
a corallo, bottoncino alla gota, squinterno
trattenuto di ricci nel fermaglio, cipria ornatura
del volto...il parallelo sta nel caverno
grotta ciotola tazza cisterno.

with itself, only with that feigned moon
alight and conceded for the disembarkation
by itself alone, flash that assembles
image figure quill quiver
for its own feather, flight on the wing, dark
blackbird, loquacious beak and clawful of shit
its own or another's turd, splash, racket
that deafens and carouses even in winter
shining in summer filthy inopportune
talking foolish intimate with the turning point
wise unto itself, enwrapped phobic single croak:
croak creaks the verse in scorn
or silent enclosed in the flock fortune's discord
grub brushing the hill up through Avernus as
grand as an abbey, to the bell tower, pink,
fraternal summa, gated, baptismal, triple
order trusses altar by altar and roseate
column, gleaming and firm, that sweats
and fades outside...sparrow imprisoned by
splays and alabaster, by rays in the eternal
circle of yellow liliaceae, dense foam
in the ochre Tiber, streaked mud, in the marsh's
calm, gullies' green and crooked moon,
lance point thorn throughout the opposite
interior but seized nearby, rope
that hangs, cable or finger thrust into the sternum
of the relic, impassible every splendor and the needle's eye of
smoke and stench, in the round apse
crumbled and dark where more thickly gather
the gloom and seclusion...paternal the external
impetus of draught and sally, the anxious
pounding in the throat: the disaster which eternal
perennial, postponed, pursued, bewilders
bewilderment, stunned, stupid, cascade and mockery
of water; handled with gloves among many and one
hand, halting in every one, index, notebook
with the collar scabbard of fur, necklace
of coral, a little stud at the cheek, disarray
restrained by curls in the clasp, powder adorning
the face...the parallel is in the cavern
grotto bowl cup cistern.

Il parallelo lampina sul gelo di costerno
al suo corso: brace e pillotto fraterno,
fuoco e lardello: ratto nel rotto, sempiterno
tratto e sottratto, scritto letto quaderno
mal fatto, epistola, diario, comandamento alterno,
motto segnale cifra sbotto superno
telefono biglietto invito foto schermo
televisivo commento notizia indice odierno
dei mercati lamento e aumento dell'interno
costo del lavoro, avviso all'individuo, uno, eterno,
per la spesa e il consumo profondo dell'inferno
soprattutto sociale qualora non stia fermo
nell'istituto e prodotto, consapevole perno
della libertà di tutti, del corso non alterno
del calendario, del senso non binario, compaterno
delle opere e del bene: sguardo e concerno
fisso sull'anno civile: un solo inverno
e anche riscaldato: non altro che il sereno
dei turni e il battere spartito e ripieno
del tempo occupato e libero: rotta e seno
sicuri incentivati tranquillanti almeno
con premi e promozioni fertili sul terreno
personale e collettivo: posto di jet o treno
trans europeo, cristalli sui tetti e sul fieno
del paesaggio perché unico, alieno
a ogni mutamento e parallelo volo o freno
di incroci e scambi, stazioni, coseno
di pensieri, accorto proiettore, compito cui mi sveno
sottostare e ostentare di ardire...
                                        sempre meno.

L'ansia o l'anestetico scopre il parallelo:
il conato il sorso di veleno il sudore di gelo
di una vista strazio dalla finestra o dal telo
di una tenda o di una filmina, arsura da un velo
di whisky e di software, caduta dello stelo
di un piano di sviluppo, passaggio nel cielo
di jet padronale, via Duomo e grattacielo
riservato ai direttori...o il parallelo

The parallel glimmering on the frost along the
margin of its course: embers and fraternal basting ladle,
fire and grease pan: rat in the broken, sempiternal
line and drawn out, written read notebook
badly made, epistle, diary, alternate command,
motto sign cipher supernal outburst
telephone envelope invitation photo television
screen comment news daily index
lament for the markets and increase in the internal
cost of work, warning to the individual, one, eternal,
for the expense and great consumption of the
chiefly social hell if it does not remain stable
in the institution and product, conscious hinge
of everyone's freedom, of the non-alternating course
of the calendar, of a non-binary meaning, sharing
in works and benefit: gaze and concern
fixed on the civil year: a single winter
and even heated: none other than the serenity
of the shifts and the divided and overflowing pounding
of busy and free time: route and sine
certain motivating tranquillizing at least
with fertile prizes and promotions on
personal and collective terrain: seat in a jet
or trans-European train, crystals on the roofs and hay
of the landscape because unique, alien
to every change and parallel flight or restraint
of crossings and exchanges, stations, cosine
of thoughts, wary headlight, task in which I cut my veins
to yield and to make a show of desiring...
                                        always less.

Anxiety or the anesthetic exposes the parallel:
the retching the sip of poison the cold sweat
agony of a view from the window or from the cloth
of a curtain or a film strip, parching thirst from a film
of whiskey and software, fall of a
development plan's network, flight in the sky
by a magnate's jet, Via Duomo and skyscraper
reserved for the directors...or the parallel

appare all'orlo del settimo cielo
dirigenziale, nell'impeto di un altro gelo
anche dentro le scale diverso extra elo
stringente personale...striscia d'angelo
o di umano fratello; se potente, infiello
traditore e mentatore, spietato e cruello
specchio e ombra del fiato e rovello
dentro la gola e per tutto il cervello
della macchina del capo e del bidello
ragione nel costato a pezzi e nel budello
più viscido del ventre: fissa nell'uccello
nelle mani nel gozzo nel piede in ogni vello
del sangue e della luce in tutto l'anello
del tempo e dell'aria, ora, ramo svello
di tronco casa ringhiera cinta di castello
sopra il borgo acqua fumata torrentello
dai tetti sopra il tennis, dondolo cancello
di orto o di club, cesta falce rastrello
loggia posteggio stivale mantello
martello pennello cappello battello...

Battello? Per dove si stacca dallo snello
fianco della padrona, come forse per quello
screzio nel gelo del «settimo», dello stupidello
scalino della casa, oracolo, ostello
di indulgenze timori segni sacello
fabulante e ammagliato timido fratello
più piccolo e devoto morto e rinato nello
scongiuro e nel canto augurale, granello
di brace e di grana, lenzuolo e spighello
fortunati e protetti, fato e temperello
dell'impossibile posato come un uccello
sul davanzale che si offra fraticello
alla cattura e alla compiacenza, tremarello
e bravo nel canto, dolce occhio scurello
sul probabile e sul vano a pastello
dei desideri e delle voglie, carriera, cartello,
minuscolo alfabeto di fortunato artigianello...

appears at the edge of seventh heaven for
directors, in the impetus for another freeze
even within the ladders different extra
pressing personnel...strip of an angelic
or human brother; if powerful, the traitor
and liar rages, ruthless and cruel
mirror and shadow of the breath and rage
in the throat and through the whole brain
of the boss's and janitor's machine
reason in the shattered rib and in the slimiest
guts of the belly: fixes in the bird
in the hands in the gullet in the foot in every fleece
of blood and light in the whole ring
of time and air, hour, branch
of uprooted trunk, house railing castle walls
over the village water smoke signal torrent
by the roofs over the tennis court, swing gate
for a garden or club, hamper scythe rake
loggia parking lot boot cloak
hammer brush hat boat

Boat? Whither he takes leave from the slender
flank of his mistress, as perhaps for that discord
in the freeze of the "seventh," of the stupid
little stair in the house, oracle, refuge
of indulgences, fears signs sage
mumbling to a bewitched timid brother
smaller and devoted deed and reborn in the
exorcism and augural chant, speck of
embers and grain, sheet and marijuana joint
lucky and protected, destiny and temper
of the impossible rested like a bird
on the window sill that offers itself as little brother
for capture and gratification, wavering
and skillful in singing, sweet darkish eye
on the probable and pastel room
of desires and wishes, career, sign,
minuscule alphabet of fortunate artisanship...

Che il parallelo appaia dentro la maligna
lettura verso il Kafkiano citato castello
d'ogni dirigente e borghese nella pigna
della sua cultura avida e corta buon cervello
in tempesta tra l'ansia e l'ascesa non indigna
tra la mamma e l'organigramma sopra quello
della capanna e dei maghi e questo della vigna
dei talenti, premiato e scelto dall'impresa nello
slancio dello spirito e rischio suoi, che intigna
nella nuova cultura, nella risorsa e rivello
nel novissimo bene, profitto e non sgraffigna...
Nel dubbio devozione caduta dal livello
alto della struttura voltatasi matrigna,
ma allora altro non sarebbe il parallelo
che tempo stacco o figura, che l'inconscio
palpeggiato freudiano: sempre quello,
del duolo, desiderio assoluzione e dello sconcio
del sesso avido e scosso, ancora uccello
inquieto tra le mani e le foglie stretto nel broncio
di ogni stagione o fuggito nell'orto o dal cancello
rivolato al davanzale e come spilla o annuncio
buttatosi via ovunque: sciarpa, mantello
dimessi, seggiola letto in modo acconcio,
tavola stalla villa più da pazzerello
amico, servo, compagno, suddito, gemello...

No, non parallelo è l'inconscio,
né questo può mai essere quello:
sarebbe dire biondo chi è roscio,
confondere nel nero vivo di un vello
l'orlo di un pozzo e la riga di un tracoscio
virginale...più nero e meno vivo il parallelo
è coperchio, tubo, condotto industriale
fondo oro fido tasto dato ombrello
finanziario, delega piano favore padronale
rancore invidia contrasti tranello
dei colleghi e anche la paura di fare male
a prendere un ruolo, graduarsi nell'anello
del superiore scorrevole potere industriale
del cerchio interno politico sociale: quello
che da totalizzante fu retto totale
e solo come tale detto scritto nell'orello

Might that the parallel appear in the malicious
reading vis-a-vis the cited Kafkian castle
of every director and burgher in the stinginess
of his greedy and limited culture good brain
in a storm between anxiety and the not unworthy ascent
between mama and the organization chart over the
shacks' and magicians' and the one of the vineyard
full of talents, rewarded and chosen by the company in the
enthusiasm of his spirit and risk, who itches uncomfortably
in the new culture, in the resource and detachment
in his new wealth, profit and he doesn't pickpocket...
in doubt devotion fallen from the high level
of the structure transformed into a cruel mother,
but then the parallel would not be other
than time separation or figure, than the palpitated
Freudian unconscious: always that one,
of sorrow, desire absolution and of the disgust
of avid, excited sex, still a restless
bird among hands and leaves clenched in the grudge
of every season or escaped into the garden or flown
back from the gate to the sill and like brooch or announcement
discarded wherever: shabby shawl
and cloak, chair bed in just the right way
table stable farmhouse better suited for a nutty
friend, servant, companion, subject, twin...

No, the unconscious is not parallel,
nor can the former ever be the latter:
it would be like calling a redhead blond,
confusing in the living black of a fleece
the lip of a well and the line of virginal
panties...blacker and less alive the parallel
is cover, pipe, industrial conduit
fund gold credit test datum financial
umbrella, proxy plan proprietary favor
rancor envy disputes colleagues'
trap and even the fear to do badly
by assuming a role, to rank oneself in the ring
of the superior smooth industrial power
of the inner political social circle: what
from totalizing was held total
and alone like such a saying written in the ear

referente saggistico di libro o di giornale
di taglio occidentale benefico modello
di crescita e sviluppo del democratico e liberale
principio ed universo ordine stato castello
della civiltà capitalistica occidentale.

L'inconscio non è parallelo ma tondo,
nella piscina e relativo specchio
speculum fondo di ogni immondo...
il parallelo è tolto rispezzato nel futuro,
del rosone di ghiaccio o di sole; non nel muro
di un semplice lavoro contro la frana
di figure e luoghi tra i passeri nella strana
nevicata tiberina e nello stormire sul duro
tufesco di greggi e di grotte; la marrana
che affiora tra le ginestre, al limite puro
degli zolfi turchini e dei mostri; con la rana
ferma davanti che respira verde e scuro
domestica ventola d'ansia e di fiato, membrana
ritagliata da una gomma, in modo non sicuro
sovrapposta sempre di più a se stessa, vana
ormai la sua elastica e quell'azzurro
mosaico sopra la testa, la filigrana
della bava e degli occhi. Non curo,
disse il presidente, la sua pena strana;
posso solo riproporgliela; non curo
nemmeno più le mie, non la più insana
tra di esse, né la maggiore; fumo
bevo sto ad ascoltare una settimana
di musica, il Faust, il Tristano; assumo
eroe fato forza dell'opera wagneriana.
Sento capisco giudico cerco desumo
sì, ove occorra, sì anche presumo...
L'orchestra delle divinità inflessibili; arcana
formazione e perfetti strumenti, si raduna
intorno a lui: invisibile ma per sovrana
virtù spande onde di suono e di profumo.
Il parallelo s'impregna dell'odore e chiazza
della brillantina presidenziale e li sprazza
in un vetro che contiene la macchina della luna:
sotto, dentro la fabbrica e la piazza
fino all'orizzonte che s'imbruna...

essayistic referent of book or newspaper
in western style beneficent model
of growth and development of the democratic and liberal
principle and universal order state castle
of capitalistic occidental civilization.

The unconscious is not parallel but round,
in the swimming pool and relative mirror
speculum bottom of all filth...
the parallel is removed rebroken in the future,
in the rose window of ice and sun; not in the wall
of a simple work against the landslide
of figures and places among the sparrows in the strange
Tiberine snowfall and in the rustling on the
hard tufa of flocks and grottos; the culvert
that emerges among the broom plants, at the pure limit
of blue sulphurs and monsters; with the still
frog before it breathes green and dark
domestic fan of anxiety and breath, membrane
cut out by a tire, in an uncertain way
superimposed ever more upon itself, vain
by now its elastic and that blue
mosaic overhead, the filigree
of slobber and eyes. I do not attend,
said the president, to its strange pain;
I can only re-propose it to the beast; I no longer
take care even of my own; not the unhealthiest
among them nor the greatest; I smoke
I drink I stop to listen to a week
of music, Faust Tristan; I assume
hero fate force in the Wagnerian opera.
I hear I understand I judge I seek I deduce
yes, where it's necessary, yes, I even presume...
The orchestra of the inflexible divinities; arcane
formation and perfect instruments, it gathers
around him: invisible but by sovereign
virtue sheds waves of sound and perfume.
The parallel impregnates itself with the smell and stain
of presidential brilliantine and splashes them
on a windowpane that holds the moon's machine:
below, inside the factory and the piazza
as far as the horizon that darkens...

Andrea Zanzotto

Translated by Elizabeth A. Wilkins

Gli sguardi i fatti e Senhal

—"NO BASTA, non farlo non scriverlo te ne prego"

—Doveva accadere laggiù che ti e ti e ti e ti
lo so che ti hanno ‖ presa a coltellate ‖
lo gridano i filmcroste in moda i fumetti in ik
i cromatismi acrilici
nulla di più banale   lo sanno i guardoni
da gradini finestre e occhialoni
io guardo ‖ freddo ‖ il freddo

—Sai e non sai vivi e non vivi   ma già dèisangui
già scola da un'incisione sulla neve   neveshocking
rossoshocking   mondoshocking

—Si sfasa discrepa in diplopia

—Temi la vera lingua dei dormienti ‖ è un tuo tema ‖
rilutti all'a b c del conservarti
tra il verbo geminato il verbo quiescente
i verbi doppiamente infermi

—Ma ora vengono alle mani   ora saltellano i coltelli
nei luoghi comuni   e t'incide

—Non lo sentivo stando da questo livello ‖ ora sei molti livelli
mi chinavo a osservarti alzavo il capo a osservarti
e apprezzo un po' alla volta questo respiro migliore
rianimazione dell'affanno
questo rianimarsi di tutto in un singulto tuo
tra équipes per rianimare o per animare
disegni e coltellate orgasmi

—«Non sono io e sono-sono, mi conosci
stileimpalatura stilesfondamento stilemaraviglia
mi hai accentuato nei miei pluri-   fanta-   meta-

Glances Facts and Senhal

—"NO ENOUGH, don't do it don't write it I beg you"

—It had to happen down there that you and you and you and you
I know that they ‖ stabbed you over and over ‖
the filmscabs scream it in style the comics in ik
the acrylic chromatisms
nothing more banal   the peeping Toms know
from steps windows and big spyglasses
I watch ‖ cold ‖ the cold

—You know and don't know live and don't live   but already godbloods
already it drains by an incision in the snow   snowshocking
redshocking   worldshocking

—It dephases diverges in diplopia

—You fear the true tongue of the sleeping ‖ it is a theme of yours ‖
you are reluctant about the abc's of preserving yourself
among the geminated verb the quiescent verb
the doubly invalid verbs

—But now they come to blows   now the knives jump
in the common places   and it carves you out

—I didn't feel it from this level ‖ now you are many levels
I stooped to observe you I raised my head to observe you
and I appreciate a bit at a time this better breath
reanimation of the dyspnea
this reanimating of all in a hiccup of yours
between teams for reanimating or for animating
sketches and stabs orgasms

—"I am not I and I am-I am, you know me
impalingstyle breakthroughstyle marvelstyle
you accentuated me in my pluri-   fanta-   meta-

nei miei impegni (come?) carismatici
in empiree univocità o latenze
in un sogno di inerranza di inebriata inerranza»

—E io andavo come in tanti soliti
e abitudini per nevi e per selve
e sapessi il perché di questo mio non essere annoiabile
eri laggiù fuori combattimento e in pugna
eri vicina col vicus villaggio piccina   e lontana
crollavi come una cascata nel lontano

—Che stanchezza doverti ripetere sempre sempre peggio peggio

—Resterò dunque a guardare un pezzo di ramo
su uno specchio ghiacciato
io accosciato accanto a una pozza ghiacciata
ero qui e non attendevo
non ho mai atteso nulla, veramente

—Flash crash splash   down
flash e splash nella pozza nello specchio
introiezione della, crash e splash, introiettata
è la prima tavola la figurina (D centrale)

—Io sto gustando i tuoi sangui i tuoi Es a milioni
sì tesoro, sì tettine-di-lupa in sussulto,
mi va mi sta mi gira che laggiù ti abbiano colpita
le mie ‖ ‖ non sono mai state abbastanza robuste
non ti hanno mai buttata in causa
non ti hanno mai inquisita né trasfigurata mai

—Io piango, ho saputo del fatto,
nemmeno cronaca nerocinema, fatto ordinario
roba così di scarto   gratis data
mentre stavo guardando
dopopasto dopocorpo dopodopo
avallato da eternità avallato da tempi
mentre stavo mettendo in sublime
la laboriosa neve
l'intrinsecata di equilibri induzioni insegnamenti

in my charismatic (what?) commitments
in empyrean univocities or latencies
in a dream of inerrancy of inebriated inerrancy"

—And I went as in so many usuals
and habits through snows and through forests
and if you only knew the reason of this not being boreable of mine
you were down there out of action and in battle
you were near with the vicus village tiny   and distant
you collapsing like a waterfall in the distance

—What a bore to have to repeat worse and worse worse and worse

—"I will stay then to watch a piece of branch
on a frozen mirror
I, squatted next to a frozen puddle
I was here and wasn't waiting
I never awaited anything, truly

—Flash crash splash   down
flash and splash in the puddle in the mirror
introjection of the, crash and splash, introjected
it is the first table the little figure (center D)

—I am savoring your bloods your Ids a million times
yes darling, yes tremoring she-wolf teatlets,
it suits me it serves me it comes over me that down there they struck you
my ‖   ‖ were never strong enough
they never threw you into question
they never investigated nor transfigured you ever

—I cry, I heard about the fact,
not even news filmnoir, ordinary fact
second hand stuff   gratis data
while I was watching
aftermeal afterbody afterafter
guaranteed by eternity guaranteed by times
while I was putting into sublime
the laborious snow
the intrinsicated of balances inductions teachings

—«So che lottavi col fantasma-di-tante-beltà
che mai-verranno-meno-e»

—Qui lotto col fantasma (di una tu?)
che vi s'include con furore e fama
le porta avanti le fa montare in pro in contra

—Ho saputo del tuo ferimento ma tu ne sarai ne sarai
ne sarai complice abbastanza? Ammetti che sei
che sei che sei tu stessa una qualche una qualche
forma di e di e di e di ‖ inflitta ‖
nelle cose i fatti le visioni, dì di punta

—«Ero il trauma in questo immenso corpo di bellezza
corpo di bellezza è la selva in profumo d'autunno
in perdizione d'autunno
in lieve niveo declivio niveo non più renitenza
stelle bacche stille in cori
viola e rosso sul lago di neve»

—Ah quanto ti sei somigliata oggi quanto
sei venuta dal niente sei rimasta niente e col niente
hai fatturato azzeccato giorno,
quanto ti sei giovata di: nevi soli muschi
e sì di querce faggi abeti
come di felciole ebuli aneti,
quanto ti ha giovato oggi il sole il muschio
che ho sparso davanti e dopo i tuoi passi
dal niente, di niente   eri assiderata nella stilla
nella lente nella bacca   desmìssiete
desmìssiete   butta lo slip   dispellati
datti fuoco alla nella pellicola   e i coltelli

—Ma e i tuoi indugi e bau-sette e (capo)giri?
Da a dove   Per o in ?
E non ho confuso il messaggio con un altro? Ho tutto
confuso confuso
nello shocking shocking
non andare ‖ vattene ‖ così avviene

—"I know that you wrestled with the phantasm-of-such-beauties
that will-never-fade-and"

—Here I wrestle with the phantasm (one of them you?)
that encloses itself with fury and fame
it carries them forward it makes them mount in pro in contra

—I knew about your wounding but would you be its would you be its
would you be its accomplice enough? Admit that you are
that you are that you are yourself some kind of some kind of
form of and of and of and of ‖ inflicted ‖
in things facts visions, rush day

—"I was the trauma in this immense body of beauty
the forest is a body of beauty in autumn perfume
in autumn perdition
in soft snowy slope snowy no longer reluctant
stars berries drops in choruses
violet and red on the lake of snow"

—Ah how you resembled yourself today how
you came from nothing remained nothing and with nothing
you adulterated right-on-the-mark day,
how you took advantage of: snows suns mosses
and yes of oaks beeches firs
as of ferns elders dill
how the sun the moss that I scattered
in front of and after your steps served you today
from nothing, of nothing   you were frozen within the drop
within the lens within the berry   wake up
wake up   throw away your underwear   peel yourself
set yourself on fire at the in the film   and the knives

—But and your delays and peek-a-boos and (head)spins?
From to where   Through or in?
And didn't I confuse the message with another? I
confused confused
everything in the shocking shocking
don't go ‖ go away ‖ so it goes

sono ‖ sei ‖ il duale ‖ e in mezzo
sèi qua   sèi là   dùe
e ùno-qua   dùe-là   morra   morra

—«No, io non mi sono ancora
no, io non mi sono nata
no, io nido nodoso dei no   diamante di mai
no, io sono stata il glissato a lato
no, io non ero la neve né la selva né il loro oltre
eppure e a dispetto e nonostante»

—Quella volta, scendendo a rompifiato di sbieco dal colle,
ho visto ruotare e andar fuori campo il campo de "La beltà"
sotto la pioggia   cesure
in maniera particolare
una maniera tua ‖
e parestesie diffuse
diffuse per quel mona di mondo per quel mosto di mondo ‖
                                già ottobrato

—Io volevo una vo una volta venire all'ospedale
per vedere il tuo bene arrivare e partire il tuo male

—«No, tu…ah, sì»

—«Oh sì, andiamo   via-con-la-testa
divaghiamo un poco e anche un molto se vuoi
sulla ferita e sulla dolce colla, tra noi»

—Un miraggio di terapia eroica

—Quattro o cinque modi di pinzettare o di mettere graffe
suicidio eccidio
o eccidio fantasmatico ovviamente progettato
con un medico-killer aiutocancellatore
o la risorsa essere acrobata andar per sommi
o parlarci di poesia preparare poesia
o rifarci in poesia che guarda caso è strage
sopraffazione appena invetrinata   ecco l'arresto
alt nella diapositiva
è necrofilia somma   necro   sommo

I am ‖ you are ‖ the dual ‖ and in the middle
six-here   six-there   two
and one-here two-there   morra   morra

—"No, I am not me yet
no, I was not born me
no, I knotty nest of no's   diamond of never
no, I was the glided beside
no, I was not the snow nor the forest nor their beyond
yet and in spite of and notwithstanding"

—That time, descending gasping askew from the hill,
I saw rolling and going off-field the field of "La beltà"
in the rain   cæsurae
in a special way
a way of yours ‖
and diffuse parasthesias
diffuse through that fool of the world through that must of the world‖
                                              already Octobered

—I wanted one to one time to come to the hospital
to see your good arriving and leaving your evil

—"No, you...ah, yes"

—"Oh yes, let's go   out-of-our-minds
let's wander a bit and even a lot if you want
on the wound and on the sweet glue, between us"

—A mirage of heroic therapy

—Four or five ways to tweeze or to staple
suicide slaughter
or phantasmatic slaughter obviously planned
with a medico-killer deputyobliterator
or the resource to be acrobat to scale the heights
or to speak to us about poetry to prepare poetry
or make it up in poetry that so it happens massacres
tyranny just glassed in   here's the arrest
halt in the slide
is supreme necrophilia   supreme   necro

—Come te: una broja in sospeso
là un po' di scrostamento nel valore celeste

—Marogna rifiuti-di-maman incombusti non asportati
con sicumera ti si disse e sicurezza
dall'osservatorio di Dolle, dissero i tuoi amanti
che ti spiano, te dentro i nihilscopi:
marogna dove sprofon sprofonderanno
e non ha uva né magnetico né ossigeno

—«Sprofonderesti certo: meglio
invetrinarsi camuffarsi immicrobirsi
o ludismi cromatismi acrilismi
vertiginalmente ‖ sparati in faccia ‖
e non-essere-mai-se-non-se
con tutta infilata la serie il campionario il disponibile
l'oca badessa l'anatra contessa
il gallo gastaldo la gallina gastaldina
a spiedino a trenino della felicità   gli agganci
Mab e Bottom asini e fate
per arti e carmini insieme inquartati
principessa e guardiano di porci
principessa che sente i piselli sotto mille materassi pirelli»

—Aggiorna la conoscenza: Biancaneve:
ho baciato e svestito dalla neve
la bella anestetizzata nel bosco, la neve

—«Aggiorna la conoscenza: qualche mia variante:
Mary Poppins nel museo delle cere e l'ichôr della cera
e paradigmi estremi
e spostamenti ablazioni intollerabili
e (in)ferimenti (non direi traumi, più) portati
su me sul femineo femore e fi
portati sul futuro
sul corpo chiuso sul plasma effuso del futuro. Io Mab.»

—Infierimenti: giungono, maman, giungono
ho fame ho voglia gratta gratta e troverai
succhia succhia e diverrai

—Like you: a suspended scab
there a bit of flaking off in celestial value

—Soot maman's-refuse incombusted not removed
with presumption you were told and certainty
from the observatory of Dolle, your lovers told
that they spy on you, you within the nihilscopes:
soot where they will si sink
and it doesn't have grapes nor magnetic nor oxygen

—"You would certainly sink: better
to glass yourself in to disguise yourself to immicrobe yourself
or ludisms chromatisms acrylisms
vertiginously ‖ shot in the face ‖
and not-ever-being-if-not-if
with all in a row the series the samples the available
She-wolf Lady Hersent Sir Renard the Fox
Madame Pinte the Hen Lord Chanteclere the Cock
on a spit pull a toy train kit of happiness   the couplings
Mab and Bottom asses and fairies
through arts and carmines quartered together
princess and pig keeper
princess who feels the peas under a thousand Pirelli mattresses"

—Update your consciousness: Snow White:
I kissed and undressed from the snow
the anesthetized beauty, the snow

—"Update your consciousness: some of my variants:
Mary Poppins in the wax museum and the wax ichôr
and extreme paradigms
and intolerable shiftings ablations
and (in)juries (I wouldn't say traumas, more) borne
on me on the feminine femur and fi
borne on the future
on the closed body on the oozed plasma of the future. I Mab."

—Furies: they arrive, mommy, they arrive
I'm hungry I feel like scratch scratch and you will find
suck suck and you will become

—Il bimbo-lupo di Wetteravia
il 1° bimbo-orso di Lituania
la bimba-scrofa di Salisburgo

—Il bimbo di Husanpur il bimbo di Sultanpur il bimbo di Bankipur
il bimbo-lampo del Cansiglio la bimba-pioggia della Laguna

—Smusano annusano grufolano
via accelerare il nastro
la pellicola il moto il mito
maman maman siamo in flou per le selve dietro a te
mentre brucia in Efeso il tuo santuario
e fatale è il momento per le storie

—Saltellano si disperdono

—Mi sto aggiornando con tanta fatica... la candela sgocciola
sul mio... Forse è temporale è luglio...
E aguzzo i sensi   i coltelli   i sangui

—Polvere di cicale polvere di neve nella scatoletta
polverine per seguirti su su venirti alle costole

—Sì, è vero, ero intento ‖ agli incerti ‖ ai segni del tuo dissonnarti
entro la rete di gesti del ferimento;
mi avevi   non avevi rimedio
mi avevi   tolto filtro e agogie
mi avevi   insinuamenti immangiamenti a falde
mi avevi   ero tutto un rogo di errori (ma)
                un sacrore di morfemi e timbri
mi avevi: non senti che l'ho prodotto rifratto trovato dovunque?

—«La mia bella mano che già distrinse si
decontrae giace sul lenzuolo sul firmamento tra mosche
e ore in ronzio orbitale e istigazioni e semplicità;
ah come ritorcersi verso un'altra castità
svischiarsi da niente a niente tra due diversi niente,
ma perché mi hanno ferita? ho sentito bisbigliare
ho sentito sparlare scommettere sul mio ferimento.
Mi sento, me, esprimermi sul mio ferimento»

—The wolf-child of Wetteravia
the 1st bear-child of Lithuania
the sow-child of Salzburg

—The child of Husanpur the child of Saltanpur the child of Bankipur
the lightening-child of Cansiglio the rain-child of the Lagoon

—They nuzzle sniff out root out
fast forward the tape
the film the motive the myth
mommy mommy we are blurred through the woods behind you
while your sanctuary burns in Ephesus
and the moment is fatal for histories

—They jump disperse

—I am updating with such toil... the candle drips
on my.... Maybe it's storm time it's July...
And I sharpen my senses   my knives   my bloods

—Canned cicada powder snow powder
powders to follow you up up to heel

—Yes, it's true, I was intent ‖ on the uncertainties ‖ on the signs of your self discording
within the network of the wounding's gestures;
you had   you had no remedy
you had   removed my filter and agogies
you had   insinuations inedibilities in flakes
you had   I was all a blaze of errors (but)
             a sacrour of morphemes and timbres
you had: don't you hear that I produced refracted found it everywhere?

—"My beautiful hand that already grasped
relaxes lies on the sheet on the firmament among flies
and hours in orbital buzzing and instigations and simplicity;
ah how to be twisted towards another chastity
to become disinvolved from nothing to nothing between two different nothings,
but why did they wound me? I heard whispering
I heard gossiping betting on my wounding,
I hear myself, me, expressing myself on my wounding"

—Ho sentito parlare del tuo ferimento
in un nerofilm in un trucco cromatico in un blocco di cronaca
qui dentro l'erba là fuori nella neve che errava tra i boschi
nel suo udito da sotto il sasso da dentro il sesso
e ‖ voglio: sii mondata ‖

—Realizzi, cogli? Tutti giungono le mani
vedi beatrice con quanti beati
vedi la selva con quanti abeti
giungono le mani giungono le zampine
i pueri feri noi pueri feri   mi congiungo
orando pro e contra sul tema del ferimento

—«E io: coltivandomi: gelo è il mio-tutto-mio,
coltivando qua e là, per serre e favi fabulei
filami e gemme nel gelo, e quanto, in atto,
mi sono riaccostata risarcita del mancamento,
mancamento di mondo di mio di vostro,
come al dato focale mi riaccosto!»

—Giù nell'azzurro si ristora e posa
su nel profondo si adagia in più o meno compiuta, in novità.
Da una parte d'altra parte da
onniparte fa   fa *bianco* fa *oro* fa *rosa*

—«Sgusciare alle spalle dell'amore toccare dietro, ai suoi fondali,
rectoverso. E poi: circolare, circolare.»

—«M'indica si ritira scompare
io m'indico scompaio e pallore.»

—Non c'è vetta più vetta del tuo essere stata forchiusa
nel roveto o rovente forchiuso e nonfu.
E bisogna raccogliere-su i vetri riattare i pezzetti
riconnettere le infiltrazioni, in filtro

—Io ero un osservatore del freddo, sai?
Del graffio colpo brivido nella stratigrafia nivea.
Amavo tutto freddo nel freddo
in nuances d'affinità presunte elettive
tra ebuli e abeti che incorrevano in ricami

—I heard talk of your wounding
in a filmnoir in a chromatic trick in a block of news
here within the grass there outside in the snow that wandered around the woods
in its hearing from under the stone from within sex
and ‖ I want: be cleansed ‖

—You realize, you reap? Everyone joins hands
you see beatrice with all those blessed
you see the forest with all those firs
they join hands join little paws
the pueri feri   we pueri feri   I join
praying pro and contra on the theme of the wounding

—"And I: cultivating myself: ice is mine-all-mine,
cultivating here and there, by greenhouses and honeycombs fabulei
yarns and buds in ice, and how much, in progress,
I reapproached compensated for the shortcoming,
shortcoming of the world of mine of yours,
as I reapproach the focal datum!"

—Down in the blue she refreshes herself and lights
on in the deep lies down in more or less complete, in newness.
On one hand on the other hand on
all hands makes   makes *white* makes *gold* makes *pink*

—"To slip away behind love's back to touch behind, at his backdrops,
rectoverso. And then: keep moving."

—"He points at me withdraws disappears
I point at me disappear and pallor."

—There isn't any summit any more summit of your having been foreclosed
in the bush or burning foreclosed and nonlate.
And it is necessary to gather-up the glasses to repair the little pieces
to reconnect the infiltrations, in filter

—I was an observer of the cold, you know?
Of the scratch hit shiver in the niveous stratigraphy
I loved all cold in the cold
in nuances of presumed elective affinities
among elders and firs that incurred embroideries

—«La mia ferita mi ha delibata decifrata
mi ha accompagnata e piegata in profilo di di
di confini, di fatti orginari e confinari,
la mia ferita è stata la mia sorte la mia corte il mio forte»

—Vivo sarò la tua peste morto sarò la tua morte

—Il sempre è accoltellato   è in ira
è in un fumetto in ik   Ci sei?

—«La mia crema la mia ambrosia la mia pappina di bario
nel vasetto dove mi rimpolpo»

—La banchisa e il banco del gelataio
su cui piovevano foglie verdissime, da-film, da un film,
il cocito di battiti di ciglia

—Tivù-e-cinema è la mia consolazione

—«Per tivucinema l'animo nostro s'inalza
come se da lui stesso fosse generato
ciò che egli ha udito   e visto»

—Sempre è volto lo sguardo e l'occhio
in collirio si lacrima
i tuoi occhi collirii, ne tremo,
i tuoi lumi collirii

—L'occhio lacrima in fascino tutto il suo liquido interno
e quel che diresti sguardo è un eterno
impuntarsi imperativamente vilmente

—Macinare macinare
sparagnare sparagnare
carezzare carezzare (sassi   spine   braci)

—Sono buiotedesco pfui
sono smascellato dalle risa
sono tenero innamorato delicato;
smentite varie, alzare mirare bene.

—"My wound relished me deciphered me
accompanied me and bent in profile of of
of borders, of originary and border facts,
my wound was my fate my court my forte"

—Alive I will be your plague dead I will be your death

—The always is stabbed.   It is in a rage
It is a comic in ik   Are you there?

—"My cream my ambrosia my little barium pap
in the jar where I fatten up"

—The ice pack and the ice cream man's cart
on which the greenest leaves rained, from-film, from a film
the cocytus of eyelash battings

—TV-and-cinema is my consolation

—"By tvcinema our soul elevates
as if that which it heard and saw
it itself had produced"

—He always turned his glance and the eye
teared in collyrium
your eyes collyriums, I tremble from them,
your lights collyriums

—The eye tears in fascination all its internal liquid
and what you would say glance is an eternal
digging one's heels in imperatively spinelessly

—To grind to grind
to save to save
to caress to caress (stones   thorns   embers)

—I am darkgerman fooey
I split my sides laughing
I am tender loving delicate;
various denials, to raise to aim well.

—Ehilà, chi c'è, ehi te, in fondo in fondo al luogo ‖
anche se questo cincischio è senza luogo
come tutto il resto, da troppo, troppi cattivi esempi

—Ma chi già mai potrebbe
sanar la mente illusa
e trarre ad altra legge
l'ostinato amator de la sua Musa? (D centrale)

—Prime approssimazioni a un lunghissimo e e
e finalmente noiosissimo poema

—Qui ogni verso potrebbe essere il titolo o il via per un poema

—Quanto è dolcemente conformato il tuo concedere.
Ora ti adatti tutta
ora tutto con te si sda vagamente profano
ora cominci dormi tra con tutti

—Ora ti dormi tutta
occhi capelli raggi bocca
e l'altre cose dolci che non si toccano
tutta quel tu che non si tocca

—Il ricordo di quanto ho sudato e pagato
il ricordo di ciò che non sono mai stato
il rincorrersi ehi-là-sei-tu attraverso il déjà-vu

—«Non liquideremo per sempre l'entusiasmo?
E quello che non sarò mai e non volli essere stata
aboliremo devieremo? Non leggeremo più: però hypsus?»

—Ma tu hai questioni
dirottamente immaturamente favolmente
nell'entusiasmo   Qui si firma

—«Ma tu hai questioni
dirottamente immaturamente favolmente
nell'entusiasmo»   Qui la firma

—Hey there, who's there, hey you, at the end at the end of the place‖
even if this mumble is without place
like all the rest, from too much, too many bad examples

—But who could ever
heal the deluded mind
and lead to other law
the obstinate lover of his Muse ? (center D)

—First approaches at a very long and and
and finally very boring poem

—Here every verse could be the title or the start for a poem

—How sweetly your conceit is conformed.
Now you adapt yourself wholly
now everything with you unsurrenders vaguely profane
now you begin you sleep among with everybody

—Now you sleep wholly
eyes hair rays mouth
and the other sweet things that can't be touched
wholly that you that can't be touched

—The memory of how much I sweated and paid
the memory of what I never was
the pursuing hey-there-are-you across the déjà-vu

—"Won't we liquidate enthusiasm forever?
And what I will never be and didn't want to have been
will we abolish will we divert? We won't read anymore: perì hypsus?"

—But you have questions
desperately immaturely fabulously
in enthusiasm   Sign here

—"But you have questions
desperately immaturely fabulously
in enthusiasm"   Signature here

—Io o tu o tutti, ho rapporto con queste terre
con questi sogni di ferite di strappi carnei dirotti
fabulei non mai maturi

—Ma è un funerale un matrimonio un battesimo
un'avventura   in sutura?

—Precedevamo, staffette in macchinetta e trombetta
con scimmie e yin e yang e pingpong e Harlekin e Zanni
e folliuzze e gran fitte e decibel a mazzi,
questa imparità a freddo divulgante
forzamento a freddo diffrangimento e calma parità

—Ah ballo sui prati ‖ Diana ‖ ah senhal ‖

—«Ora me ne andrò me ne andremo sull'altro bordo della ferita
ma lascerò proiezioni di qua nel cristallo
nello stabilizzato nell'in-fuga che che
che è il mio respiro-sospiro»

—«Povera cosa, quante povere cose»

—E così minima la refurtiva, e poi subito persa

—Sei respiro-sospiro.   Dimenticavo,
gemito oggi

—Passo e chiudo

autunno 1968–estate 1969

Note

Protocollo relativo alla I tavola del test di Rorschach, specialmente al dettaglio centrale; oppure: cinquantanove interventi-battute di altrettanti personaggi (meglio che di uno solo) in colloquio, a modo di "contrasto", con un'altra persona, stabile, che parla tra virgolette, e che è lo stesso dettaglio centrale. Ma anche: panorama su un certo tipo di filmati di consumo e chiacchiere più o meno letterarie del tempo. E ancora: frammenti di un'imprecisa storia dell'avvicinamento umano alla dea-luna, fino al contatto. Ecc.

Senhal: nome pubblico che nasconde quello vero (per i trovatori), o semplicemente "segnale", o, volendo, "simbolo del simbolo del simbolo" e avanti.

—I or you or everybody, I have rapport with these lands
with these dreams of wounds of tears fleshy desperate
never mature fabulei

—But is it a funeral a wedding a baptism
an adventure   in sutures?

—We preceded, couriers in little cars and trumpets
with monkeys and yin and yang and ping-pong and Halikin and Zanni
and little leaves and great sharp pains and bunches of decibels,
this imparity in cold broadcasting
strongly in cold diffracting and calm parity

—Ah dance on the fields ‖ Diana ‖ ah senhal

—"Now I will go away we will go me away on the other edge of the wound
but I will leave projections here in the crystal
in the stabilized in the in-flight that that
that is my breath-sigh"

—"Poor thing, how many poor things"

—And so minimal the loot, and then immediately lost

—You are breath-sigh.   I forgot,
groan today

—Over and out

Fall 1968–Summer 1969

Notes

Protocol relative to the first table of the Rorschach test, especially to the central detail; or: 59
intervention-exchanges of as many characters (better than of one alone) in colloquium, in the
style of "contrast," with another person, stable, who speaks within quotation marks, and who is
the same central detail. But also: panorama of a certain type of B-movie and more or less liter-
ary chatting of the day. And also: fragments of an imprecise history of the human approach of
the moon-goddess, up until contact. Etc.

Senhal: public name that hides that which is true (for the finder), or simply "signal," or, if you
    like, "symbol of the symbol of the symbol" and so forth.

Fumetti in ik: tipo "Diabolik", "Satanik", con relativo singhiozzo finale di noia.

Banale: anche nel senso di "interpretazione banale, (Ban)" nel Rorschach.

Verbo geminato... quiescente ecc.: esistono (v. Scerbo, *Grammatica della lingua ebraica*, Firenze 1929, pp. 58-70).

Inerranza: impossibilità dell'essere erronea, propria di una formula dogmatica (in teologia).

Soliti: qui neutro plurale.

Flash ecc.: voci anglofumettistiche; il "down" (usato in unione con "splash" per significare il momento dell'impatto di una capsula spaziale con la superficie oceanica) qui resta riferito in qualche modo a tutte e tre le voci.

È la prima tavola... (D centrale): il dettaglio di cui sopra. È spesso, ma non necessariamente, interpretato come figura femminile. Qui anche oggettino, feticcio, paleolitismo, scaglia di superstizione e via.

Fantasma: nel senso, più che altro, psicanalitico.

Querce faggi abeti... ebuli aneti: cfr. *Orlando Furioso*, XXIII.

Desmìssiete: svégliati, da "desmissiàr" (dialetto). È questo il contrario di "missiàr", mescolare e quindi far vorticare in senso negativo (turbamento, malattia, svenimento). "Desmissiàr" vale dunque far girare nel senso positivo, svitare, liberare da.

Bau-sette: con i piccolissimi: si fa "bau bau bau" tenendo la faccia coperta con un fazzoletto o simili, e poi "sette" svelandosi improvvisamente con una risata.

Sèi-qua ecc: voci del gioco della morra.

La beltà: mio libro di versi.

Io volevo una vo una volta e No, tu...: varianti su una cantatissima tiritera 1967-8.

Terapia eroica: anche col valore tecnico di "o la va o la spacca".

Acrobata: etimologicamente è chi cammina sulle punte dei piedi, qui falsato (o ampliato) in "chi cammina sopra punte, sommità", punta su punta.

Broja: (dial.) crosta di una piaga in cicatrizzazione.

Marogna: (dial.) quanto resta in una stufa dopo la combustione di materiali vari. Tale è la Luna, secondo le deduzioni del Duca di Dolle, che continuano anche nei versi seguenti.

Magnetico: sottinteso "campo".

Spiedino... trenino della felicità: soprattutto col valore corrente di "collettivo erotico in azione".

Oca badessa ecc.: andavano in Francia a spazzare la neve, secondo le nonne. Seguono altri ben noti personaggi di favole popolari o meno, classiche e no. Mary Poppins, con la sostituzione di una consonante, è divenuta un emblema.

Inquartati: come negli stemmi.

Ichôr: ἰχώρ è il sangue degli dèi.

Plasma: con i significati diversi che ha in fisica, in biologia ecc.

Il bimbo-lupo di Wetteravia ecc., esclusi i due ultimi, ovviamente: bambini o giovani ritrovati in stato pressoché ferino perché cresciuti tra animali di foresta (v. l'elenco di questi *pueri feri* in *Les enfants sauvages* di L. Malson, Parigi 1964). Quello sopra citato è tra i primi di cui si abbia ricordo storico (1344).

Brucia in Efeso: in quella notte Erostrato entra nell'immortalità e nasce Alessandro.

Polvere... polverine: spesso, nelle favole, necessarie a spostarsi per i cieli.

Agogie: quasi "metodi di condotta".

La mia bella mano: cfr. Petrarca, CXCIX.

Comics in ik: [comics] of the type "Diabolik," Satanik," with relative annoying final hiccup.

Banal: also in the sense of "banal interpretation, (Ban)" in Rorschach.

Geminated verb...quiescent etc.: they exist (see Scerbo, *Grammatica della lingua ebraica*, Firenze 1929, pp. 58—70).

Inerrancy: impossibility of being erroneous, specific to a dogmatic formula (in theology).

Usuals: here neutral plural.

Flash etc.: anglo-comicish voices; the "down" (used with "splash" to signify the moment of impact of a space capsule with the ocean surface) here it remains referred to in some way in all three voices.

It is the first table...(central D): the above mentioned detail. It is often, but not necessarily, interpreted as a feminine figure. Here also little object, fetish, paleolithism, scale of superstition and so on.

Phantasm: above all, in the psychoanalytic sense.

Oaks beeches firs...dill: cfr. *Orlando Furioso*, XXIII.

Desmissiete: wake up, from "desmissiàr" (dialect). This is the opposite of "missiar," to stir and therefore to make swirl in the negative sense (disturbance, illness, fainting). "Desmissiar" means then to make turn in the positive sense, to unscrew, to free from.

Bau—sette: with the very young: one says "bau bau bau" (bow wow wow) keeping the face covered with a handkerchief or something similar, and then "sette" (seven) suddenly showing oneself with a laugh.

Six here etc.: words of the game of morra.

La beltà: my book of verse.

I wanted one ti one time and *No, you...:* variations on a repeatedly sung annoying sing-song 1967–8.

Let's go out of our minds: not only in the sense of being delirious, going mad.

Heroic therapy: also with the technical meaning of "it's do or die."

Acrobat: etymologically, one who walks on his toes, here falsified (or amplified) to " one who walks on the tip-top, summit," tip on tip.

Broja: (dial.) scab on a healing wound.

Marogna: (dial.) that which remains in a stove after the combustion of certain materials. Such is the Moon, according to the deductions of the Duke of Dolle, which continue in the following verses also.

Magnetic: implied "field."

On a spit...toy train kit of happiness: above all with the present meaning of "erotic collective in action."

oca badessa etc.: they went to France to sweep away the snow, according to grandmothers. Other well known characters of popular or less, classic or not, fables follow. Mary Poppins, with the substitution of a consonant, became an emblem. [Literally, "the goose abbess the duck countess the rooster steward the hen stewardess," characters in a fairy tale familiar to the Italian reader. I chose to use characters from the Renard the Fox tale, perhaps a fable better known to the American reader—trans.]

Quartered: as in coats-of-arms.

Ichôr: ἰχώρ is the blood of the gods.

Plasma: with the different meanings it has in physics, biology, etc.

The wolf child of Wettervia etc.: excluding the last two, obviously: babies or children found in a nearly feral state because they grew up among forest animals. (see the list of these *pueri feri* in *Les Enfants Sauvages* by L. Malson, Paris 1964) The above mentioned is among the first historically recorded.

Burns in Ephesus: on that night Erostrato enters immortality and Alessandro is born.

Canned cicada powder...powders: frequently, in fables, necessary to move through the heavens.

Agonies: almost "methods of conduit."

My beautiful hand: cfr. Petrarch, CXCIX.

Voglio: sii mondata: evangelico.

Realizzi: col già comune significato di rendersi conto.

Forchiusa: impropria eco dell'idea di "esclusione originaria", sulla linea della "forclusion" e della "Verwerfung" psicanalitiche.

Vivo sarò la tua peste ecc.: Lutero al Papa.

Per tivucinema ecc.: "Per sua natura l'animo nostro s'inalza... come se da lui stesso fosse generato ciò che ha udito" (Pseudo Longino, *Del Sublime*, VII).

Lumi: anche, e sempre (secondo il canone), occhi.

Ma chi già mai potrebbe ecc.: cfr. Parini, "La caduta".

Entusiasmo: etim. invasione ispirazione (sopraffazione?) divina.

Però hypsus: Περὶ ὕψους, è il sopracitato *Del sublime*.

Yin e yang: i due princìpi dell'essere nell'antica filosofia cinese.

Decibel: misura dell'intensità del rumore.

Passo e chiudo: come usando un apparecchio ricetrasmittente. Ma non soltanto.

Morèr, sachèr *

1

O fedeli
o immoti ma conversati
restando ognuno là nella rarità
o attivissimi col nulla
dei prati dal febbraio
                dissufflati in mille
mai viste secche   mai visti appostamenti

Residuali e stinchi   MORÈR, SACHÈR,
liberati per gli habitat
più manifesti del grigiore
ma nella
lietezza di-pur-essere,

---

*   *Morèr, sachèr*: "gelsi, salci caprini," qui al plurale (invariabile rispetto al singolare).

I command: be cleansed: According to the Gospel.
You realize: with the already common meaning of "to realize" [the difference here is one of "rendersi conto," "to become aware of" (v) "realizzare," "to bring to fruition," "to accomplish," both of which, of course, can be rendered as "to realize" in English.—trans.]
Foreclosed: inappropriate echo of the idea of "originary exclusion," in line with the psychoanalytic "forclusion" or "Verwerfung."
Alive I will be your plague etc.: Luther to the Pope.
By tivucinema etc.: "By its nature our soul elevates...as if it itself had produced that which it has heard" (Longinus, *On the Sublime,* VII).
Lights: also, and always (according to the canon), eyes.
But who could ever etc.: cfr. Parini, "La Caduta."
Enthusiasm: etimol. divine invasion inspiration (overwhelming?).
Peri hypsus: Περὶ ὕψους, is the above mentioned *On the Sublime.*
Yin and yang: the two principles of being in ancient Chinese philosophy.
Decibel: measure of the intensity of noise.
Over and out: As when using a transmitter-receiver device. But not only.

TRANSLATOR'S NOTES

Incombusted: although the correct English would be "unburnt," this doesn't suggest "combust," "not visible because of proximity to the sun," which has obvious resonances throughout the poem, and particularly here with the reference to the Duke of Dolle's deductions.
The anesthetized beauty: here Zanzotto is recalling *"La bella addormentata nel bosco,"* the Italian version of "Sleeping Beauty."

Many thanks to Ernesto Livorni for his invaluable suggestions.

Morèr, Sachèr *

1

Oh faithful
oh motionless but conversed
everyone remaining there in the rarity
oh most active with the nothingness
of the fields from February
                    desufflated in thousands
never seen droughts   never seen ambushes

Residuals and mastics   MORÈR, SACHÈR,
liberated for the habitats
more manifest than greyness
but in the
joy of-yet-being,

---

*   *Morèr, sachèr*: "mulberries, caprine willows," here in the plural (invariable as regards the singular).

consistenza con l'essere,
derisione
infine, derisione/amore
                        dell'essere?
....

   2
Morèr, sachèr
  nudi, dementi
  resti di storie-eventi
  fedeli fino alla demenza
      amorosa silenzio/demenza

Alberi in   proporzioni
  e sacre/sfatte
  proposizioni inseminati
  nella violenta grigità dei prati—--
    e no, templa non fanno
  non vogliono, non dànno

MORÈR, SACHÈR,
  vittime e padri
  e figli dei prati/tradimenti,
  februarietà pura
  ostile ad ogni
  tratto   avida d'ogni immisura

Ma a voi, erme, ermi,
questo brusio tra i denti
       non basta
assai di più bisogna, assai
che più
  vi si consenta amando   vi si oblii

consistency with being,
derision
finally, derision/love
         of being?
....

  2
Morèr, sachèr
  nude, demented
  remains of histories-events
  faithful until dementia
      amorous silence/dementia

Trees in   proportions
  and sacred/sagging
  propositions inseminated
  in the violent greyity of the fields—
    and no, templa don't make
  don't want, don't give

MORÈR, SACHÈR,
    victims and fathers
    and sons of the fields/betrayals,
    pure Februarity
    hostile to every
    trait   eager for every immeasure

But to you, herms, remote,
this buzz between teeth
    isn't enough
much more is needed, much
more than
    consenting to you loving   forgetting you

Isla Bonita*

Esisti, Isla, e già ti trovo, corpo e alito
di mitissime nascite, sarò il tuo corpo, il tuo
tema saremo   e con le semplicità
                     di tocco
                     e di lane
                     e borea e ostro e scirocco
                     laggiù intrecciati
Bastava solo che così t'invitassi per nome
e ti sei rilevata in
luci e luci   climi e climi
ben saziati di sé, della propria immanenza
e compresenza
Paci difficili, paci acclamate o
                     appena suggerite:
e sia la terra un'Isla Bonita, da tutto,
                     da tutti custodita.

*

Finalità, e facile non-essere,
accarezzante, ma da tanto lontano,
circonfuse foschie da foschie là dove
                     confida l'ora,
e muovonsi passi ancora
che di noi, rinvenendoci, annunciano
movimenti verso la più increata soave vaghezza
puro guardare per non vedere, e addolcirsi
di questo non vedere   Ogni promessa
ogni vigore
ha dato, ha dato. Principii, colme persuasioni.
Alimenti. Foschiali deludimenti, foschie.
Decisioni lievissime di vie
a sé intente
pietà in se stesse accendono, grata famiglia
··
Quale amore più grande che questa clemenza?

*   Titolo di una canzone di Madonna.

Isla Bonita*

You exist, Isla, and already I find you, body and breath
of mildest births, I will be your body, your
theme we will be   and with simplicities
                        of touch
                        and of wools
                        and Boreas and Auster and siroccos
                        down there interlaced
It was enough only that thus I invited you by name
and you stood out in relief in
lights and lights   climates and climates
well satiated of themselves, of their own immanence
and compresence
Difficult peaces, acclaimed or
                        just suggested peaces:
and be the earth an Isla Bonita, by everything,
                        by everyone guarded.

*

Finality, and easy non-being,
caressing, but from so far
hazes bathed in hazes there where
                the hour confides,
and steps which, recovering us,
still move announce
our movements towards the most uncreated delicate vagueness
pure looking in order not to see, and sweetening themselves
with this not seeing   Every promise
every vigor
it gave, it gave. Principles, full persuasions.
Aliments. Hazial deludings, hazes.
Very light decisions of ways
intent on themselves
they approach piety in themselves, grateful family
....
Which love greater than this clemency?

*   Title of a song by Madonna.

Quale più latteo (foschie) coincidere in possibile
sogno e ricordo, in latitanza?
Quali fasi di calma e calma, più che speranze
o amori troppo in atto ai gesti minimi
trasformati in veridiche, libere sostanze?
     E pur questa è—ma perché?—un'offerta
     fino all'estremo convinta nel formare formare
     un'idea dell'offerta
  E dunque attesa si fa   si fa, scintillando, invisibile

Irrtum

Onnipotente e pur lieve   luce che in te ti celebri
e consumandoti vai celebrando le ombre-orme che generi
        sempre più vulnerate, vulneranti
Luce di non-tramonto, che pur si vuole
       là oltre la più intensa idea di tramonto
Quale vecchiezza o quale infinita maturità
di viola e rosso in folle recenti o trapassate
          costrette da divieti
          all'irtezza più acre
Siamo qui, uni ad uni, a farvi accedere
in festa, dettami-noi dei colori, dettami dei
          sovraesposti cieli e, nel giù, violate vite dell'ombra
          e compatto fiorire, e opposto, nel limpido-cupo-tuffo
Onnipresenze e molteplicità
invasibili, invasamento che in sé
       si assorda e ammutina in evidente
       venir meno di ogni evidenza, aggrumarsi
       d'ogni più scabra, urticante evidenza.
       Dove in-essere, luogo al più alto
       luogo al farsi luogo da luogo,
       protervie, spenti abbagli, riscattanti abbagli,
       fissioni di miriadi, devozioni?
       O lama d'occhiaia
       che in sé
       rientra e si retroespande nel
       rigore, nel purissimo scostruire
          singole, adatte, animose tenebre?

Which more milky [hazes] to coincide in possible
dream and memory, in hiding?
Which phases of calm and calm, more than hopes
or loves too in progress to the minimum gestures
transformed into truthful, free substances?
      And nevertheless this is—but why?—an offer
      convinced to the last in the forming forming
      an idea of the offer
And so awaited it grows   it grows sparkling, invisible

Irrtum

Omnipotent and gentle light: you celebrate yourself within yourself
and wearing out go celebrating the shades-traces you generate
      ever more violated, violating
Light of non-sunset, that yet one wants
      there beyond the most intense idea of sunset
Which oldness or which infinite ripeness
of violet and red in neutral recent and passed
        constrained by prohibitions
        to the most acrid thorniness
We are here, one by one, to make you accede
celebrating, dictates-we of colors, dictates of
      over-exposed skies and, in the below, violated lives of the shade
      and compact flowering and opposite, in the limpid-dank-plunge
Omnipresences and multiplicities,
possessable, possession that in itself
      deafens itself and revolts in evident
      failing of every·evidence, coagulates
      of every rougher, urticant evidence.
      Where in-being, place to the highest
      place to make place by place,
      arrogances spent blunders, redeeming blunders,
      fissions in myriads, devotions?
      Oh eye socket blade
      that in itself
      reenters and retroexpands in
      rigor, in the purest unconstructing
        single, appropriate, bold darkness?

Tu sai che

La città dei papaveri
così concorde e gloriosa
così di pudori generosa
così limpidamente inimmaginabile
nel suo crescere,
così furtiva fino a ieri e così,
oggi, follemente invasiva...

Voi cresciuti in monte su un monticello
di terra malamente smossa
ma ora pronta alla vostra voglia rossa
di farvi in grande-insieme vedere
insieme notare in pura
partecipazione e
naturalmente, naturalmente adorare

Che ridere che gentilezze che squisitezze
di squilli e vanti per la sorpresa infusa
a chi nella notte ottusa
non poté vedervi aggredire-blandire
il monticello che fu le vostre mire!

E sembra che là installati
solo ardiate di sfidare a sangue
per un nanosecondo il niente, ma
deridendoci, noi e voi stessi,
nella nostra corsiva corriva instabilità e
meschina nanosecondità—
sì quel vostro millantarvi
e immillarvi in persiflages
butta tutto ciò che è innominabile
fuori dal colore
del vostro monticello seduttore...

Un saluto ora non bizzoso, tutto per voi-noi,
sternuto

You Know That

City of poppies
so in accord and glorious
of modesties so generous
so limpidly unimaginable
in its growing,
so furtive until yesterday and so,
today, madly invasive...

You grown in mass on a monticello
of badly shifted earth
but now ready for your red desire
to make yourselves in large-together see
together note in pure
participation and
naturally, naturally to adore

What laughing what kindness what refinements
in squeals and boasts for the surprise infused
into whom in the obtuse night
couldn't see you attack-brandish
the monticello that was your aim!

And it seems that there installed
you only dare to challenge to the death
for a nanosecond the nothing, but
deriding us, us and you yourselves
in our cursive careless instability and
scanty nanosecondity—
yes that boasting of yours
and making thousands of yourself in persiflages
throws all that which is unnameable
out of the color
of your seductive little mound...

a greeting now non capricious, all for you-us,
sneeze

E ti protendi

E ti protendi come silenzio
ti protendi al silenzio
generi, sei silenzio,
    SEI CASA
nell'idea stessa, nell'inane
    in-sé dell'idea,
    SEI CROLLO
    e libertà di sprofondati tetti
    e inviolato persistere a denti
    che in te s'intimizzarono
    SEI SCHERZO
e nel verde verdissimo
degli alti nocciòli crollanti pur essi,
se stessi aspergendo, da poggioli,
lieti spettri in trasbordo e in accurate
    accanite voglie di residenza
    e acclamazioni sottovoce   cedi
    SEI SPECOLA
traluci dall'alto una vendita al minuto
di sole e ombre   di punto
in nonpunto, fruscio, dissoluzione
    di meridiane stelle!
    di miriadi, a mazzi, di nocciole!
carole   già-nocciole,
    già-invasioni e abbondanza
e tutte, tutte a San Rocco
    benedizioni!

Casa campestre in rovina invasa da arbusti di nocciolo. Le nocciole giungono a maturazione in agosto, a San Rocco.

And You Lean Out

And you lean out like silence
you lean out to silence
you generate, you are silence
     YOU ARE HOME
in the idea itself, in the inane
     in-itself of the idea
     YOU ARE COLLAPSE
     and freedom of sunken roofs
     and inviolate persisting to teeth
     that in you became intimate
     YOU ARE JOKE
and in the greenest green
of the tall hazels collapsing even them,
sprinkling themselves, from balconies,
spirited specters in transfer and in accurate
     inveterate desires of residence
     and whispered acclamations   you yield
     YOU ARE OBSERVATORY
you shine from heaven a retail sale
of sun and shade   from point
to nonpoint, rustle, dissolution
     of meridian stars!
     of myriads, in bunches, of hazelnuts,
carols   already-hazelnuts!
     already-invasions and abundance
and all, all at San Rocco
     blessings!

Country house in ruins invaded by hazelnut bushes. Hazelnuts ripen in August on the day of San Rocco.

Biographies

Raffaello Baldini was born in Santarcangelo di Romagna in 1924. Since 1955 he has lived and worked in Milan. One of the most significant vernacular poets in today's Italy, he holds a degree in Philosophy from the University of Bologna. He has worked as a copywriter and more recently as an editor for the weekly *Panorama*. His first book was *Autotem* (1967). He is the author of *E' solitèri* (1977) which was later reprinted as part of *La nàiva* (1982) with an introduction by Dante Isella. In 1988 he was awarded the prestigious Viareggio Prize for his book *Furistír*.

Nanni Balestrini was born in Milan in 1935 and lives in Paris. He has been one of the principal editors of the literary magazine "Il Verri" and has contributed to many periodicals and journals, among them: "Marcatré," "Grammatica," "Malebolge," "Il Caffè," "Phantomas" and "Invenção." From 1966 to 1968 he edited together with Giuliani the magazine "Quindici." Balestrini's poems were included in the celebrated anthology *I Novissimi* (1961). One of the propelling forces of the Gruppo '63, he has organized many conferences and exhibitions. His book publications include *Il sasso appeso* (1961), *Come si agisce* (1963), *Tristano* (1966), *Ma noi facciamone un'altra* (1968), *Vogliamo tutto* (1971), *La violenza illustrata* (1976), *Le ballate della signorina Richmond* (1977), *Ipocalisse* (1986), *Il ritorno della Signorina Richmond* (1987), *L'editore* (1989) and *Il pubblico del labirinto* (1992).

Luigi Ballerini was born in Milan in 1940 and lives in New York and Los Angeles where he teaches Italian Literature at UCLA. He has translated into Italian works by numerous American writers including William Carlos Williams, Henry James and Gertrude Stein. His poetry, essays and translations have appeared in "New Directions," "Il Verri," "Tam Tam," "Opera Aperta," "Marcatrè," "Ribot" and other periodicals and journals. Ballerini has also edited anthologies of contemporary Italian and American poetry, among them *The Waters of Casablanca* (1979). He is the author of *eccetera. E* (1972), *La piramide capovolta* (1975), *Logical Space* (1975, with James Reineking), *Che figurato muore* (1988), *La torre dei filosofi* (1989, with Remo Bodei), *The Coaxing of Our End* (1991), *Che oror l'Orient* (1991), and *Il terzo gode* (1994). In 1992 he was awarded the *Feronia* prize for poetry.

Edoardo Cacciatore was born in Palermo in 1912 and died in Rome in 1996. Since the Fascist period his conduct and his books were constantly aimed at provocation. Cacciatore's reputation and influence as a cultural figure

BIOGRAPHIES

enjoyed a convoluted and often underground route, but were nonetheless widespread both in Italy and abroad. His verse writings include *Graduali* (1953–1954/1986), *La restituzione* (1955), *Lo specchio e la trottola* (1960), *Tutti i poteri* (1969), *Ma chi è qui il responsabile* (1974) and *La puntura dell'assillo* (1986). Cacciatore also authored seminal theoretical works: *L'identificazione intera* (1951), *Dal dire al fare* (1967), *Carichi pendenti* (1989) and *Itto Itto* (1994).

Nanni Cagnone was born in Carcare (Savona) in 1939. Senior editor of "Marcatrè," managing editor of "Design Italia," in more recent years Cagnone has headed the publishing house Coliseum. He has also contributed to many literary and cultural journals such as "Uomini e Idee," "Caleidoscopio," "Il Verri" and "Periodo ipotetico." His plays include *Niente e Rosso* (1960) and *Menstrua Rerum* (1965). He has authored theoretical essays and aphorisms including *I giovani invalidi* (1967) and *Sfortuna dell'autoironia* (1977). In 1979 he edited *L'arto fantasma* and, in 1988, *G. M. Hopkins: Il naufragio del Deutschland* (1988). His poetry writings include *What's Hecuba to Him or He to Hecuba* (1975), *Andatura* (1979), *Vaticinio* (1984), *Armi senza insegne* (1988) and *Anima del vuoto* (1993). His novel *Comuni smarrimenti* was published in 1990.

Biagio Cepollaro was born in Naples in 1959. He lives in Milan and is one of the members of "Gruppo 93." He has served on the editorial board of the journals "Symbola" and "Altri Termini," and is currently the publisher of "Baldus." Poems by Cepollaro have appeared in such anthologies as *Poesia italiana della contraddizione* (1989) and *Di poesia nuova '89* (1990). In 1989 he was one of the winning poets in the 1st "Rassegna Biennale di Poesia" (University of Siena). In 1984 he published *Le parole di Eliodora* and, in 1993, *Scribeide*.

Sebastiana Comand was born in 1957 in Bologna where she lives. Her first book of poetry, *La Sembradora,* appeared in 1989.

Corrado Costa was born Mulino di Bazzano (Parma) in 1929 and died in 1991. He contributed to literary magazines and journals such as "Il Caffè," "Abracadabra," "Invisible City" and "Malebolge." His books include: *Pseudobaudelaire* (1964), *Blanc* (1968, with Claudio Parmiggiani), the collection of essays *Inferno provvisorio* (1971), *Le nostre posizioni* (1972), *Invisibile pittura* (1974), *La sadisfazione letteraria* (1976), *Volubile volatile* (1982), *The Complete Films* (1983), *La simulazione del respiro* (1986), *Il fiume*

(1987). Two of his radio plays, *The Condor* and *The Dodo, or the School for Night*, were produced in 1979 and 1981 by the Los Angeles Theater of the Ear. In 1975, Red Hill published a bilingual edition of *Our Positions*.

Maurizio Cucchi was born in 1945 in Milan. Journalist, poetry editor and translator, he has contributed to many periodicals and magazines. He also edited the anthology *Poeti dell'ottocento* (1978) and an edition of Teofilo Folengo's *Zanitonella* (1984). His *Dizionario della poesia italiana (1983–1990)* appeared in 1991. He has translated works by Flaubert, Villiers de l'Isle-Adam and Mallarmé. He is currently engaged in the translation of the complete works of Stendhal. His poetical works are featured in such seminal anthologies as *Il pubblico della poesia* (1975) and *La parola innamorata: i poeti nuovi 1976–78* (1978). In 1983 he was awarded the Viareggio Prize for poetry and in 1993 he received the Montale Prize. He is the author of *Il disperso* (1976), *Le meraviglie dell'acqua* (1980), *Glenn* (1983), *Donna del gioco* (1987) and *Poesia della fonte* (1993).

Milo De Angelis was born in Milan in 1951 and lives in Rome. He has contributed to literary journals including "Il Verri" and "Almanacco dello Specchio" and edited "Niebo," a review dedicated to contemporary poetry. He has translated works by Charles Baudelaire and Maurice Blanchot. Some of his poems have appeared in such anthologies as *Il pubblico della poesia* (1975), *La parola innamorata: i poeti nuovi 1976–78* (1978), *Italian Poetry Today: Currents and Trends* (1979) and *Italian Poetry, 1960–1980: from Neo to Post Avant-Garde* (1982). His books include: *Somiglianze* (1976), *La corsa dei mantelli* (1979), *Poesia e destino* (1982), *Millimetri* (1983), *Terra del viso* (1985), *Distante un padre* (1989) and *Cartina muta* (1991). Sun & Moon Press has recently released *Finite Intuition*, a selection of his poetry translated by Lawrence Venuti.

Biancamaria Frabotta was born in 1946 in Rome where she lives and teaches History of Modern and Contemporary Italian Literature. Her theoretical writings on feminism include *Femminismo e lotta di classe in Italia (1970–1973)* (1973), *La politica del femminismo (1973–1976)* (1976), *Donne in poesia* (1976) and *Letteratura al femminile* (1980). She has also contributed to such periodicals as "L'Espresso" and "Il Manifesto." Her novel, *Velocità di fuga* was published in 1989. Her verse publications include *Affeminata* (1977), *Il rumore bianco* (1982), *Appunti di volo* (1986) and the collection of poems *Controcanto al chiuso* with drawings and lithographs by Solveig Albeverio Manzoni (1991).

Alfredo Giuliani was born in Monbaroccio (Pesaro) in 1924 and lives in
Rome. He holds a degree in philosophy from the University of Rome. He
was for many years the poetry editor of the literary magazine "Il Verri"
and, in the sixties, the editorial director of the monthly journal "Quindici."
Giuliani edited and co-authored the celebrated anthology *I Novissimi* (1961)
that includes texts by Sanguineti, Porta, Balestrini and Pagliarani. He is a
regular contributor to the literary page of the newspaper "La Repubblica"
and has held the chair of Italian literature at the University of Chieti. A
visiting professor at New York University, his book publications include: *Il
cuore zoppo* (1955), *Povera Juliet e altre poesie* (1965), *Immagini e maniere*
(1965), *Il giovane Max* (1972), *Chi l'avrebbe detto* (1973), *Le droghe di
Marsiglia* (1977), *Autunno del Novecento* (1984), *Versi e non versi* (1986), *Tre
recite su commissione* (1989) and *Ebbrezza di placamenti* (1993). Giuliani
has also translated into Italian works by Dylan Thomas, T. S. Eliot and
James Joyce.

Milli Graffi was born in Milan where she lives. She has been a contribut-
ing editor to many literary magazines, including "Il Verri," "Tam Tam,"
"Anterem," and "Testuale," and teaches at the Accademia Carrara in
Bergamo. Her books include: *Mille Graffi e venti poesie* (1979), *Fragili film*
(1987) and *L'amore meccanico* (1994). Milli Graffi has also translated into
Italian works by Lewis Carroll, *La caccia allo Snualo* (1985), *Alice nel paese
delle meraviglie* and *Attraverso lo specchio* (1989). In 1991 she edited the
special issue of "Il Verri" dedicated to Adriano Spatola. Graffi is a frequent
guest at poetry festivals; among them: P78, Amsterdam; La Revue Parlée at
Beaubourg, Paris, and Milano-poesia.

Franco Loi was born in Genoa in 1930 and was raised in Milan where he
lives. A railroad clerk from 1946 to 1954, he worked as an advertising agent
until 1960 when he joined the public relations department of Mondadori. A
former member of the Italian Communist Party, he remained politically
involved until 1970. In 1964, in cooperation with Puecher, Bajni and Marano,
he staged a political satire for the Piccolo Teatro in Milan. Loi has also
been active as a literary critic for a number of daily papers and magazines
including "Il sole-ventiquattrore." One of the most influential voices in
contemporary vernacular poetry, he is the author of: *I cart* (1973), *Poesie
d'amore* (1974), *Stròlegh* (1975), *Teater* (1978), *L'aria* (1981), *L'angel* (1981),
Bach (1986), *Liber* (1988) and *Umber* (1993).

Angelo Lumelli was born in 1944 in Monperone near Alessandria where he lives. He has taught in secondary schools and has served as mayor in his own town. Deeply appreciated as a translator of Novalis, Hölderlin and Jean Paul, Lumelli's own poems have appeared in several journals and most of the major anthologies of contemporary Italian poetry, including *La parola innamorata: i nuovi poeti 1976–78* (1978). His verse publications include *Cosa bella cosa* (1977) for which he was awarded the Viareggio Prize, and *Trattatello incostante* (1980). His latest title is *Bambina teoria* (1990).

Mario Luzi was born at Castello near Firenze in 1914. He holds a degree in French Literature from the University of Florence and has taught there and at the University of Urbino. His activity as a critic and prose writer is exemplified by such works such as *L'opium chrétien* (1938), *L'inferno e il limbo* (1949), *Studio su Mallarmé* (1959), *L'idea simbolista* (1959), *Tutto in questione* (1965), *Vicissitudine e forma* (1974), *Trame* (1982), *Discorso naturale* (1984) and *Scritti 1941–1988* (1989). He has also translated into Italian English and French authors such as Coleridge, Shakespeare and Racine. His works as a poet include *La barca* (1935), *Avvento notturno* (1940), *Un brindisi* (1946), *Quaderno gotico* (1947), *Primizie del deserto* (1952), *Onore del vero* (1957), *Nel magma* (1963), *Dal fondo delle campagne* (1965), *Su fondamenti invisibili* (1971), *Al fuoco della controversia* (1978), *Per il battesimo dei nostri frammenti* (1985), *Frasi e incisi di un canto salutare* (1990) and *Viaggio terreno e celeste di Simone Martini* (1994). He has also authored dramatic works such as *Ipazia* (1972) and *Rosales* (1984) and has published a diary of his trip to China entitled *Reportage: un poemetto; seguito dal taccuino di viaggio in Cina* (1984).

Giancarlo Majorino was born in 1928 in Milan where he lives. Co-founder of the celebrated journal "Il corpo," editor, in 1989, of the poetry column of "Il Corriere della Sera," and regular contributor to the culture programs of the Italian Swiss Radio, Majorino has published works and critical reviews in some of the most important Italian and European magazines. He is the editor of "Manocomete" and teaches semiotics and writing analysis at the Scuola Superiore of Advertising. He also teaches creative writing at the Centro Studi Enrico Fermi in Milan. He has published *La capitale del nord* (1959, republished in 1994), *Lotte secondarie* (1967), *Equilibrio in pezzi* (1971), *Sirena* (1976), *Provvisorio* (1984), *Ricerche erotiche* (1986), *Testi sparsi* (1988), *La solitudine e gli altri* (1990). He is also the editor of two seminal anthologies: *Poesia e realtà 1945–1975* (1977) and *Cent'anni di letteratura* (1984), and the author of two plays: *L'uccellino meschino* (1979) and *Elektra* (1990).

Mauro Marè was born in Rome in 1935 where he died in 1994. He practiced law. A regular contributor to the the the literary page of the newspaper "Il Tempo," Marè published five books of poetry in Roman dialect: *Ossi de Pèrsica* (1977), *Cicci de Sèllero* (1980), *Er Mantello e la Rota* (1982), *Silabbe e Stelle* (1986), *Verso Novunque* (1988). Some of his texts are also included in various anthologies, such as *Letteratura degli anni '80* (1985), *Verso Roma—Roma in versi* (1985) and *Antologia della poesia dialettale dal Rinascimento ad oggi* (1991). Some of his poems appeared in English translation in *The Literary Review* (Dickinson University, Madison, New Jersey).

Giulia Niccolai was born in Milan in 1934. After a career as a photojournalist, she published a novel *Il grande angolo* (1966). For many years she co-edited with Adriano Spatola the journal "Tam Tam." Her many volumes of poetry include: *Humpty Dumpty* (1969), *Greenwich* (1971), *Poema & Oggetto* (1974), *Russky Salad Ballads & Webster Poems* (1977), *Harry's Bar e altre poesie 1969–1980* (1981) and *Frisbees* (1994, previously published in German by Verlag Droschl in 1986). Niccolai has translated into Italian works by numerous English and American authors, most notably Lewis Carroll's *Jabberwocky* and Gertrude Stein's *Geographical History of America* (1980). She has also been an essential presence at many poetry readings and performances, as well as international exhibitions of visual poetry. In 1995 she was awarded the Feronia Prize for poetry.

Rossana Ombres, a Piedmontese, who lives mostly in Rome. A very young contributor to "La Fiera Letteraria" and "Botteghe Oscure," she is now active as a literary critic for the newspaper "La Stampa." Many of her essays have appeared in "Paragone," "Nuovi Argomenti," "Almanacco dello specchio," "Marcatrè" and other journals. Her books of poetry include: *Le ciminiere di Casale* (1962), *L'ipotesi di Agar* (1968), *Serenata* (1980). She is also the author of many novels: *Principessa Giacinta* (1970), *Le belle statuine* (1975), *Memorie di una dilettante* (1977) and, most recently *Un dio coperto di rose*. With her book *Bestiario d'amore* Ombres was the first woman in fifty years to be awarded the "Premio Viareggio" for poetry.

Elio Pagliarani was born in Viserba (Rimini) in 1927. He holds a degree in Political Sciences from the University of Padua. He has lived in Milan and, since 1960, in Rome where he has been active as a journalist. Pagliarani has contributed to many literary journals, including "Il Menabò," "Il Verri," "Officina" and "Quindici." A member of Gruppo '63, his poems were included in the pivotal anthology *I Novissimi* (1961). He was for many years the theater critic for "Paese Sera" (a selection of his reviews, *Il fiato dello spettatore*, was published in 1972). His books include: *Cronache e altre poesie* (1954), *Inventario privato* (1959), *La ragazza Carla* (1962), *Lezione di fisica* (1964), *Lezione di fisica e Fecaloro* (1968), *Rosso corpo lingua oro pope papa scienza*. *Doppio trittico di Nandi* (1977), *Epigrammi ferraresi* (1987) and *La ballata di Rudy* (1995) which was awarded the Viareggio Prize. With Alfredo Giuliani he authored the play *Pelle d'asino* (1964); with Walter Pedullà and Guido Guglielmi he edited, respectively, *I maestri del racconto italiano* (1964) and il *Manuale di poesia sperimentale* (1966).

Antonio Porta (Leo Paolazzi) was born in Vicenza in 1935 and died in Rome in 1989. The youngest contributing editor of "Il Verri," Porta became a prominent figure in the Italian publishing world. His poems were included in *I Novissimi* (1961). In 1987 and in 1988 he produced radio programs such as *Settantaminuti* and *Prima di cena, tra speranza e nostalgia*. He also contributed to "Alfabeta" and "Il Corriere della sera." His books of poetry include: *La palpebra rovesciata* (1960), *Aprire* (1963), *Cara* (1969), *Metropolis* (1971), *Week-end* (1974), *Quanto ho da dirvi* (1977), *Passi passaggi* (1980), *L'aria della fine* (1982), *Invasioni* (1984), *Melusina* (1987) and *Il giardiniere contro il becchino* (1988). As a novelist he published among others *Partita* (1967), *Il re del magazzino* (1978) and *Se fosse tutto un tradimento* (1981). He edited the well known anthology *Poesia degli anni Settanta* (1979), and translated works by André Pierre de Mandiargues, Paul Léautaud, Pierre Reverdy, Georg Trakl, Ted Hughes, and Edgar Lee Masters. As a playwright he authored *Non sono poi tanto bestie* (1968), *La presa del potere di Ivan lo sciocco* (1974), *Elogio del cannibalismo* (1977), *Fuochi incrociati* (1982) and *La stangata persiana* (1985).

Amelia Rosselli was born in Paris in 1930 and died in Rome in 1996. She was the daughter of one of the heroes of the Italian Resistance, Carlo Rosselli, assassinated in Paris when Amelia was only seven years old. She learned English when the family escaped to England and later to the United States. She returned to Europe in 1946, first to study literature and music in London and later to settle in the Rosselli family house in Florence. She continued her musical education through the 1950s, developing an interest in ethnomusicology and electronic music. She also wrote music theory. A short, intense friendship with the southern poet and socialist activist Rocco Scotellaro inspired her to write poetry. She contributed to literary magazines such as "Civiltà delle macchine," "Il Verri," "Art and Literature" and edited the journal "Tabula." Her publications include *Variazioni belliche*

(1964), *Serie ospedaliera* (1969), *Impromptu* (1981) and *Frammenti sparsi e persi: 1966–1977* (1983). A volume of her collected poems was published in 1997.

Giovanna Sandri was born in Rome and holds a degree in English literature from the University of Naples. Since 1960 her interests have focused on visual poetry. She has shown her works at some of the most significant exhibitions of visual poetry both in Italy and abroad; among them the "Quadriennale" (1968), the "Biennale di Bolzano" (1969) and the "Biennale di Venezia" (1978). She has contributed to many literary magazines such as: "Tam Tam," "Marcatrè," "Il Caffè," "Anterem," "Italian Poetry Today" and "Il Cavallo di Troia." Her publications include *Capitolo Zero* (1969), *da K a S (dimora dell'asimmetrico)* (1976), *dal canguro all'aithyia (o come farsi scrittura)* (1980), *Hermes the Jolly Joker* (1983) and in cooperation with Magdalo Mussio *il numero dimenticato—delle memorie ortogonali (o come il re si smarrì nel diafano)* (1988), *Clessidra: il ritmo delle tracce* (1992), *Le dieci porte di Zhuang-Zi* (1994). Issues 8 & 9 of "Le parole rampanti" (1988) were entirely devoted to her work. In 1998, *Hourglass: The Rhythm of Traces* (an English translation of her *Clessidra*) was published by Seeing Eye Books.

Edoardo Sanguineti was born in Genoa in 1930 where he teaches Italian Literature. A key figure of Gruppo 63, he is the author of numerous critical essays, among which *Tre studi danteschi* (1961), *Tra Liberty e Crepuscolarismo* (1961), *Ideologia e linguaggio* (1965), *Guido Gozzano* (1966), *La missione del critico* (1987) and *Lettura del Decameron* (1989). Sanguineti has also translated many texts by Aeschylus, Euripides, Sophocles and Seneca. His first book of poetry *Laborintus* appeared in 1956; in 1961 his poems were included in the famous anthology *I Novissimi*. Other books of poetry include: *Triperuno* (1963), *Wirrwarr* (1972), *Postkarten* (1978), *Stracciafoglio* (1980), *Scartabello* (1981), *Novissimum Testamentum* (1986), *Bisbidis* (1987). Sanguineti is the author of two novels: *Capriccio italiano* (1963) and *Il Giuoco dell'oca* (1967). He also wrote texts for the theatre: *Teatro* (1969) and *Storie naturali* (1971). Some of his texts were set to music by Luciano Berio; his treatment of *L'Orlando furioso* was staged by Luca Ronconi. A former member of the Italian parliament, Sanguineti has collected his more recent militant criticism in *Giornalino* (1976), *Giornalino secondo* (1979), *Scribilli* (1985) and *Ghirigori* (1988). In 1993 he was awarded the Feronia Prize for poetry.

Adriano Spatola was born in Sapjane (former Yugoslavia) in 1941 and died in Sant'Ilario D'Enza near Parma in 1988. Early in his career he was part of the editorial board of the journal "Quindici." Together with Giulia Niccolai he founded the poetry magazine "Tam Tam" and was for many years the publisher of "Geija." His numerous book publications include: *L'Oblò* (1964), *Poesia da montare* (1965), *L'ebreo negro* (1966), *Zeroglifico* (1966), *Verso la poesia totale* (1969 and 1978), *Majakovskiiiiiij* (1975), *Diversi accorgimenti* (1975), *La piegatura del foglio* (1983), *Impaginazioni* (1984), and *La definizione del prezzo* (1992). He co-edited with Paul Vangelisti the anthology *Italian Poetry 1960–1970: from Neo to Post-Avantgarde* (1982). A practitioner of visual and phonetic poetry, he participated in some of the most significant poetry festivals and exhibitions all over the world. *Various Devices*, a generous selection of Spatola's poems, was published in 1978 by Red Hill Press.

Emilio Villa was born in Cinisello Balsamo (Milano) in 1914 and lives in Rome. His militancy in the avant-garde dates from 1936. The political intimidation that, beginning in 1937, neutralized every outlet for uncensored activity, forced him into a decade of silence. During this period he devoted his energies to Semitic philology and paleo-Greek studies. Only after 1947 he resumed his activity in the field of experimental poetry and art criticism. His essays on contemporary art, *Attributi dell'arte moderna 1947–1967*, were published in book form in 1970. His books of poetry include : *Ormai* (1947), *Diciassette variazioni su temi proposti per una pura ideologia fonetica* (1955), *Tre ideologie da Piazza del Popolo senza l'imprimatur* (1958), *Heurarium* (1961), *Ash Overritual* (1964), *Beam H* (1968), *Traité de Pederastie Celeste* (1969), *Options* (1969), *Green* (1972), *Lettera e risposta* (1972). In 1990 Coliseum published the first volume of his collected poems, *Opere Poetiche I*. He was awarded the Mondello and the Feronia Prize for poetry.

Cesare Viviani was born in Siena in 1947; he lives in Milan where he practices psycho-analysis. He has contributed to literary magazines such as "Il Verri," "Tam Tam," "Altri Termini," and "Abracadabra." He has also served as poetry editor and critic for the newspaper "Il giorno." Viviani has published two survey-based studies: *Psicanalisi interrotta* (1975) and *La pazzia spiegata dai bambini* (1976); in 1978 and 1979, with Tomaso Kemeny, he organized two symposia on Italian poetry in the '70s. His verse writings include: *Confidenza e parole* (1971), *L'ostrabismo cara* (1973), *Piumana* (1977), *L'amore delle parti* (1981), *Merisi* (1986) and *Preghiera del nome* (1990). He is the founder and principal editor of "Legenda" an international journal of psychoanalytical culture. In 1989 He was awarded the Viareggio Prize for poetry.

Paolo Volponi was born in Urbino in 1924 where he died in 1994. A key figure in the life and letters of post-war Italy, he was deeply concerned with the cultural changes brought about by the rapid industrialization of the country, a phenomenon he was able to observe directly for a good number of years at Olivetti and Fiat. He also served on the board of several cultural institutions. He took an active part in politics and was elected to the the Senate where he served for several legislatures. With Pasolini and Leonetti he founded and edited the legendary journal "Officina." His publications include narrative works such as *Memoriale* (1962), *La macchina mondiale* (1965), *Corporale* (1974), *Il sipario ducale* (1975), *Il pianeta irritabile* (1978), *Il lanciatore di giavellotto* (1981), *Le mosche del capitale* (1989); and volumes of poetry such as *Il ramarro* (1948), *L'antica moneta* (1955), *Le porte dell'Appennino* (1960), and *Con testo a fronte* (1986). In 1993 he was awarded the Strega Prize.

Andrea Zanzotto was born in 1921 in Pieve di Soligo near Treviso, where he lives. He holds a degree in Italian Literature from the University of Padua and has taught for several years in high schools. Zanzotto has contributed poetry to numerous periodicals, and has written for the literary page of "Il Corriere della sera." His numerous publications include: *Dietro il paesaggio* (1951), *Vocativo* (1957), *IX Egloghe* (1962), *La beltà* (1968), *Gli sguardi i fatti e Senhal* (1969–1990), *Filò* (1976), *Il galateo in bosco* (1978), *Fosfeni* (1983), *Idioma* (1986) and *Meteo* (1996). In 1973 Mondadori published *Poesie*, a comprehensive anthology of his verse. *The Selected Poetry of Andrea Zanzotto* was published by Princeton University Press in 1975. A recipient of many awards and a skilled reader of classical as well as contemporary literature, Zanzotto has also published a long series of brilliant essays; recently Mondadori brought out two new volumes: *Fantasie di avvicinamento* (1991) and *Aure e disincanti* (1994).

Credits and Acknowledgements

Raffaello Baldini: "Cognac," "Capè," "E' permèss," "La patenta" reprinted from *Furistír*, Torino, Einaudi, 1988, by permission of the author.

Nanni Balestrini: "Istruzioni per l'uso pratico della signorina Richmond" reprinted from *Le ballate della signorina Richmond*, Roma, Cooperativa Scrittori, 1977; "Primo tempo," and "Finale" reprinted from *Il pubblico del labirinto*, Milano, Scheiwiller, 1992, by permission of the author. Translation by permission of Jill Bennett.

Luigi Ballerini: "Corse in pista e su strada" reprinted from *The Cadence of a Neighboring Tribe*, Los Angeles, Sun & Moon Press, 1997, by permission of the publisher. Translation by permission of Jeremy Parzen.

Edoardo Cacciatore: "Nella luna di luglio," "La riflessione al suo traguardo," "Campo dei Fiori," "L'autunno si commuove," "Uno a Regina Coeli" reprinted from *La restituzione*, Firenze, Vallecchi, 1955; "La trottola," "L'imminenza," "Dorma il terrore" reprinted from *Lo specchio e la trottola*, Firenze, Vallecchi, 1960; "Carme momentaneo" by permission of the author. Translation by permission of David Jacobson.

Nanni Cagnone: "Della casata" reprinted from *Vaticinio* in *Armi senza insegne*, Milano, Coliseum, 1990; "La città di queste lacrime," "Medesima fune," "Ugualmente le cose," "Ora che hai nominato," "Polvere-talvolta," "Ecco," "Ora si ascolta" reprinted from *Anima del vuoto*, Bari, Palomar, 1993, by permission of the author. Translation by permission of Stephen Sartarelli.

Biagio Cepollaro: "Toulouse-Lautrec" and "L'atelier di Cezanne," reprinted from *Scribeide*, Lecce, Piero Manni Editore, 1993, by permission of the publisher; "Requiem in C" reprinted by permission of the author. Translation by permission of Michael Moore.

Sebastiana Comand: "Notte," "Dell'ombra che ci mangia vivi," "Parola d'ordine" reprinted from *La sembradora*, Udine, Campanotto Editore, 1989, by permission of the publisher; "Ma in che lingua avere l'eco" and "Le fondamenta di un brivido" by permission of the author. Translation by permission of Paul Vangelisti.

Corrado Costa: "Vanno a vedere tre film," "Localizza l'uomo invisibile in una mappa del Mojave Desert," "L'uomo invisibile," "Heinrich Schliemann & l'uomo invisibile," "Il paradiso può attendere," "Caccia ai sette errori nello stesso film visto due volte di seguito," "Film con attori presi dalla strada," "Ritratto in technicolor di una bellissima donna incontrata per caso nell'antologia Palatina," "Baruchello! Facciamo, una buona volta, il catalogo delle vocali" reprinted from *The Complete Films*, San Francisco & Los Angeles, Red Hill Press, 1983, by permission of the publisher. Translation by permission of Paul Vangelisti.

Maurizio Cucchi: "'53," "Valeria," "Lettere di Carlo Michelstaedter" reprinted from *Poesie della fonte*, Milano, Mondadori, 1993, by permission of the publisher; "Coincidenze," "Mi hanno detto che è vertigine" reprinted from *Il figurante*, Firenze, Sansoni, 1985, by permission of the author; "Il padre che mi parlava," "Caro perduto Luigi," "Ho le caviglie troppo gonfie" reprinted from *Donna del gioco*, Milano, Mondadori, 1987, by permission of the publisher. Translation by permission of Luigi Ballerini and Paul Vangelisti.

Milo De Angelis: "Viene la prima," "Il corridoio del treno," "Le cause dell'inizio," "Nella storia," "Anno," "Verso la mente," "Telegramma" reprinted from *Finite Intuition*, Los Angeles, Sun & Moon Press, 1994, by permission of the publisher. Translation by permission of Lawrence Venuti.

Biancamaria Frabotta: "Eloisa" by permission of the author; "Appunti di volo" reprinted from *La viandanza*, Milano, Mondadori, 1995, by permission of the publisher. Translation by permission of Keala Jewell and Paul Vangelisti.

Alfredo Giuliani: "Poema Chomsky," "Predilezioni," "Canzonetta," "Poetica di Agostino" reprinted from *Versi e non versi*, Milano, Feltrinelli, 1986, by permission of the publisher; "I giorni meno i giorni," "Once more onto the breach," "La merenda di Rico," "Stammi bene, topo!," "Ebbrezza di placamenti" reprinted from *Ebbrezza di placamenti*, Lecce, Manni, 1994, by permission of the publisher. Translation by permission of Michael Moore.

Milli Graffi: "Poemetto sulle ombre" reprinted from *Fragili film*, Milano, Nuovi Autori, 1987; "La notte dell'uovo," "Le proposte del laburista onirico" reprinted from *L'amore meccanico*, Verona, Anterem, 1994, by permission of the author. Translation by permission of Jeremy Parzen.

Franco Loi: "Diòspirus cachi sü bütteé de nev," "Uh Diu, mia falivera, ipucrisia del mund, te 'l giüri," "Sì un dì, quajvün dumandarâ perché?" reprinted from *Strolegh*, Torino, Einaudi, 1975; "Oh quanta gent che morta sü 'na strada" and "Puèta" reprinted from *L'aria*, Torino, Einaudi, 1981; "G'û denter mì de mì la mia vergogna" reprinted from *Teater*, Torino, Einaudi, 1978; "Te sé segür? Se te disi che par, di ser" reprinted from *L'angel*, Genova, San Marco dei Giustiniani, 1981; "Tra quj clanclan de semper e quj vestî," "Mì mai avrìa credü che tì per piang," and "Ghevum poca scelta, sun d'ecord cun tì" reprinted from *Liber*, Milano, Garzanti, 1988, by permission of the author. Translation by permission of Hermann Haller.

Angelo Lumelli: "Oh, voi dormienti angeli," "Duo soledad" reprinted from *Bambina teoria*, Milano, Corpo 10, 1990, by permission of the author. Translation by permission of Richard Collins.

Mario Luzi: "Fuori o dentro lo strampalato albergo" reprinted from *Per il battesimo dei nostri frammenti*, Milano, Garzanti, 1986; "Auctor" reprinted from *Frasi e incisi di un canto salutare*, Milano, Garzanti, 1990, by permission of the author. Translation by permission of Stephen Sartarelli.

Giancarlo Majorino: "Avanti Avanti Avanti," "Dì, allora dico," "Denti di latte" reprinted from *Provvisorio*, Milano, Mondadori, 1984; "C'è una prigione degli attimi," "Anche Mario Rossi è un nome proprio," "Fatica, l'Enrica, a lasciare, lo vedo, lo sento," "Ma, chi sei tu? persona somigliante," "Tu che guardi," "Fai fatica a parlare," "Rubo sguardi e gesti," "Ma," "Proteggimi dal piangere!" reprinted from *La solitudine e gli altri* , Milano, Garzanti, 1990; "Per fortuna ci sei tu camion della ruera," by permission of the author. Translation by permission of Richard Collins.

Mauro Marè: "Un'epoca de risse," "La gloria e la fiacca," "Piove cor sole," "Er tempo," "Tu," "La morte piccinina," "Verbantico," "Er corpo e ll'arma," "Chissacchì," "L'approdo," "Sgommero," "Dubbiquità," "Urbe callara," "Poesia" and "Bborgo pio" by permission of the author.

Giulia Niccolai: "The Lockheed Ballad" reprinted from *Foresta ultra Naturam*, San Francisco, Red Hill Press, 1989; "Frisbees" reprinted from *Frisbees*, Udine, Campanotto Editore, 1994; by permission of the author. Translation by permission of Paul Vangelisti.

Rossana Ombres: "Orfeo che amò Orfeo" by permission of the author. Translation by permission of Carmen Di Cinque.

Elio Pagliarani: "A spiaggia non ci sono colori," "A tratta si tirano," "I problemi sociali," "Contatta Segredo," "Proviamo ancora col rosso," "Rap dell'anoressia o bulimia che sia" reprinted from *La ballata di Rudi*, Venezia, Marsilio, 1995, by permission of the publisher; "Fanciulli voi non avete fatto ogni cosa," "Se una pianta dicesse (una rosa)," "Venne una voce dal cielo," "Significa il calice la passione," "La carne e un abisso," "L'eternità non ha termine" reprinted from *Epigrammi ferraresi*, Lecce, Manni, 1987; "Accennando alla bellezza di figure," "Nel caso in cui da tutte le parti," "Allora bisogna scegliere esistenze viziose" reprinted from *Esercizi platonici*, Palermo, La Nuova Guanda, 1985; *Sette epigrammi da Martin Lutero* reprinted from *Sette epigrammi etc.*, Roma, La Libricciuola di Achille Perilli, 1989, by permission of the author. Translation by permission of Luigi Ballerini and Paul Vangelisti.

Antonio Porta: "La lotta e la vittoria del giardiniere contro il becchino," "Salomè, le ultime parole" reprinted from *Il giardiniere e il becchino*, Milano, Mondadori, 1988, by permission of Rosemary Porta. Translation by permission of Pasquale Verdicchio.

Amelia Rosselli: "Cos'ha il mio cuore," reprinted from *Variazioni belliche*, Milano, Garzanti, 1959; "Perché non spero tornare giammai" reprinted from *Variazioni*, Milano, Garzanti, 1960–61; "Ti vendo i miei fornelli" and "Cercando una risposta" reprinted from *Serie Ospedaliera*, Milano, Il Saggiatore, 1969; "Sortono gli angioli," "Come se sapessi cosa vuol dire," "Tento un mercato" reprinted from *Documento (1966–1973)*, Milano, Garzanti, 1976; "Quando su un tank," "Non stancarsi, non spalmarsi," "Lo spirito della terra," "Soffiati nuvola, come se nello" reprinted from *Impromptu*, Genova, San Marco dei Giustiniani, 1981; "La mia anima a brandelli," "Sembrare agli altri," "Follie fantascientifiche," "Partecipo al vuoto," "Luce bianca livida o viola," "Lettera al fratello" reprinted from *Appunti sparsi e persi (1966–1977)*, Roma, Mancosu, 1992, by permission of the publishers. Translation by permission of Lucia Re and Paul Vangelisti.

Giovanna Sandri: "dalla casa dell'ascolto," "creazione illimitata," "incontro," "mare," "tra/di" reprinted from *Clessidra: il ritmo delle tracce*, Verona, Anterem, 1992; "da sé," "hellas," "l'intensità," "del/di," "e," "come il" by permission of the author. Translation by permission of Jeremy Parzen.

Edoardo Sanguineti: "Ogni destinazione, qui, è un destino," "scopro dovunque i sosia più diversi di smarriti e dispersi," "il concetto di fase iniziale del socialismo sviluppato mi è stato concettualmente," "che cosa fai? (mi dicono sovente): io non rispondo niente (qualche volta): oppure," "L'ultima passeggiata: omaggio a Pascoli" reprinted from *Bisbidis*, Milano, Feltrinelli, 1987, by permission of the author. Translation by permission of Richard Collins.

Adriano Spatola: "Materia, materiali, recupero dei," "Moskovskaya (Vodka)," "Gli assassini innamorati," "Mancata identificazione," "Il complesso della preistoria" reprinted from *La definizione del prezzo*, Parma, Tam Tam, 1992, by permission of Bianca Maria Bonazzi. Translation by permission of Paul Vangelisti.

Emilio Villa: "Diciassette variazioni su temi proposti per una pura ideologia fonetica," "Omaggio ai sassi di Tot," "Le parole" reprinted from *Opere poetiche—I*, Milano, Coliseum, 1989, by permission of the author. Translation by permission of Pasquale Verdicchio and Chris Juzwiak.

Cesare Viviani: "Non è quello che è stato il gran dolore," "Mi avvicino e gli dico: è pronta la cena," "Nel giro del parco quello che mi salvò" reprinted from *Merisi*, Milano, Mondadori, 1986; "Avevano ragione a dirci," "Con due piccoli scoppi," "E non è lei," "Fu la rossa chioma," "Mi aggrappo, mi sostengo," "Vengo al tuo castello," "La vita pratica insegna" reprinted from *Preghiera del nome*, Milano, Mondadori, 1990, by permission of the author. Translation by permission of Paul Vangelisti.

Paolo Volponi: "Vista sull'anno parallelo" reprinted from *Con testo a fronte*, Torino, Einaudi, 1983, by permission of the author. Translation by permission of Bradley Dick.

Andrea Zanzotto: *Gli sguardi i fatti e Senhal*, Milano, Mondadori, 1989; "Morèr, sachèr," "Tu sai che," "E ti protendi come silenzio" reprinted from *Meteo*, Roma, Donzelli, 1996, by permission of the publishers; "Isla bonita," "Finalità, e facile non-essere," "Irrtum" by permission of the author. Translation by permission of Elisabeth Wilkins.

SUN & MOON CLASSICS

Sun & Moon Press's Distinguished List of International Writing